Friedrich Leitschuh
Albrecht Dürers Tagebuch der Reise in die Niederlande

Verlag
der
Wissenschaften

Friedrich Leitschuh

Albrecht Dürers Tagebuch der Reise in die Niederlande

ISBN/EAN: 9783957000989

Auflage: 1

Erscheinungsjahr: 2014

Erscheinungsort: Norderstedt, Deutschland

© Verlag der Wissenschaften in Vero Verlag GmbH & Co. KG. Alle Rechte beim Verlag und bei den jeweiligen Lizenzgebern.

Webseite: http://www.vdw-verlag.de

Cover: Foto ©Jörg Kleinschmidt / pixelio.de

ALBRECHT DÜRER'S

TAGEBUCH

DER REISE IN DIE NIEDERLANDE.

ERSTE VOLLSTÄNDIGE AUSGABE
NACH DER HANDSCHRIFT JOHANN HAUER'S
MIT EINLEITUNG UND ANMERKUNGEN

HERAUSGEGEBEN

VON

Dr. FRIEDRICH LEITSCHUH.

LEIPZIG:
F. A. BROCKHAUS.
1884.

Vorwort.

Eine neue Ausgabe des Tagebuchs Albrecht Dürer's, welches zu den wichtigsten gleichzeitigen Quellen der modernen Kunstgeschichte zählt, bedarf keiner Rechtfertigung. Seitdem die Hauer'sche Abschrift wieder an das Tageslicht gekommen, fehlte es nicht an Stimmen, welche einen möglichst genauen Abdruck als ein zeitgemässes Unternehmen, ja als ein längst gefühltes Bedürfniss bezeichneten. Und in der That war dies keine blosse Phrase; eine durch Revision des Textes berichtigte Ausgabe that wirklich noth. Friedrich Campe's Reliquien*, die den grössten Theil von Dürer's schriftlichem Nachlass und auch sein Tagebuch publizirten, sind eine literarische Seltenheit geworden, und Moriz Thausing's Werk. „Dürer's Briefe, Tagebücher und Reime"**, bietet nur eine, allerdings vorzügliche Uebertragung des Textes in die moderne Schriftsprache.

Die eingehenden Erörterungen in der Einleitung überheben mich, hier sowol auf die Bedeutung des Tagebuchs einzugehen, als auch den durchaus nicht fragwürdigen Charakter der einzig noch existirenden Abschrift ins richtige Licht zu

---

* Reliquien von Albrecht Dürer seinen Verehrern geweiht. (Nürnberg 1828.)
** Quellenschriften für Kunstgeschichte und Kunsttechnik des Mittelalters und der Renaissance, herausgegeben von R. Eitelberger von Edelberg. III. Bd. (Wien 1872.)

stellen. Und doch glaube ich hier die Bemerkung nicht unterdrücken zu sollen, dass ich nie und nimmer der Ansicht Berechtigung zugestehen kann, Dürer hätte die Eintragung auch nur eines wichtigen Begebnisses, oder gar die Erwähnung einer Seitentour seiner Reise unterlassen. Es ist ja möglich, dass er manche Einnahme und Ausgabe, manches Geschenk und manche Gegengabe stillschweigend übergangen hat, aber im höchsten Grade unwahrscheinlich ist es, dass, als das ursprüngliche Rechnungsbuch seine Bestimmung insofern geändert hatte, als es zum wirklichen Tagebuche geworden war, der Meister sich eine so wesentliche Auslassung zu Schulden habe kommen lassen.

Ob freilich Hauer bei den flüchtigen Memoranden, welche Dürer ganz untermischt zwischen die längern Schilderungen und Betrachtungen hineinwarf, die richtige Reihenfolge des Tagebuchs stets gewahrt hat, müssen wir dahingestellt sein lassen. Aber auch von Hauer glaube ich wenigstens nicht, dass er grössere Auslassungen begangen hat. Somit möchte ich es bezweifeln, ob unser wirklich so grosse Ueberraschungen harrten, wenn die seit Jahrhunderten verschollene Urschrift des Tagebuchs wieder aufgefunden würde. Bei aller Hochachtung vor dem Scharfsinne und dem Talent Ephrussi's als Entdecker dünkt es uns deshalb auch, als ob die von ihm neuentdeckte Reise, eine im Tagebuch Dürer's nicht erwähnte Seitentour der niederländischen Reise nach Delft, ein künstliches Gebäude sei, dessen Zusammenfall auch infolge des Umstandes, dass die als Belege der Reise aufgeführten 3 Zeichnungen zwar niederländisch, aber aus dem 17. Jahrhundert sind, unaufhaltbar ist. Wir wollen freilich dabei nicht verkennen, dass die Bestimmung zweifelhafter Handzeichnungen zu den schwierigsten Dingen gehört, und dass auf diesem glatten Boden selbst der Sicherste straucheln kann; aber die Ansicht, dass das Tagebuch in diesem Streite ein wenn auch nicht entscheidendes, so doch gewichtiges Wort mitzusprechen hat, ist gewiss nicht ohne alle Berechtigung.

Es ist hier auch das Nöthige zu bemerken über die Behandlung des Textes. Wir geben einen diplomatisch treuen Abdruck der Hauer'schen Abschrift. Nur in ein paar Fällen wurde zur Erleichterung des Lesens und Verständnisses von derselben abgewichen:

1. Für ü, wenn die ¨ nur u-Zeichen sind (wie so oft im 16. Jahrh.) ist u gesetzt, also fur statt für (vectus est) u. dgl.

2. Da Dürer die Substantiva und auch Verba u. a. bald mit grossen, bald mit kleinen Anfangsbuchstaben schreibt, wurde im Abdruck die Minuskel durchgeführt, wodurch die vielen Eigennamen mit der Majuskel besser hervortreten.

3. Die wirklichen Composita sind auch als solche und nicht getrennt wiedergegeben, also: zollbrieff statt Zoll Brieff.

Diese kleinen Abweichungen thun dem Originale keinen Eintrag und fördern einigermassen das Verständniss.

Was die Interpunktion anlangt, so entschied ich mich aus folgenden Gründen für Durchführung der modernen. Einmal lag mir nicht die Dürer'sche Urschrift, sondern nur eine Abschrift vor, und dann erschienen Interpunktionen zum bessern Verständnisse für den Leser nothwendig. Hätte mir Dürer's Urschrift vorgelegen, so würde ich freilich in diesem Punkte anders verfahren haben, aber zwecklos scheint es, die Interpunktionslaune Hauer's wiederzugeben und den Lesenden damit einen ganz unbefugten Zwang anzuthun. Die paratakischen Sätze, in denen sich das Tagebuch meist bewegt, sind durch ein Punktum, lose zusammenhängende durch ein Semikolon getrennt.

Was die Sprache Albrecht Dürer's anlangt, so stimme ich W. Schmidt bei, wenn er sagt, Dürer's Stil sei kein Muster in logischer Hinsicht, aber man werde doch auch bei ihm der einfachen Folgerichtigkeit den Vorzug vor einer undeutlichen Construction geben dürfen. Diese Worte gelten zwar den Briefen Dürer's aus Venedig, können aber auch gewissermassen auf das Tagebuch Anwendung finden, obwol sich nicht leugnen lässt, dass die Briefe weitaus mehr Unklarheiten bieten. Doch liegt das in der Natur der Sache. Die Anspielungen, welche er Pirkheimer gegenüber macht, konnten und sollten ja nur subjectiven Charakters sein; das Tagebuch aber, aus dem — im Gegensatz zu den Briefen — ein ernster, kalt berechnender, und doch wieder — in Uebereinstimmung mit den Briefen — ein treuherziger und naiver Geist spricht, verfolgte andern Zweck; es sollte ihm ein von ganz objektiven Anschauungen durchzogenes Gedenkbuch sein, das in seinem Skizzenbuche, dessen Führung ja mit jenem so ziemlich Hand in Hand vorgeschritten sein muss, gewissermassen eine Ergänzung fand.

Die im modernen Sprachgebrauche ungewöhnlichen Worte und Wendungen, sowie die schwierigern Ausdrücke sind zur Erleichterung des Verständnisses des Textes in den Anmerkungen kurz erklärt und, soweit es die Tendenz dieser Edition verlangte, ist auch dem Sprachlichen Rechnung getragen. Von einem Glossar dagegen glaubte ich absehen zu dürfen.

Bei dieser Arbeit zeigte sich recht klar und deutlich, dass auch das Tagebuch als sprachliches Denkmal berufen ist, dem Sprachforscher für das Studium unserer Sprache zu dienen. —

An der Orthographie der Eigennamen wurde nichts geändert. Die Fehler der Handschrift, welche im Texte Verbesserung finden mussten, sind an den entsprechenden Stellen in den Anmerkungen aufgeführt.

Die Abweichungen Campe's vom Hauer'schen Texte und die Auslassungen wurden mit Ausnahme der unbedeutendsten so ziemlich alle angemerkt. Die Nachträge, Einschaltungen und Correcturen der die Handschrift collationirenden Feder des 17. Jahrhunderts, sowie die oft zweifelhaften Verbesserungen Murr's u. a. fanden gewissenhafte Erwähnung.

Ursprünglich glaubte ich mich mit einem Abdrucke des Hauer'schen Textes ohne jegliches Beiwerk begnügen zu sollen, da Thausing's vorzüglich gearbeitete erläuternde Anmerkungen tiefer eingreifende Verbesserungen ja doch kaum erfahren können. Wenn dennoch dem Texte Anmerkungen hinzugefügt sind, geschah dies wiederum in Rücksicht auf den Leser. Ohne die Noten zu Thausing's Uebersetzung bei der Hand zu haben, wäre vielleicht für Viele das Tagebuch eine ungeniessbare Lektüre; denn A. von Eye's Worte: „Man sieht übrigens, dass die grössere Treue in Wiedergabe der Briefe Dürer's deren Inhalt nicht gerade verständlicher macht", lassen sich halb und halb auch auf das Tagebuch anwenden. So wäre diese Originalausgabe ohne Anmerkungen also nur von bedingtem Werthe gewesen: denn wenn eine in jeder Hinsicht zufriedenstellende Uebertragung ins Neuhochdeutsche ohne Anmerkungen nicht genügt, um wie viel mehr würde sich — wenn man eben Thausing's Werk nicht als ständigen Führer an der Seite haben kann und will — bei einem Abdrucke nach dem Originaltexte ein solcher Mangel bemerkbar machen.

Ich muss hier nochmals bemerken, dass Thausing mit wirklich musterhaftem Fleisse vorgearbeitet hat. Ich konnte mich in vielen Fällen, namentlich aber da, wo es die Ermittelung niederländischer Künstler galt, welche Dürer meist nur mit ihren Vornamen zu bezeichnen pflegt, rückhaltslos der Führung Thausing's anvertrauen. Es mag schon daraus erhellen, dass „dem Aehrenleser, der nach dem Schnitter kommt", manche Arbeit bereits gethan war. Das aber, was an meiner Arbeit neu und verdienstlich erscheinen wird, basirt wiederum zum grössern Theile auf Forschungen anderer. Reiche Ausbeute hätten vielleicht die von Joseph Heller fertiggestellten Anmerkungen zu dem Tagebuche gewährt, allein die Fragmente derselben, welche ich mühsam zusammenfand, sind insofern für diese Arbeit werthlos gewesen, als die Forschung Thausing's u. a. entweder gleiche Resultate erzielt oder die Heller's überholt hat. Dass jedoch die Bearbeitung des Tagebuchs durch Heller für seine Zeit eine ganz schätzenswerthe geworden wäre, lässt sich aus den erhaltenen Anmerkungen erkennen, aber ihm kann daraus kein Vorwurf erwachsen, dass es ihm nicht gelungen ist, so weit zu dringen, als es Thausing möglich war.

Die trefflichen Arbeiten Pinchart's, Lochner's, Verachter's, Gachard's, Henne's u. a. wurden bei Bearbeitung der Anmerkungen gewissenhaft benutzt.

Dem Vorwurf, dass die Anmerkungen zu umfangreich ausgefallen seien, glaube ich schon im voraus am besten mit dem offenen Geständniss begegnen zu können, dass Quellen, zu denen der einzelne schwer gelangen kann, für die Anmerkungen in der Art ausgebeutet wurden, dass auch dem Wissensdurstigsten, vielleicht in manchen Fällen selbst dem Forscher gedient sein wird. Dem aber, der die Erläuterungen entbehren zu können glaubt, werden sie durch ihre Absonderung vom Texte nicht zudringlich in den Weg treten.

Die beigegebenen Verzeichnisse mögen nicht werthlos erscheinen. Bei dem Verzeichnisse der in Dürer's Tagebuch erwähnten Personen, in welchem neben den Hinweisen auf die einschlägigen Anmerkungen auch die Personen gekennzeichnet sind, welche Dürer auf der Reise porträtirte, ist zu bemerken, dass die Namen historisch bekannter Geschlechter oder Personen in der modernen oder allgemein üblichen Schreibweise angesetzt sind. Von besonderm Werthe dürfte das Verzeichniss der im Tagebuche erwähnten Ortsnamen und der bei dieser Gelegenheit von Dürer angeführten Kunstwerke und Baudenkmäler sein.

Ich brauche wol nicht zu sagen, dass der literarische Apparat, der bei dieser Arbeit in Bewegung gesetzt werden musste, kein geringer war. Das meiste vermochte allerdings die meiner Obhut und Leitung anvertraute Kgl. Bibliothek zu liefern, indess haben mich auch die Vorstände der Kgl. Hof- und Staatsbibliothek in München, dann der Kgl. Universitätsbibliothek in Erlangen, des Germanischen Museums und der Stadtbibliothek in Nürnberg, die Herren Direktor Dr. Laubmann, Bibliothekar Dr. Zucker, Direktor Dr. Essenwein und Custos Priem, sowie namentlich Emil Freiherr von Marschalk dahier, durch ihr liberales Entgegenkommen in literarischer Beziehung zu lebhaftem Danke verpflichtet.

Dem Manne, der zuerst die Nachricht der Auffindung des Tagebuchs Dürer's verkündete, kann ich für diesen Freundschaftsdienst heute leider nicht mehr danken: Gottfried Kinkel weilt nicht mehr unter den Lebenden.

Das Interesse, welches er für meinen Fund an den Tag legte, leuchtet namentlich aus einem auf die Nachricht hin, dass ich das Tagebuch herauszugeben gedenke, geschriebenen Briefe vom 15. April 1879 hervor, in welchem er nach der Bitte um Aufklärung in einigen das Tagebuch betreffenden Punkten Folgendes sagt: „Sagen Sie mir in aller Freimüthigkeit, ob Sie wünschen oder nicht wünschen, dass Ihr Codex jetzt bereits erwähnt und als in Bamberg anwesend bezeichnet werde. Vielleicht wünschen Sie mit dem Abdruck als einer ganz neuen Sache zu überraschen, dann schweige ich ganz. Vielleicht wünschen Sie, dass im voraus die Aufmerksamkeit geweckt werde, dann schreibe ich einen Artikel. Also was ist Ihnen angenehmer?" Ich nahm das freundliche Anerbieten gern an, und Kinkel wurde so der Herold einer, wie ich glaube, für viele Kreise erfreulichen Kunde.

Dankend muss ich aber an dieser Stelle auch der überaus liebenswürdigen Unterstützung gedenken, welcher ich mich von seiten des Herrn Geheimen Hofrathes und Professors Dr. Anton Springer in Leipzig und des Herrn Professors Dr. Matthias Lexer in Würzburg zu erfreuen hatte. Ebenso spreche ich hier Herrn Professor Dr. Franz X. von Wegele in Würzburg, Herrn Professor Dr. Karl Hegel in Erlangen, dem bewährten Dürer-Kenner Herrn Domkapitular Joseph Dankó in Gran für ihre zweckdienlichen Hinweise und endlich meinem Sohne Franz Friedrich für seine treue Mithülfe meinen freundlichsten Dank aus.

Und somit hofft der Herausgeber das Tagebuch Albrecht Dürer's nicht nur der kunstverständigen Gemeinde, sondern allen Verehrern des grossen deutschen Meisters übergeben zu können und zwar in dem Glauben, dass diese Ausgabe den Ansprüchen, die man da zu stellen berechtigt ist, wo es sich um diesen Künstler handelt, genügt.

Man strebt in unsern Tagen die Erkenntniss Dürer's in weitere Kreise zu tragen und, wie Thausing schön und wahr sagt, ihn dem Herzen seines Volkes wieder näher zu bringen. Würde das Tagebuch in dieser Form auch dazu ein Scherflein beitragen, so wäre dies der schönste Lohn für den Herausgeber. Und ich glaube, dass das Tagebuch berufen ist, in dieser Beziehung mitzuwirken. Denn hier, wo wir Dürer im Selbstgespräche belauschen können, wie an keinem andern Orte — hier, wo sich uns weder der feilschende Geschäftsmann, noch der vertrauliche Freund des Patriciers zeigt, hier gibt sich, sein Denken und Empfinden — der schlichte treuherzige Mensch Albrecht Dürer!

Bamberg, 31. Juli 1883.

Friedrich Leitschuh.

Inhalt.

	Seite
Vorwort	V

Die Reise in die Niederlande	1
Die Geschichte des Reisetagebuchs	16
Das Tagebuch Dürer's (Text)	45
Anmerkungen .	95
Verzeichniss der in der Einleitung erwähnten Personen .	199
Personen-Verzeichniss (für den Text).	200
Verzeichniss der im Tagebuche erwähnten Ortsnamen und der von Dürer angeführten Kunstwerke.	205

I.

Die Reise in die Niederlande.*

In seinem fünfzigsten Lebensjahre trat Albrecht Dürer seine dritte grosse Reise an. Sie bildet, in Verbindung mit andern gleichzeitig eintretenden Ereignissen, den letzten entscheidenden Abschnitt für seine künstlerische Thätigkeit sowie für sein geistiges Leben überhaupt. Freilich war er jetzt nicht mehr der jugendliche Mann, dem erst im fernen Lande die ungetheilte Anerkennung das erhebende Bewusstsein der eigenen Tüchtigkeit und Selbständigkeit gab, der die freie italienische Lebensluft hochgebildeter Kreise mit vollen Zügen genoss; der, als Junggeselle reisend, frei und froh der Welt entgegenzog und sich im fremden Costüm gefiel, — diesmal reist er mit Frau und Magd als ein nachdenkender, ruhiger Mann, dessen Existenz sogar gefährdet erscheint, wenn diese Reise nicht ihren eigentlichen Zweck erfüllt.

Obwol Dürer in seinem Tagebuche die Veranlassung dieser Reise nicht nennt, so wissen wir doch, dass es zunächst praktische, finanzielle Gründe waren, welche ihn bestimmten, nach den Niederlanden zu ziehen.

---

* A. von Eye, Leben und Wirken Albrecht Dürer's, S. 411—437. W. Schmidt, Albrecht Dürer, S. 28—32. M. Thausing, Dürer, Geschichte seines Lebens und seiner Kunst, S. 411—443. L. Kaufmann, Albrecht Dürer, S. 61—72. Charles Ephrussi, Albert Dürer et ses dessins, S. 265—314. Vgl. auch Stark, A. Dürer und seine Zeit.

Kaiser Maximilian war am 12. Januar 1519 plötzlich gestorben. Nicht nur die nächste Umgebung des Kaisers, sondern jedes deutsch gesinnte Herz nahm den innigsten Antheil an dem Hinscheiden des „letzten Ritters". Besonders schmerzlich war dieses Ereigniss für Dürer, denn er verlor mit Maximilian nicht nur seinen grössten Gönner, sondern auch einen guten Freund.

Ein Regierungswechsel im alten deutschen Wahlreich war eine Sache von höchster Bedeutung. Wer sich nur immer unter der Regierung Maximilian's einer besondern Gnade zu erfreuen hatte, der konnte, lag ihm an der Fortdauer derselben, nur in gedrückter Stimmung dem Ausgange der Wahl entgegensehen. Aber als die Anhänglichkeit des Volkes an das habsburgische Haus die Königswahl entschieden hatte, als Karl V. Kaiser geworden war, da eilten dem Neugewählten die Hoffnungen der verschiedensten Parteien, und auch die Dürer's, entgegen.

In der Reichsstadt Aachen sollte die Krönung des jungen Kaisers mit grossem Prunke gefeiert werden. Als die Kunde zu Dürer drang, dass Karl hierauf zur Huldigung nach den Niederlanden kommen werde, da traf er schleunigst die nöthigen Vorbereitungen zu seiner Abreise; denn für ihn war es von besonderer Bedeutung, irgendwo dem neuen Herrscher des Reiches nahe zu kommen, da ihm der Rath zu Nürnberg wegen der von Kaiser Maximilian verliehenen Begnadungen Schwierigkeiten bereitet hatte, die nur durch eine neue kaiserliche Bestätigung gehoben werden konnten. Dürer fertigte auch zugleich einen Entwurf für die Bestätigungsurkunde an, wie er sie ausgestellt zu haben wünschte. In diesem Entwurfe glaubte sich der Meister zur Erhebung eines Jahresgehalts von 100 Gulden, sowie der einmaligen Gabe von weitern 200 Gulden berechtigt.

Zu der Hauptursache dieser Reise gesellte sich noch eine andere von nicht minder grosser Bedeutung. Gerade jetzt war wieder die Pest in Nürnberg so heftig ausgebrochen, dass jeder, der es nur eben machen konnte, die Stadt verliess. So flüchtete sich Dürer's Freund, Wilibald Pirkheimer, nach Neuhof, auf das Gut seines Schwagers Geuder, und auch Dürer ergriff sicher gern die erste Gelegenheit, um mit Frau und Magd der pestbefallenen Stadt den Rücken zu kehren.

Nehmen wir auch an, diese Umstände hätten hauptsächlich zusammengewirkt, den Entschluss zur raschen Ausführung zu bringen, so ist es doch bei einem Künstler wie Dürer ganz undenkbar, dass nicht ein tieferliegender, längst gehegter Wunsch jetzt seiner Erfüllung entgegengegangen wäre. Die gesegneten Niederlande, diese Stätte der reichsten Kunstentfaltung zu sehen, wo unter den burgundischen Herzogen, besonders einem Philipp dem Guten und Karl dem Kühnen, die Neigung und Verehrung der vornehmen Welt sich der edeln Schilderei zugewandt hatte, von wo zuerst der Glanz und die überraschende Farbenpracht der modernen Malerei ausgegangen war, wo jetzt neben dem behaglichen Besitze des Errungenen tüchtige Meister neue Richtungen begründeten — war gewiss längst der lebhafteste Wunsch unsers Dürer. Und zudem bot sich ihm auch dort reiche Aussicht auf materiellen Gewinn; denn Antwerpen, die reiche Handelsstadt, schien zu einem guten Verkaufe der Erzeugnisse seiner Thätigkeit besonders günstig.

Eine ganz andere Ursache der Reise in die Niederlande gibt indess Joachim von Sandrart in seiner 1675 erschienenen „Teutschen Academie" an. Er sagt nämlich: die niederländische Reise wäre deshalb von Dürer unternommen worden, weil das zornige und geizige Wesen seiner Frau Agnes ihm bei Tag und Nacht keine Ruhe mehr gelassen hätte. Auf Anrathen seiner Freunde, besonders Pirkheimer's, wäre er nun heimlich von Nürnberg fort, um das böse Weib in Angst und Schrecken zu versetzen und sie „zu Kreuz kriechend" zu machen. Dürer hätte nun, wie Sandrart weiter ausführt, diesen wohlgemeinten Rath befolgt und sich in aller Stille in die Niederlande begeben. Frau Agnes wäre darob ständig bekümmerten Herzens gewesen und hätte besonders Pirkheimer mit thränenreichen Bitten überschüttet und, für die Zukunft ein besseres Betragen gegen ihren Gatten gelobend, ihn endlich dazu bewogen, dass er Dürer zur Heimkehr aufforderte.

Dass dieser allerliebsten Erzählung nur simpler Fabelwerth beizumessen ist, trat klar zu Tage, als Murr in seinem „Kunstjournal" 1779 einen Auszug des Tagebuchs der niederländischen Reise veröffentlichte. Denn aus diesem Reisejournal erhellt, dass Dürer in Begleitung seiner Frau und deren Magd Susanne in die Niederlande ausgezogen ist.

Bevor Dürer jedoch die Reise antrat, besuchte er als frommer Christ mit seinem Weibe den bekannten Wallfahrtsort Vierzehnheiligen bei Bamberg und übernachtete in Bamberg im Gasthaus „Zum wilden Mann". Sobald dem kunstliebenden Fürstbischof Georg von Limburg die Anwesenheit Dürer's bekannt wurde, gab er Befehl, dass des Künstlers Zehrung von der fürstlichen Kammer bezahlt werde. Joseph Heller irrt in seinem Schriftchen: „Albrecht Dürer in Bamberg", wenn er sagt, Dürer habe nach Zurückkunft von der niederländischen Reise erst diesen frommen Gang gemacht; denn es heisst in den fürstlichen Kammerrechnungen von 1520: „1111 ₰ 6 ₰ geben den Wirt zum wildeman fur ausslosung vnd Zerung Albrechten thurers von Nurnberg der sambt seinem Weyb als er zu den viertzennothhelffern gewesen vbernacht hie gelegen ist aus bevelche m. gnädigen Herrn ausgelost."

Dürer verliess seine geliebte Vaterstadt am 12. Juli, welcher im Jahre 1520 auf einen Donnerstag fiel. Eine grosse Anzahl Abdrücke seiner Kupfer und Holzschnitte, sowie einige kleinere Malereien nebst Kunstsachen von Hans Baldung und Hans Schäufelein führte er mit, theils damit ihr Absatz ihm die Reise lohne, theils um mit denselben Geschenke an einflussreiche Persönlichkeiten machen zu können. An dem nöthigen Reisegepäck wird es wol auch nicht gefehlt haben; denn Frau Agnes brauchte sich nicht allzu sehr einzuschränken, weil die damaligen grossen hölzernen Kästen, welche das Wagengehäuse bildeten, gar viel in sich aufnahmen. Unter dem Schutze eines berittenen Reisigen, der sie gegen allenfallsige räuberische Anfälle zu vertheidigen hatte, gelangten sie glücklich nach Bamberg, von wo die Reise zu Wasser fortgesetzt wurde. Wir sind über dieselbe besonders gut unterrichtet, weil sich das Reisetagebuch Dürer's in der Abschrift Hauer's noch erhalten hat. Wir geben auf S. 45—92 einen vollständigen Abdruck dieses von uns im Jahre 1878 wiederaufgefundenen Manuscripts und unterlassen es darob, hier auf die Details dieser Reise weiter einzugehen. Indess können wir es uns nicht versagen, einige Bemerkungen von allgemeiner Bedeutung und über tiefer einschneidende Fragen in Dürer's Schicksal dem Tagebuche vorauszuschicken.

Die Nachricht Joachim von Sandrart's: Albrecht Dürer wäre bereits in den Jahren 1490—94 in den Niederlanden gewesen, beruht offenbar auf einem Irrthum; denn in seinen Reiseaufzeichnungen aus den Jahren 1520—21 schildert er die Niederlande durchaus als einer, der sie zum ersten male sieht. Und es unterliegt wol keinem Zweifel, dass, wenn Dürer auf seiner Wanderschaft schon wirklich in den Niederlanden gewesen wäre, er jetzt in seinem Tagebuch, ebenso wie vordem in seinen Briefen aus Venedig, bemerkt hätte, dass er schon dort gewesen sei und dieses oder jenes Gemälde gesehen habe.

Wie wir bereits oben erwähnten, wurde die Geschichte von der heimlichen Abreise Dürer's durch das Tagebuch schlagend widerlegt; nun aber dürfte es wol der Untersuchung werth sein, welche Stellung Frau Agnes als Reisebegleiterin ihres Gatten eingenommen und ob aus gelegentlichen Bemerkungen des Tagebuchs ein Schluss auf ihren Charakter gezogen werden kann.

Vor allem müssen wir uns aber darüber klar sein, dass Agnes Dürerin keineswegs durch eine ursprüngliche Volkstradition, sondern erst durch eine auf literarischem Wege verbreitete Gelehrtenfabel als zweite Xantippe einen so traurigen, aber, wie die Neuzeit beweist, glücklicherweise vergänglichen Ruhm erlangte.*

Wenn sich auch nicht in Abrede stellen lässt, dass Dürer seine Frau die ihm auf dieser Reise zutheil gewordenen Ehren und Triumphe nicht selten theilen liess, so ist doch nicht zu verkennen, dass ihr im grossen und ganzen immerhin eine etwas untergeordnete Stellung zugewiesen war. Dieser Umstand dürfte übrigens auch dadurch veranlasst sein, dass die Magd der Dürerin, Susanne, deren ständige, indess wol nicht immer gesellschaftsfähige Begleiterin war. Vielleicht selbst keine Freundin von Festivitäten, zog Frau Agnes es vor, mit ihrer Magd hübsch zu Hause zu bleiben und sich von derselben die gewohnte nürnberger Hausmannskost bereiten zu lassen, während ihr Gatte freundlichen Einladungen zu üppigen Gastereien Folge leistete. Nirgends finden wir Andeutungen über eheliche Zwistigkeiten; Dürer erscheint, wie L. Kaufmann mit Recht sagt, in der Freiheit seiner Bewegung, in der Befriedigung seiner Reiselust und seiner mitunter kostspieligen Liebhabereien in keiner Weise von seiner Frau beschränkt. Hätte wirklich ein „unerhörtes Misverhältniss" zwischen ihnen obgewaltet, so würde Dürer wol kaum seine Frau zum öftern beschenkt haben. Und noch weniger glauben wir, dass, wenn sie bösartigen und unfreundlichen Cha-

---

* Es macht einen ganz eigenthümlichen Eindruck, im Manuscripte Hauer's zuerst die Reise in die Niederlande und dann die von Hauer verfasste Dürer-Biographie zu lesen, wo es über Frau Agnes heisst: „Sie war ein kifent, eyfer, zanksichtig, geizig weib, bey deren er wenig freud und guter tag gehabt und ist bey solcher bösen Ehe etc." Wenn Hauer 1620 ein solches Urtheil über die Dürerin fällt, so ist ziemlich gewiss, dass nicht erst in „spätern Jahrhunderten" der böse Ruf derselben sich verbreitete. Der Brief Pirkheimer's an Tscherte hat zweifelsohne auch unserm Hauer die üble Nachrede in die Feder dictirt; denn, wie gesagt, auf Volkstradition beruht sie nicht. Verdächtig ist übrigens auch, dass Hauer von der ersten Reise Dürer's in die Niederlande spricht. Ich werde mich an einer andern Stelle in nächster Zeit eingehend über die Hauer'sche Biographie aussprechen.

rakters gewesen wäre, die Freunde Dürer's, wie Tomasin Bombelli und Rodrigo Fernandez, welche am meisten mit ihm umgingen und dadurch Gelegenheit hatten, einen nähern Einblick in den Dürer'schen Ehestand zu gewinnen, ihr so viele Aufmerksamkeiten erwiesen hätten.

Findet sich nun auch im Tagebuche kein positiv günstiges Zeugniss für unsere ob ihrer angeblichen Untugenden vielgeschmähte Dürerin, so sind uns doch die gelegentlichen Bemerkungen Prämisse genug, um uns zu der Schlussfolgerung berechtigt zu halten: dass Dürer in Eintracht und Frieden damals mit seinem Weibe gelebt hat.

Ein unverzeihlicher Irrthum und ein Unrecht wäre es aber, wollte man dieser Xantippenfabel eine geschichtliche Wahrheit imputiren; denn der über die massen aufgebauschten und ausgenützten Pirkheimer'schen Bemerkung über die Dürerin in einem Briefe an Johann Tscherte ist schon um deswillen wenig Vertrauen zu schenken, weil Pirkheimer damals der persönliche Feind von Dürer's Frau war. Und zudem müssen wir bei Beurtheilung jener Stelle die Thatsache in Betracht ziehen, dass Pirkheimer, als er den verdammenden Brief schrieb, sich in einer gründlichen Verstimmung befand, welche hauptsächlich durch sein schmerzhaftes körperliches Leiden verursacht war.

Werfen wir einen Blick auf die Reise selbst, so finden wir, dáss Antwerpen, welches damals bereits Brügge an Handelsbedeutung und Reichthum weit hinter sich gelassen hatte, welches eine von der Flandrischen Schule sich vielfach emancipirende grosse Malergenossenschaft, mit Quentin Massys und Joachim Patenier an der Spitze, besass, den Mittelpunkt aller der kleinen Reisen und Streifzüge bildete, welche Dürer unternahm. Der Aufenthalt in der reichen und prächtigen Stadt gestaltete sich im Umgange mit trauten Freunden immer angenehmer. Und auch Frau Agnes hatte ihren Haushalt vollständiger eingerichtet und spann nach deutscher Frauensitte.

Betrachten wir kurz die Verhältnisse der Scheldestadt.

Wie wir bereits angedeutet, zog sich um 1500 der Handel von Brügge nach Antwerpen, was zur Folge hatte, dass letztere Stadt nicht nur der meistbesuchte Hafen, sondern überdies der Mittelpunkt der Kunstthätigkeit in den Niederlanden ward. Von der staunenerregenden Grossartigkeit des Handels in dieser Stadt gibt uns Guicciardini ein farbenfrisches Bild: Portugal sandte der Scheldestadt seine Spezereien, welche ihm aus fernen Ländern zugeflossen waren; die blühenden Handelsstädte Italiens brachten hier ihre kostbaren Goldbrocate und Seidengewebe zu Markt; von Spanien kam Wein und Wolle; von Deutschland und Frankreich ebenfalls Wein; England sandte seine Tücher, der Norden sein Getreide, seine Metalle und seine Fische; hier war der Platz, wo die Erzeugnisse der verschiedenen entlegenen Länder gegeneinander ausgetauscht und die Früchte der einheimischen Industrie nach der Fremde versendet wurden. Nicht weniger als 17 verschiedene Nationen hatten in Antwerpen ihre Factoreien oder gemeinschaftliche Handelscomptoire. Aber gleichen Schritt mit dem Handel hielt die Kunstblüte. Mit dem materiellen Wohlstand entwickelte sich auch die Architektur und liess herrliche Bauwerke, würdig der Bedeutung der Stadt, erstehen. Aber auch die beiden andern Künste gelangten dadurch zu grösserm Ansehen und zu reicherer Entfaltung. Die Geschichte dieser ist in Antwerpen aufs innigste verwachsen mit jener der Sanct-Lukasgilde. Die Gründung dieser Gilde ist ein untrüglicher Beleg für die wachsende Zahl der ausübenden Künstler, und die Lebenskraft, welche sie bald entwickelte, spricht in beredtesten Worten für die bedeutsame Stellung, welche ihre Mitglieder frühzeitig in ihrer Vaterstadt einnahmen.* Besonders nachdem sich die Vereinigung der „Pictura" und „Poësis" (Maler- und Dichtkunst) vollzogen hatte, nachdem die „Rederijkkamer der Violiere" (Vortragsgenossenschaft zur Levkoje) sich innig der Sanct-Lukas-

---

* M. Rooses, Geschichte der Malerschule Antwerpens. Uebersetzt von Reber.

gilde angeschlossen hatte, konnte sich die letztere in allen Angelegenheiten der Stadt, die zur Kunst in Beziehung standen, so wirksam an die Spitze stellen, dass sie der grosse Mittelpunkt aller öffentlichen Festlichkeiten und zum glänzenden Vertreter der aufwandvollen Oeffentlichkeit wurde. Man nimmt an, dass von 1516 an der eigentliche Aufschwung Antwerpens, also seine Ueberflügelung Brügges, datirt. Zur Zeit, als sich Dürer in der Scheldestadt aufhielt, war ihre Bedeutung noch mehr gestiegen, und das Leben und Treiben der Künstler noch um vieles reger geworden. Antwerpen war eben Malerstadt par excellence; und unter einem Künstler verstand man dort allezeit und versteht man heute noch einen — Maler.

Unter solchen Umständen ist nichts natürlicher, als dass sich für Dürer hier ein reiches, vielseitig anregendes, aber auch arbeitsames Leben eröffnete. Denn das Betrachten interessanter Dinge, besonders der gewaltigen Bauwerke, dann der Umgang mit gebildeten Männern verschiedener Nationen, besonders den Malern, war mit der grössten eigenen Thätigkeit verbunden. Einen tiefen Eindruck übte der acht Tage nach Mariä Himmelfahrt gehaltene feierliche Umzug auf Dürer aus, welcher im vollsten Glanze, noch unberührt vom Sturme der Reformation, sich entfaltete. Erst wenn wir Dürer's lebhafte Schilderung dieses kirchlichen Festes gelesen haben, verstehen wir die farbenglänzenden, mit grossen Gruppen bedeckten, ja fast überfüllten, die reichen und lebensfrohen Bilder eines van Eyck, Roger van der Weyden, Hans Memling; hier waren, wie ein Dürer-Biograph begeistert ausruft, die kirchlichen Geschichten und Legenden völlig wiedergeboren in der Gegenwart und ihrem freundlichen Gewande.

Der Einzug des neuen jugendlichen Kaisers erregte nicht minder das Interesse unsers Dürer; denn auch dieser gestaltete sich zu einer überaus grossartigen Feier: aber der blasse, schmale, spanische Königsjüngling ritt ernst und stumm durch die Reihen der schönsten Jungfrauen der Stadt, welche malerisch auf der Pforte gruppirt, in leichten Draperien als ein Kreis olympischer Gestalten ihn begrüssten, während der fünfzigjährige ernste, deutsche Maler freudig und keck seine Augen an diesem Schauspiel weidete. Dieser festliche, grossartige und wohlwollende Sinn der Niederländer sprach sich übrigens auch unmittelbar gegen Dürer aus; war doch sein Name ein hier längst berühmter, vielgenannter. Und es darf uns nicht wundernehmen, wenn wir hören, dass der Rath von Antwerpen Dürer das Anerbieten machte: er solle unter den denkbar günstigsten Bedingungen in Antwerpen wohnen bleiben. Aber wiederum entschied die treue, tiefe Anhänglichkeit an seine Vaterstadt, und er schlug es leichten Herzens aus. Wie aber ihn diese Anhänglichkeit an sein Nürnberg ehrt, so verdient die Liebe der antwerpischen Rathsherren für die Kunst sicher nicht minderes Lob.

War schon der Verkehr mit den in Antwerpen lebenden Malern für unsern Dürer von grossem Interesse, so war doch noch für ihn um vieles angenehmer das nahe Verhältniss, in welches die angesehensten Kaufleute und Staatsmänner zu ihm traten: bei ihnen sah er jene Gegenstände, die ihm den Blick in die damals eben aus dem Dunkel auftauchenden fremden Welttheile eröffneten. Portugal hatte seine Entdeckungsreisen nach Ostindien vollendet, und das Gold und Elfenbein der afrikanischen Küste, die Früchte, Gewürze, Thiere, Gewänder und Gefässe von Indien kamen auf die europäischen Märkte. Der Handel mit Portugal, welcher von Deutschland aus namentlich durch die Fugger betrieben wurde, stand damals auf der höchsten Stufe der Entwickelung. In dem denkenden Künstler tritt uns lebendig der Eindruck entgegen, den die Entdeckung der Neuen Welt damals auf das ganze gebildete Europa machte; wir sehen, wie auch diese gewaltige neue Bewegung in den Augen und dem Gemüthe eines Dürer sich widerspiegelt.

So gut es Dürer in Antwerpen, wo er, wie aus seinen Notizen unzweideutig hervorgeht, ein äusserst bewegtes Leben führte, auch gefiel — er musste es sich nun selbst sagen, dass hiermit sein Reisezweck nicht erfüllt sei. Sein ganzes Sinnen und Trachten musste er nun darauf richten, dass er dem Kaiser möglichst nahe kam. Dieser hielt damals in Brüssel mit seiner Tante, der Erzherzogin Margaretha, Hof und war von glänzenden, bewillkommnenden Gesandtschaften, aber auch von den fanatischen Gegnern der Kirchenreformation und der ständischen Freiheiten umgeben. Endlich gewährte der Kaiser unserm Dürer in einer vom 12. November 1520 datirten Urkunde 100 Gulden Rheinisch als Leibgeding. Hiermit erfüllte er also nur einen Theil der Wünsche Dürer's. Aber dieser scheint schon in der Gewährung der einen Bitte, in Anbetracht der bestehenden Verhältnisse, genug Befriedigung gefunden und darob die Nichtbeachtung der andern um so leichter verschmerzt zu haben.

Ueberall erkennen wir im Tagebuche, dass Dürer in Geldsachen absolut kein Geschäftsmann war; das Geständniss, welches er über seinen finanziellen Standpunkt in den Niederlanden macht, ist zwar betrübend, allein befremden kann es uns nicht. Denn wer so wenig auf seinen Vortheil sah wie Dürer, musste wol, wie Eye ganz richtig bemerkt, auch unter den besten Menschen zu kurz kommen.

Einen eigenthümlichen Eindruck macht es, wenn in der Erzählung der Erlebnisse rein privater Natur Töne der grossen Bewegung, die damals die Welt zu erschüttern und umzugestalten begann, immer vernehmbarer durchdringen. In keinem der damaligen Künstler ist aber auch tiefer und ergreifender das innere Miterleben und Miterleiden der Bewegung erschienen als gerade in Dürer; war ja doch persönliche Frömmigkeit der Mittelpunkt seiner künstlerischen Thätigkeit, stand er doch zugleich mitten unter den die Bewegung vorzüglich leitenden Männern!

Es ist über jeden Zweifel erhaben, dass Dürer mit aller Wärme seines Herzens die allseitig ersehnte kirchliche Reform herbeiwünschte, und dass er mit seinen nürnberger

Freunden das Auftreten Luther's freudigst begrüsste. Hatte er ja bereits 1518 mit Pirkheimer und Lazarus Spengler sich für Luther erklärt und ihm ein Geschenk, vermuthlich seine Holzschnittbücher und einige Kupferstiche, übersandt. Pirkheimer war geradezu der Mittelpunkt aller Nachrichten geworden, die über Luther's Sache ausgingen, in Nürnberg erfuhr man alles zuerst, bekam jede die Reformation behandelnde Schrift zuerst zu sehen; Luther bezeichnet es geradezu als „das Auge und Ohr Deutschlands" und wendet sich dorthin, um Neuigkeiten zu erfahren. Spengler trat mit einer energischen Schrift für die Lehre Luther's ein, und auch Pirkheimer konnte es sich nicht versagen, in einem satirischen Dialog mit dem Titel: „Eccius dedolatus, der gehobelte Eck", den ingolstädter Professor derb zu bearbeiten. Der bitterste Hass entlud sich darob über ihn und über Lazarus Spengler von seiten der Eck'schen Partei. Im Herbste 1520 brachte Eck die Bannbulle nach Sachsen und benutzte die päpstliche Vollmacht zur Rache, indem er den Bannstrahl Pirkheimern und Spenglern zuschleuderte. Der Rath von Nürnberg, in dem ohnedies bittere Gegner Pirkheimer's sassen, ward nun so heftig bestürmt, dass sich endlich die beiden „zu einer Art von halbem Widerruf", wie Thausing treffend sagt, entschlossen. Bekundet schon eine Reihe von Thatsachen die ungeheuchelte Sympathie Dürer's für Luther und dessen Lehre, so bricht doch ganz unumwunden sein Glaubensbekenntniss zu Tage, da er die Nachricht von Luther's Gefangenschaft erhielt; in seinem Tagebuche schüttet er sein von Schmerz und Trauer übervolles Herz aus, da er natürlich nicht ahnte, dass dieses Verschwinden von einer schützenden Hand eingeleitet sei, sondern an einen schmachvollen Treubruch dachte. Glühende Begeisterung, ruhend auf der persönlichen Frömmigkeit des Meisters und verbunden mit einem wahrhaft freien Blick über die ganze Kirche, hat Dürer offenbar diesen langausgesponnenen Erguss in die Feder gegeben. — Der neueste deutsche Biograph Dürer's, Leopold

Kaufmann*, sagt: „Diese Stelle aus dem Tagebuche bildet ein Hauptargument für die immer wiederholte Behauptung der protestantischen Gesinnung Dürer's; sie beweist aber nichts anderes, als dass damals Dürer entschieden für die Person Luther's eingenommen war; dass er, wie viele mit ihm, ihn für einen vom heiligen Geiste erleuchteten Mann und einen Bekenner des wahren christlichen Glaubens gehalten hat. Es kann aber daraus allein um so weniger auf eigentlich protestantische Anschauungen Dürer's geschlossen werden, als dieser in dem weitern Contexte der citirten Stelle der katholischen Lehre von den guten Werken einen besondern Ausdruck gibt." Anders sind freilich die Anschauungen Thausing's sowie des grössten Theiles der deutschen kunsthistorischen Schriftsteller. Wir dürfen aber auch bei Wägung dieser Worte nicht vergessen, dass Kaufmann seine Schrift im Auftrage der Görres-Gesellschaft verfasst hat, dass sie also in erster Linie für ein specifisch katholisches Publikum geschrieben ist.** Doch treten auch wir der Anschauung von Eye's bei, dass Dürer offenbar entschieden für Luther und dessen Lehre fühlte, indess aber so wenig ein erklärter Abtrünniger von der alten Kirche war, wie letzterer im Anfange seines Auftretens selbst. Dürer war und blieb vielmehr ein treuer Sohn derselben; denn bis 1528, in welchem Jahre Dürer starb, also volle zwei Jahre vor der Augsburger Confession, ja weiter hinaus bis zum Regensburger Gespräch, war eine scharfe Kirchentrennung noch gar nicht eingetreten, und viele ernste Christen, welche wie Dürer eifrige Anhänger Luther's waren, hofften fest auf eine aus der katholischen Kirche selber aufwachsende freiwillige Reformation und traten also den kraftvollern Naturen entgegen, welche von beiden Seiten auf die Ausscheidung der Pro-

---

* Albrecht Dürer, S. 87.
** Gottfried Kinkel hat diese wirklich ansprechende Schrift in Lützow's Zeitschrift für bildende Kunst, Jahrg. 1881, günstig recensirt.

testanten aus dem Schose der katholischen Kirche hinarbeiteten.* —

„Künftige Ereignisse werfen ihren Schatten voraus." Waren auch die Tage, welche Dürer in den Niederlanden verlebte, bisjetzt fröhlich und heiter dahingeflossen, so gab die Reise nach Seeland die Veranlassung zu jener „wunderlichen Krankheit", von welcher ihn erst der Tod befreite. Dürer floh aus den Mauern der pestbefallenen Stadt, um sich in den Niederlanden den Keim zu einem frühzeitigen Tode zu holen. Wie Eye und Thausing vermuthen, war es vielleicht Wechselfieber, das er sich an den Mündungen der Schelde und Waal zugezogen hat und das mit schmerzhaften Anschwellungen der Milz verbunden zu sein pflegt.** Unsere Sache ist es nicht, hier eine Diagnose von Dürer's Krankheit festzustellen, wol aber mag es uns gestattet sein, dem Urquell dieses trüben Schattens, der in das heitere Bild des Aufenthaltes in den Niederlanden fiel, kurz nachzuspüren. Wenn es auch feststeht, dass erst der im Tagebuche geschilderte Ausflug nach Seeland offen zu Tage tretende Krankheitssymptome zur Folge hatte, so erscheint uns doch die ganze ungeregelte Lebensweise des Meisters im fremden Lande dazu angethan, die bisher fast ungestörte Gesundheit desselben aus ihrem Geleise zu drängen. Das ruhige, ja fast zurückgezogene Leben, welches Dürer in Nürnberg führte, contrastirt eben in auffallendster Weise mit dem in der Malerstadt Antwerpen, mit dem in den Niederlanden überhaupt. Solchen fortgesetzten Strapazen war der immerhin zartgebaute Dürer nicht gewachsen; sie mussten in Verbindung mit jener abenteuerlichen Reise die Gesundheit des allzu viel wagenden Meisters dauernd untergraben. Und so müssen wir uns denn

---

* Kinkel, Eine populäre Biographie Dürer's etc., in Lützow's Zeitschrift für bildende Kunst, XVI. Jahrg., 1881, S. 333. Auch die andern Mittheilungen Kinkel's, vornehmlich aber die über den von Dürer gemisbilligten „Marien-Cultus", verdienen die Beachtung.

** Thausing, a. a. O., S. 493.

mit der Thatsache bekannt machen, dass die einem Triumphzuge gleichende niederländische Reise in verhängnissvoller Weise unserm Dürer den Todesstoss versetzte.

Reich mit Geschenken für seine Freunde in Nürnberg versehen, kehrte er in die geliebte Heimat zurück, wo wol mancher seiner mit Sehnsucht harrte. Gewiss hat Dürer noch oft im Tagebuche geblättert und sich fröhlich verlebter Stunden dabei erinnert, erinnert aber auch vielleicht der Ursache seines Uebels, das von Jahr zu Jahr schlimmer auftrat und schon am 6. April 1528 das Leben des gottbegnadeten Meisters forderte.

II.

Die Geschichte des Reisetagebuchs.

Als die kostbarste Quellenschrift zur Geschichte Dürer's sowie zur Beleuchtung der allgemeinen Kunst- und Culturzustände seiner Zeit bezeichnet Moriz Thausing das Tagebuch der Reise in die Niederlande. Und mit Recht! Denn wenn sich auch nicht leugnen lässt, dass die Briefe Dürer's das Naturell des Künstlers, sein Denken und Empfinden sehr getreu widerspiegeln, so haben wir doch im Tagebuche eine unschätzbare Fundgrube. Denn es hat eine stattliche Reihe bis vor seinem ersten Bekanntwerden in Dunkel gehüllter Punkte aufgeklärt und spricht in schlichten Worten aus, wie Dürer mit unermüdetem Eifer die Anschauung der Meisterwerke gesucht, und wie einfach und frisch er sie aufgefasst hat. Noch mehr ist das Tagebuch indess für den persönlichen Charakter des Meisters von Bedeutung; denn wir lernen einige seiner Eigenthümlichkeiten kennen und erhalten überhaupt in sein ganzes Wesen interessante Einblicke. Wir haben im Abschnitt I. bereits darauf hingewiesen und glauben um so mehr uns hier auf die Darlegung der Geschichte und Einrichtung des Reisetagebuchs beschränken zu dürfen, als wir ja doch einen vollständigen Abdruck des Tagebuchs geben.

In Albrecht Dürer's Wesen lag es, dass er auch ein guter Haushalter war. Und als er im Begriffe stand, die niederländische Reise anzutreten, mag er sich gesagt haben, dass es für ihn von besonderm Nutzen sein müsse, wenn er über die Einnahmen und Ausgaben während der Reise ein Rechnungsbuch führe. Wir haben daher unter diesem Tagebuche nicht etwa die Beschreibung einer Künstlerfahrt im modernen Sinne, gewürzt mit geistreichen Bemerkungen und witzigen Einfällen, zu verstehen: es erscheint uns als ein einfaches Notizbuch, in welchem Gewinn und Verlust, Ankauf und Verkauf, Einnahme und Ausgabe auf Stüber und Weisspfennig gewissenhaft registrirt ist. Es liegt in der Natur der Sache, dass er die Ortschaften, in welche er kommt, und manche Thatsache, die seine Geldbörse um etwas leichter macht, sorgfältig verzeichnet. Aber bald lässt er im ursprünglichen Rechnungsbuche seinen Empfindungen freien Spielraum und vertraut ihm an, welche Eindrücke er da und dort empfangen und welche Erlebnisse seine Sinne gefangen hielten. Für die Ausdehnung dieser Aufzeichnungen ist natürlich immer das jeweilige mehr oder minder bedeutende Interesse, welches er an der Sache nimmt, und die Zeit, welche ihm zur Führung seines Tagebuchs eben zur Verfügung steht, massgebend. Er wird wol kaum alltäglich die nöthige Musse gefunden haben, um seine Einträge zu machen, denn er berichtet nicht selten zugleich über die Ereignisse mehrerer Tage. Auch finden sich zuweilen nachträgliche Ergänzungen bereits erwähnter Thatsachen. Wie schon Thausing vermuthet, muss das Tagebuch daheim noch eine Redaction erfahren haben, ohne dass es dabei zugleich abgeschrieben worden wäre. Denn wäre letzteres der Fall gewesen, so hätte Dürer gewiss so manches zusammengezogen, so manche naheliegende Aenderung zur Rundung des Ganzen vorgenommen. So würde er zweifelsohne in einer Reinschrift, bei Aufführung der Mahlzeiten, nicht die im Urtexte üblichen Lücken gelassen haben. Dieselben waren bestimmt, um die bei einem Gönner eingenommenen Mahlzeiten kurz durch nebeneinandergesetzte Striche oder j nachtragen zu können, erwiesen sich indess aber meist als über Bedarf gross. Der Copist des Dürer'schen Manuscripts, Joh. Hauer, hat nun diese Spatien genau beobachtet. Und so können wir denn die Behauptung aufstellen, dass z. B. nach den Worten: „Aber hab ich diemahl mit dem Portugaler gessen", Dürer, um Zeit beim Eintragen zu ersparen, einen Raum vorsichtigerweise frei gelassen hatte. Dass Dürer diesen Modus einhielt, geht auch aus der Eintragung hervor: „Aber hab ich gessen.... diesemahl: j." Diesem Striche folgt nun eine auffallende Lücke.

Das Tagebuch Dürer's war mit drei Handzeichnungen versehen. Die erste stellte einen Fischknochen dar; „hat einen solchen furm, wie hie gemalt stehet". Diese Zeichnung ist nicht auf unsere Zeit gekommen. Die zweite zeigte „einen frauenmantel", die dritte einen „Peginenmantel". Die beiden letztgenannten hat Hauer copirt. —

Die Urschrift des Tagebuchs der Reise in die Niederlande befand sich einst im Nachlasse Wilibald Pirkheimer's, des intimen Freundes unsers Dürer, und gelangte hierauf mit der Bibliothek des grossen Gelehrten in den Besitz der Familie von Imhoff. Eine Tochter Pirkheimer's, Felicitas, war nämlich an Hans II. Imhoff verheirathet. Der als Kunstsammler bekannte Enkel Pirkheimer's und Bruder von Dürer's Pathenkind Hieronymus, Wilibald Imhoff, der Sohn des ebengenannten Hans Imhoff des Jüngern, hatte die ansehnliche Pirkheimer'sche Bibliothek unter seiner Obhut und verwaltete das ihm erblich zugefallene Gut zweifelsohne mit aller Gewissenhaftigkeit. Die vielfach verbreitete Ansicht, als habe er von seinem Grossvater Arbeiten Dürer's ererbt, welche die Grundlagen der Imhoff'schen Kunstkammer bildeten, stützt sich keineswegs auf gutbeglaubigte Thatsachen, wol aber sammelte Wilibald Imhoff eine stattliche Anzahl Dürer'scher Handzeichnungen und wusste auch einige Gemälde von Dürer an sich zu bringen. Kurz, er war eifrig bestrebt, seine Sammlung zu vergrössern und zu erweitern, wurde aber leider in diesem Bestreben nicht immer von den harmlosesten Freunden unterstützt. Wilibald Imhoff starb im Alter von 61 Jahren 1580. Sein ausgesprochener Wille, welchem gemäss seine Sammlungen für alle Zeit der Familie Imhoff verbleiben sollten, fand keine Beachtung. Schon seine Witwe Anna, eine geborene Harsdörferin, widerstand dem Ansinnen des begeisterten Dürer-Verehrers Kaiser Rudolf II. nicht, und so manches vorzügliche Stück aus der Imhoff'schen Sammlung wanderte nach Prag.* Ungleich rücksichtsloser noch und in einer Weise, welche die Reste der Imhoff'schen „Kunstsammlung" im höchsten Grade compromittirte, verfuhren die Söhne und Enkel. Hans III. Imhoff, der jüngste Sohn Wilibald's, legte freilich einen Sammeleifer an den Tag; doch erscheint uns derselbe in einem sehr verdächtigen Lichte. Die Kunstsammler Imhoff wurden eben zu raffinirten Kunsthändlern. Sehr flott muss auch der Sohn des ebengenannten Hans Imhoff, Hans Hieronymus, den „Dürer-Handel" betrieben haben: über die Art desselben macht er in seinem „Geheimbüchlein" ganz bedenkliche Mittheilungen. Ein grosser Theil der Kunstsachen und die reiche Büchersammlung wurde 1636 an den Grafen von Arundel verkauft, wie aus einem im März 1638 geschriebenen Briefe des berühmten Gronov an den Prokanzler der Universität in Altdorf, Georg Richter, ersichtlich ist: „Quid audio de Bibliotheka Im Hofiorum, quae a Pirckheimero descendit? Verumne est, Legatum Regis Magnae Britaniae Comitem Arondelium emisse eam, uti hic fertur." Georg Richter antwortete darauf: „Omnino verum est, quod de Pirckheimeri Bibliotheka legato Magnae Brittaniae Regis vendita audivisti: quod ut Tu non absque causa miraris, ita multi sunt apud nos, qui hanc felicitatem exteris invident." Es ist sehr zu bedauern, dass der grössere Theil dieser Sammlung bei der Empörung Englands im Jahre 1642

---

* Ein Theil des Briefwechsels, welcher zwischen dem Kaiser und der Witwe, theils durch die Hand ihres Sohnes Wilibald d. J., geführt wurde, hat sich neben den dazu eingeschickten Verzeichnissen erhalten und ist von Joseph Heller in: Das Leben und die Werke A. Dürer's, S. 75—85, mitgetheilt worden.

ein Raub der Flammen geworden ist, doch gelangte der gerettete Theil in um so sicherere Hände. Die Handschriften Dürer's im Britischen Museum, sowie der kostbare Sammelband von Zeichnungen daselbst mit der Aufschrift „Teckenings 1637", stammen ohne Zweifel aus Arundel's Sammlung.

So hatte sich die Familie Imhoff der „ganz unnutzbaren Kunstsachen" nach und nach entledigt. Nur durch Zufall erhielt sich ein kleiner Theil der Pirkheimer'schen Büchersammlung bei der Familie. In der Mitte des vorigen Jahrhunderts wurde das Haus Pirkheimer's Eigenthum des herzoglich bairischen Geheimen Rathes Christoph Joachim Haller von Hallerstein, welcher mit Anna Sibylla Jakobina von Imhoff vermählt war. Haller wollte seine Bibliothek in die an seinem Hause befindliche Kapelle verbringen lassen. Hier bemerkte man nun eine hohle Wand, hinter welcher sich nicht allein zahlreiche alte Werke, sondern auch Briefe Dürer's an Pirkheimer vorfanden.

Seit 1620 wird die Originalhandschrift der Reise Dürer's in die Niederlande nirgends mehr erwähnt. Wir müssen es dahingestellt sein lassen, ob sie 1636 mit in den Besitz des Grafen von Arundel gelangte, oder noch länger Eigenthum der Imhoff'schen Familie verblieb, um dann später doch „versilbert" zu werden. Man hätte vielleicht auch Berechtigung, sich der Ansicht zuzuneigen, sie harre in „hohler Wand" ihrer Erlösung aus jahrhundertelangem Schlafe. Und selbst Thausing hält es nicht für unmöglich, dass sich das Tagebuch in einem der nürnberger Familienarchive standhaft verbirgt. Freilich sagt man auch wieder von anderer Seite, sie je wiederzufinden, sei aussichtslos. Und diese Ansicht dürfte wol die meisten Vertreter zählen. Wenn aber H. A. von Derschau dem Reisenden Th. Fr. Dibdin* erzählt hat, er habe ein Tagebuch Dürer's besessen, und dasselbe sei an einem ungenannten Ort während einer Schlacht zwischen

---

* A biographical tour in France and Germany, 1821, III. Supplement, S. 33.

Franzosen und Preussen verbrannt, so ist darunter keinesfalls das Original des niederländischen Tagebuchs zu verstehen. Diese ganze Nachricht muss, wie wir Grund genug zu behaupten haben, auf einem Irrthum beruhen. Ebenso irrthümlich ist auch die Behauptung Johann Ferd. Roth's in seinem Werkchen „Leben Albrecht Dürer's" (Leipzig 1791): das eigenhändige Reisejournal Dürer's befände sich in Nürnberg auf der Ebner'schen Bibliothek. In diesem Falle waltet eine durch eine Bemerkung Murr's verursachte Verwechselung des Originals mit der Abschrift ob.

Dadurch, dass der Stadtmagistrat von Nürnberg im Jahre 1861 um eine namhafte Summe sämmtliche Pirkheimer'sche Papiere ankaufte, welche seitdem der Stadtbibliothek einverleibt worden sind, ward, wie Lochner* mit Recht sagt, der frühere Bann der Unzugänglichkeit gehoben, und wie die andern Ueberbleibsel aus Pirkheimer's Studirstube, sind nun auch die Briefe, die sein Freund an ihn aus Venedig schrieb, zugänglich geworden. Als die Pirkheimer'schen Handschriften 1861 aus ihrer bisherigen Verborgenheit an das Licht und zum Verstrich kamen, hegte man zwar die Hoffnung, das Tagebuch der Reise in die Niederlande zu entdecken, welches — wie man glaubte — wenn irgendwo, sich hier hätte vorfinden müssen, allein vergebens.

Der Verlust dieses werthvollen Denkmals, mag es nun ein Raub der Flammen oder anderer zerstörender Elemente geworden sein, ist tief zu beklagen. Und dies zwar nicht nur für die Herstellung des Textes im einzelnen, sondern auch für die Beurtheilung des ganzen so merkwürdigen Reisejournals. Indess ist eine Abschrift auf unsere Zeit gekommen, welche bei der Vorliebe ihres Verfertigers für Dürer im allgemeinen sicher getreu nach dem Originale copirt ist. Freilich kann sie nicht im Stande sein, Dürer's Originalhandschrift völlig zu ersetzen. Immerhin müssen wir aber dem

---

* Die Personennamen in Albrecht Dürer's Briefen aus Venedig (Nürnberg 1870).

dankbar sein, welcher die Abschrift anfertigte, denn unter andern Umständen würden wir heute kaum von einem Reisetagebuch Dürer's sprechen können. — Johann Hauer war Formschneider, Kupferstecher, Radirer, Porträt-, Architektur-, Wappenmaler und Kunsthändler. Er war am 28. September 1586 zu Nürnberg geboren und erlangte als ein Schüler Peter Hochheimer's, bei dem er sich sieben Jahre lang aufhielt, nicht unbedeutenden Ruf. Hauer scheint es verstanden zu haben, einen Kreis angesehener Männer stets um sich zu versammeln, denn der Mathematiker M. Lukas Brunn verliess im Jahre 1612 die Universität Altdorf, um sich nach Nürnberg zu Johann Hauer zu begeben, bei dem er die vorzüglichsten nürnberger Gelehrten kennen lernte. Brunn war es auch, welcher Hauer veranlasste, sich im Schleifen optischer Gläser zu üben, „davon er die mehreste zur Beförderung der Zeichen- und Mahler-Kunst trefflich zu gebrauchen wusste, indeme er mit Zuziehung derselbigen allerhand Cameras obscuras anrichtete, und darinnen viele äusserliche Objekta, zum Exempel einen grossen Theil von den Gebäuen der Stadt, diese und jene Personen, da er alles auf ein weises Excipiens projicirte, sowohl, wie ordentlich, umgewandt, als auch bey weitern Vortheil, aufrecht mit ihren rechten Farben vor Augen stellte, wornach er das verlangte gar leicht und nett nachzuzeichnen und zu contrefaiten vermogte; dieser Methode gemäs hat er das perspectivische Zeichnen und Mahlen seinen Untergebenen mit grosen Nutzen beygebracht." (Joh. Gabr. Doppelmayr, „Historische Nachricht von den Nürnbergischen Mathematicis und Künstlern", 1730.) Eine Reihe von Abschnitten im dritten Bande von Nagler's „Monogrammisten" beschäftigt sich mit den Arbeiten Johann Hauer's. Nagler behauptet zuerst die Existenz von zwei Johann Hauer, kommt aber in seinem letzten Artikel — und wol mit Recht — zur Einsicht, dass dieselben eine und dieselbe Person sind. Die Bildnisse der sächsischen Fürsten sind von Moses Thym nach J. Hauer

und einem I. R. geschnitten. Das Werk hat folgenden Titel:
„Die Durchlauchtigste Hochgeborne — Herzoge zu Sachsen
— welche Ihr Recht, Regalien etc. gegeben haben. Jezo in
ihrem Churfürstlichen Habit abgebildet — und beschrieben
durch Balthasar Mentzium, Poetam Caesareum. Wittenberg.
In Verlegung Zacharias Schür. 1613." Dieses Werk enthält acht Bildnisse von Kurfürsten, und das Porträt Dr.
Martin Luther's, ein anderes Blatt gibt das sächsische Wappen und somit besteht es in 11 Blättern. Auf Holzschnitten
kommt das Monogramm Hauer's mit der Jahreszahl 1613
vor. Hauer zeichnete auch noch andere Bildnisse zum Holzschnitte. Sein Monogramm mit der Jahreszahl 1611 steht
auf jenem des Daniel Sennertus Vratlaviensis Medicinae Doctor et Professor Wittenbergae Aetatis Anno XXXIX. Ein
anderes Bildniss mit dem Monogramm Hauer's und den
Buchstaben M. W. hat die Umschrift: Effigies Reverendi atq.
Excellentissimi Viri Joannis Foersteri S. S. Theol. Doctoris
et in Academia Witenbergensi Professoris Ordinarii Anno
MDCXIII Aetatis Suae XXXVIII. Christ, „Monogrammenerklärung", S. 261, gibt das Monogramm Hauer's mit der Jahreszahl 1612 und sagt, dass es auf kleinen radirten Blättern mit
Figuren vorkomme. Zu dem Werke „Circinus Geometricus,
z. Teutsch, Messzirkel", von L. Uttenhoven (Nürnberg, F. Halbmayr, 1626, 4°) schnitt Hauer die schöne architektonische
Titelbordüre. Links hält eine Frau den Erdglobus zum Messen, und rechts beschäftigt sich eine andere Frau mit dem
Himmelsglobus. Unten im Ovale ist das Lamm Gottes vorgestellt, und biblische Sprüche füllen den weitern Raum.
Dieses Titelblatt trägt den Namen Hauer's in Abbreviatur,
ferner kommen noch die Buchstaben L G darauf vor. Ausserdem befinden sich auch Kupferstiche Hauer's in dem genannten Werke.*

---

* Andresen führt in seinem Kupferstecher-Lexikon folgende Arbeiten Joh.
Hauer's auf: 1) Die Hand Gottes mit den Symbolen der Heidenbekehrung.

Johann Hauer war auch, wie bereits erwähnt, Architektur- und Bildnissmaler; er pflegte ein im 17. Jahrhundert sehr beliebtes Feld der Kunst: die Perspectivmalerei, welche sich besonders in Darstellungen gothischer Kirchenhallen und des Innern der Kirchen überhaupt übte. Architektonische Verzierungen und Interioren malte er in Oel. Auf solchen Gemälden und dann auf Bildnissen kommen die Initialen seines Namens vor. Auf dem von Hans Troschel gestochenen Wappen des Patriciers Johann Wilhelm Kress von Kressenstein, welches dieser als Bibliothekzeichen anwendete, befindet sich das Monogramm Hauer's, welcher ohne Zweifel der Maler des Wappens ist.

Einen Beweis dafür, dass sich Hauer auch noch in andern Künsten versuchte, haben wir in der Thatsache, dass sich einst in der Universitätsbibliothek zu Altdorf ein von ihm in Silber getriebener Globuspokal befand. Julius Cäsar kniete auf dem Piedestal, die silberne Erdkugel tragend, auf welcher folgende Worte standen: „Johann Hauer caelavit Noribergae 1620." Im Jahre 1720 — also gerade 100 Jahre nach der Anfertigung — hatte Christoph Elias Oelhafen von Schöllenbach die Hauer'sche Arbeit der genannten Bibliothek überwiesen.

Rupprecht Hauer*, der Sohn, Georg Strauch, Johann Trost u. a. waren Schüler Johann Hauer's.

(Fliegendes Blatt mit Typentext.) 2) Eigendlicher Abriss der Stadt Pilsen, wie dieselbe von Herrn Ernsten Grafen von Mansfeld eingenommen worden. (1618.) 3) Koenig Cyrus, diagonal in einer Cartouche stehend. (Das Blatt scheint einer grössern Folge anzugehören.) 4) Eine Laute, ein Notenbuch und vier Blumen auf einem Tisch. Vanitas Vanitatum etc. 5) Ein Satyr mit einer Nymphe in einer Landschaft. (1619.) Radirt. 6) Friedrich Balduin, Superintendent zu Wittenberg. (1620.) Radirt.

* Rupprecht Hauer hielt sich geraume Zeit zu Rom auf, wo er eifrig architektonischen Studien oblag. In einem von 1653—60 reichenden Verzeichnisse derjenigen Maler, welche Probestücke verfertigt und darauf vor einem Ehrlöblichen Rugsamt zu Meistern gesprochen wurden, heisst es: „Rupprecht Hauer, Johann Hauer, eines Mahlers Sohn hat zu einem Probstück gefertiget die Kirche bei S. Peter

Es liegt klar zu Tage, dass Johann Hauer ein begabter Mann war und als Künstler in Nürnberg eine hervorragende Stellung einnahm. Gerade in der Zeit, in welcher Hauer lebte und wirkte, traten störende Verhältnisse dem Genius der Kunst in seinem freiern Fluge entgegen: der Zunftzwang war es, unter dessen Einfluss manche Blüte der Kunst auch in Nürnberg welken musste. Die damaligen Zustände in der Malerinnung müssen recht unerquicklicher Natur gewesen sein. Um so wohlthuender tritt uns das Bild Hauer's aus diesem Wirrsal entgegen.

Charakteristisch für unsern Meister sind die Worte, welche er mit rother Tinte dem „Memorial von vier Vorgehern" in einer auf die Zunft bezüglichen Handschrift beigeschrieben hat. Sie lauten:

„Obwol entsbenannder erstlich von Ao. 1622 bis 1626 das Vorgeher ampt der Mahlerei bedienet, auch Ao. 1643 dergleichen in gebührlicher verwaldung gehalten; hat doch vmb gewisser vrsachen willen (ausser diesem) nicht einiges Wort in diss Buch geschrieben, begehrt auch deren eingeschriebene Verlauf nicht zu verantworten v. diss bezeugt eigne Hand vnd Vnterschrift. geschehen den 16. Mai 1643.

Johann Hauer Maler."

Das Gefühl eines innern Widerstrebens, das ein so biederer Meister wie Hauer gar wohl empfinden musste, hat sich hier sehr naiv ausgesprochen, und der Meister sich dadurch von einer schönen Seite gezeigt.

In einer andern interessanten Stelle der nämlichen Handschrift, welche von dem Streben der Maler zeugt, sich dem Zwange zu entziehen, der manchem vielleicht wol unausstehlich genug sein mochte, ist Joh. Hauer's mit folgenden Wor-

---

zu Rom, perspektivisch gemahlt und ist darauf bei einem Ehrlöbl. Rugsamt zum Meister gesprochen den 26. August 1653." In der Silberstube des Rathhauses befand sich ein Bild Rupprecht's: eine Darstellung der im Jahre 1658 Kaiser Leopold dargebrachten Huldigung. Beide Gemälde werden nun im Germanischen Nationalmuseum in Nürnberg aufbewahrt. R. Hauer starb am 4. Januar 1667.

ten gedacht: „.... Anno 1636 haben die Mahler allhier insgesamt eine Supplication verfertigen lassen u. hat Herr Hans Hauer bei dieser Sache neben andern einem oder zwei Mahlern sonderlich das Beste darbei gethan mit vieler Anlaufung etlicher Herren Seniores u. anderen Herren des Raths u. sie wohl informirt. Darauf den 14. May ein guter Rathsverlass erfolgt; dieweil es eine freie Kunst sey so soll man uns bei unserer alten Gerechtigkeit verbleiben lassen ......"*

Von dem Maler Johann Hauer existiren zwei Bildnisse. Die königliche Bibliothek zu Bamberg besitzt sowol Abdrücke des einen, einer guten Radirung des 17. Jahrhunderts in Octav, als auch des andern, einer grob, aber geistreich ausgeführten in Quart. Auch in der Porträtsammlung des Germanischen Nationalmuseums in Nürnberg findet sich das erstere Bildniss vor. Beide Bildnisse, welche übrigens in gleicher Stellung aufgenommen, einander sehr ähnlich sind, tragen folgende Unterschrift: „Johann Hauer, Mahler u. Kunsthändler in Nürnberg, ward gebohren den 28. Sept. Ao. 1586. starb den 12. Juny Ao. 1660." Der Künstler sitzt nach links gewendet in drei Viertel Ansicht vor dem Tische, hat einen langen Bart, langes, wallendes Lockenhaar und hält mit der Linken die Reissfeder, während die Rechte die eben aus dem Munde des Meisters kommenden belehrenden Worte bekräftigen und deuten hilft.

Johann Hauer war auch als Schriftsteller thätig. Von ihm ist folgendes Werk verfasst: „Beschreibung der Kroenung Ferdinand's III. u. seiner Gemahlin zu Regensburg 1636; durch Johann Hauer, Maler und Kunsthändler." Mit Kupfertafeln. Fol. Das Manuscript befand sich einst in der Ebner'schen Bibliothek zu Nürnberg, wie Nopitsch in Will's „Gelehrten-Lexikon" mittheilt. Ein begeisterter Verehrer

---

* Der Sammler für Kunst und Alterthum in Nürnberg (Nürnberg 1825), Heft 2, S. 30—32.

Dürer's, sammelte Hauer fleissig dessen Kupferstiche und Holzschnitte und trug sich, wie aus seinen hinterlassenen Collectaneen zur Genüge hervorgeht, mit dem Gedanken, eine Biographie Dürer's herauszugeben. Er verfasste unter dem Titel „Urtheil u. Meinung über etliche Albrecht Dürer'sche Stücke" ein Verzeichniss von Kupferstichen, welche unecht, und von Oelgemälden, welche echt seien. Dieses Verzeichniss, welches Murr im 14. Bande seines „Journal" (S. 95—102) hat abdrucken lassen, kann indess keinen Anspruch auf Vollständigkeit erheben.

Hauer war übrigens in seinem Streben, alles auf Dürer Bezügliche zu sammeln, unermüdlich. Er interessirte sich für jede Zeichnung, jedes Gemälde, das Dürer's Zeichen trug. Sein freundschaftlicher Umgang mit der Familie Imhoff, besonders dem Hans III., versetzte ihn in die Lage, über „Dürer'sche Werke" Notizen sammeln zu können, und wir irren kaum, wenn wir die oft sich wiederholende Bemerkung in dem Verzeichnisse Hauer's: „bey Hanns Imhof zu finden", auf Hans III. beziehen. Hauer konnte es auch nicht entgehen, dass ein kostbares Juwel, das Original der Tagebücher Dürer's, sowol die Reise in die Niederlande, als auch die Autobiographie: „Albrecht Dürer's und seiner Eltern Herkommen, Leben und Sterben, von Ihme selbsten also beschrieben", die Bibliothek der von Imhoff'schen Familie zierte. Das Anerbieten Hauer's, Abschriften von beiden Manuscripten anfertigen zu wollen, wurde vielleicht von Hans Imhoff und seinem damals fünfundzwanzigjährigen Sohne, Johann Hieronymus, mit Freuden aufgenommen. Dachten sie gewiss jetzt mit leichterm Herzen an einen günstigen Verkauf des köstlichen Schatzes, den sie vielleicht aus Pietätsrücksichten bisjetzt noch zurückgehalten hatten. Aber nun, nachdem Hauer eine Abschrift davon angefertigt, wäre es wol bei dem bekannten Schachersinne der damaligen Imhoff geradezu ein Wunder zu nennen, wenn die „doppelt vorhandenen" Dürer-Reliquien ruhig nebeneinander hätten verbleiben können.

Hauer fertigte also im Einvernehmen, oder gar — wie wir vermuthen — auf Wunsch des Besitzers, eine Abschrift des Reisetagebuchs und dann von der Familienchronik Dürer's nicht nur eine Copie an, sondern bearbeitete nach derselben auch eine kurze Biographie, von der so manche Abschrift noch existirt.

Es ist ungewiss, ob die Hauer'sche Handschrift nach dem im Jahre 1660 erfolgten Tode ihres Verfertigers, oder als Eigenthum der Familie von Imhoff in den Besitz der Ebner gelangte. Wir sind der Ansicht, dass das Manuscript überhaupt niemals festes Eigenthum des Malers Hauer gewesen ist; dass es also nicht aus dem Nachlasse des nürnberger Kunsthändlers erworben wurde, sondern mit den in neuerer Zeit angezweifelten Dürer-Handzeichnungen als schönste und beste Beglaubigung der Echtheit derselben in Ebner'schen Besitz gelangte.

Das Geschlecht der Ebner war eins der ältesten, rathsfähigen adeligen Nürnbergs. Schon im Jahre 1000 n. Chr. dienten sie Konrad III., und 1521 hatten sie einen ihres Geschlechts, den Hans Ebner, unter den drei nürnbergischen Gesandten, welche der Krönung Karl's V. beiwohnten. Im Familienarchiv der Ebner scheint die Hauer'sche Abschrift des Tagebuchs Dürer's ein kümmerliches Dasein gefristet zu haben; denn erst um das Jahr 1778 — also nachdem diese Reliquie wenigstens hundert Jahre gänzlich verborgen war — entdeckte dieselbe Christoph Gottlieb von Murr, dem man Nachforschungen und Durchstöberungen im Archive von seiten des Besitzers übrigens gern gestattet hatte.

Murr fertigte von dem Gefundenen Abschriften an, welche sich im Anfange dieses Jahrhunderts theilweise im Besitze der Walther'schen Hofbuchhandlung in Dresden, zum Druck bestimmt, befanden.

Das Ebner'sche Kunstcabinet wurde — nachdem es beinahe hundert Jahre lang eine der wesentlichsten Zierden Nürnbergs war — in den Jahren 1812—20 verkauft. Der grösste Theil desselben wanderte 1815 nach Wien, während die damit verbundene kostbare Bibliothek, entgegen dem Willen des Stifters, von den Anverwandten einer öffentlichen Versteigerung unterworfen wurde. Es war auffallend und für die durch eine Bemerkung Murr's auf das im Ebner'schen Besitze befindliche Tagebuch Dürer's längst aufmerksam gemachten Kunstgelehrten frappirend, dass gerade dieser Codex bei der Versteigerung der Ebner'schen Bibliothek nicht zum Verstrich kam.

Die Lösung dieses Räthsels ist einfach die: der bekannte königl. preussische Hauptmann Hans Albrecht von Derschau in Nürnberg hatte sich schon zuvor mit der Familie von Ebner in Verbindung zu setzen gewusst und war es ihm auch gelungen, das an sich zu bringen, was er zur Vergrösserung seiner Sammlung eben für geeignet hielt. Und hierbei befand sich denn auch das bei der Versteigerung so sehr vermisste Dürer'sche Tagebuch.

Derschau, ein unermüdlicher Sammler und besonders enthusiastischer Verehrer Dürer's, hatte eine vorzügliche Sammlung von Oel- und Wassermalereien, sowie eine bedeutende Kupferstichsammlung in seinem Besitze. Auch war er, wie wir aus einem Verzeichnisse seiner Sammlung ersehen, Eigenthümer der mit folgendem Titel überschriebenen Fragmente: „Albrecht Dürer's seligen Aigen Hantschrifft, wie sein Vatter vnd Mutter gestorben, Auch wie er dass grosse Wunderwerk so er all sein Tag gesehen, nemlich ein Crucifix, so in ein Hembte gefallen vom himmel herab — wie solches gewest, abgemalt." Diese Originalhandschriften, welche von dem Besitzer Heller und wol von diesem Campe mitgetheilt wurden, kamen nach Derschau's Tod in die Hände des Generalpostmeisters von Nagler zu Berlin.* Sie befinden sich

---

* Den ersten Abdruck dieser Bruchstücke finden wir in dem Werkchen: Leben Albrecht Dürer's, von Joh. Ferd. Roth (Leipzig 1791). Ob nun Roth

jetzt im Kupferstichcabinet zu Berlin.* Hauptmann von Derschau gestattete in liberalster Weise den sich für das Tagebuch interessirenden Kunstforschern Einsichtnahme desselben. So war es Dr. J. F. Böhmer in Frankfurt, der es lange Zeit von Derschau entliehen hatte, um es zu ediren.** Der bekannte Kunstforscher Joseph Heller in Bamberg war gerade in jener Zeit — es war um das Jahr 1822 — damit beschäftigt, Materialien für sein Werk: „Das Leben und die Werke Albrecht Dürer's", zu sammeln und trat bald mit Derschau, den er übrigens schon kannte, des Tagebuchs wegen in Briefwechsel. Von diesem erhielt er denn auch die leihweise Ueberlassung der Hauer'schen Abschrift zugesichert, sobald nämlich Dr. Böhmer dieselbe remittire.

Dr. Böhmer sandte das Reisejournal nach ergangener Aufforderung alsbald mit dem Bemerken an Derschau zurück, dass seine Edition erst nach dem Erscheinen des Heller'schen Werkes (III. Band) erfolgen würde.

Am 20. Juni 1824 starb Herr von Derschau. Das Reisetagebuch war noch immer in den Händen Joseph Heller's. Die Hinterbliebenen ersuchten nun um schleunige Zurückgabe desselben, da sich gerade eine Gelegenheit geboten habe, die im Nachlasse vorhandene Sammlung von angeblich Dürer'schen Handzeichnungen zu verkaufen, bei welcher das in Frage stehende Journal unentbehrlich sei.

---

dieselben von Derschau erhalten hat, oder ob sie sich damals noch in anderm Besitze befanden, können wir nicht mit Bestimmtheit sagen. Doch scheint es, als ob diese Blätter von Dürer's Hand nicht aus dem Ebner'schen Museum stammten und schon vor dem Tagebuch von Derschau erworben worden wären.

* Thausing sagt in seinem Werk „Briefe Dürer's etc.": „Die Bruchstücke hat noch Campe (Reliquien) aus sonst unbekannten Originalhandschriften geschöpft." Vgl. Vorrede, S. XIV.

** In einem noch ungedruckten Briefe an Heller sagt Böhmer: „Ich bin natürlich um so begieriger auf Ihr Werk über Dürer, als ich früher selbst die Absicht hatte, etwas theilweise Aehnliches zu unternehmen." Die obige Nachricht, dass Böhmer das Tagebuch ediren wollte, sowie die übrigen auf Böhmer bezüglichen Notizen entnahmen wir den Briefen Derschau's an Heller.

Unserm Heller scheint diese Aufforderung nicht zur gelegenen Zeit gekommen zu sein; denn einige Briefe der Erben Derschau's ignorirte er einfach. Nachdem er sich jedoch die nöthigsten Excerpte gemacht, sendete er es an die heftig ihr Eigenthum begehrenden Erben zurück und zwar mit der Bemerkung, dass er den festen Willen habe, dasselbe durch Kauf in seinen Besitz zu bringen.*

Im Jahre 1825 erschien bei dem verpflichteten Auctionator Buchhändler J. L. Schmidmer in Nürnberg der Versteigerungskatalog unter dem Titel: „Verzeichniss der seltenen Kunstsammlungen von Oehlgemälden, geschmelzten Glasmalereyen, Majolika, Kunstwerken in Bronce u. a. Metallen, in Elfenbein etc. Manuscripten u. Büchern aus den Hauptfächern der Wissenschaften des dahier verstorbenen Königlich-Preussischen Hauptmanns Herrn Hans Albrecht von Derschau." Während die erste Abtheilung dieses Katalogs Gemälde, Zeichnungen und andere Kunstgegenstände umfasste, brachte die zweite Kupferstiche und Holzschnitte aus allen Schulen, die dritte endlich umfasste die Manuscripte und Bücher aus den verschiedensten Wissenschaften. In der dritten heisst es auf S. 6:

„34b a. Anno 1520 am Pfingstag nach Chiliani hab ich Albrecht Dürer etc. (Reise Journal des Künstlers nach den Niederlanden. 61 Seiten.)

b. Kurze Erzählung des hochberühmten Albr. Dürer Herkommen etc. 6 Seiten.

Beide vorstehende Handschriften sind Copien, welche der Maler Joh. Hauer von den Originalien genommen. Die erstere wurde von Murr zum Abdruck in sein Kunstjournal, T. VII, die letztere von Sandrart in seiner Kunstakademie benutzt; sie befanden sich ehemals in dem Ebner. Museum in Nürnberg.

---

* Ein Zeichen übrigens, dass Joseph Heller sich den Erben dienstbar erzeigen wollte, ist die Thatsache, dass er sich bereit erklärte, den Verschleiss der Auctionskataloge für Bamberg zu vermitteln und etwaige Aufträge zu übernehmen.

Beigebunden sind nachstehende gedruckte Werke:
c. Underweysung der Messung mit dem Zirkel etc. durch A. Dürer. Nbg. 1538. Mit Holzschn. Defect.
d. Etliche Undericht zur Befestigung der Stett, Schloss vnd Flecken. Durch A. Dürer. Nbg. 1528. Mit Holzschn. Wohlerhalten. Lederbd."

Heller ersteigerte sich diesen kostbaren Band um 15 Gulden. Hatte er schon grosse Lust, eine Ausgabe des Reisetagebuchs zu veranstalten, als es noch nicht in seinem Besitze war, ja schon, als er lediglich den dürftigen Murr'schen Auszug in Händen hatte und nur vom Hörensagen wusste, dass Herr von Derschau eine vollständige Abschrift besitzen soll — so ist es begreiflich, dass er jetzt mit verdoppeltem Eifer an die nicht leichte Arbeit ging. Das Tagebuch sollte den ersten Abschnitt (§ 50) des dritten Bands seines Werkes mit den Briefen Dürer's, den Familiennachrichten u. a. bilden. Joseph Heller aber starb am 4. Juni 1849, ohne dass weder der erste noch der dritte Band seines „Dürer" druckfertig geworden wäre.

Der Tod kam ihm erwünscht zur rechten Stunde. Das grosse Vermögen Heller's war total geschwunden — seine letzte Baarschaft hatte er zur Vervollständigung seiner Kunst- und Büchersammlung verwendet! Als Erbin derselben hatte er die königliche Bibliothek zu Bamberg ernannt. Sie bestimmte die königliche Regierung, dass dieselbe die nöthige Summe zur Deckung der Schulden Heller's bewilligte und erlaubte, dass 26 Antiphonarien der Bibliothek verkauft werden durften, um die Legatare zu befriedigen, die zum Theil übrigens zu Gunsten der königlichen Bibliothek auf ihre Ansprüche Verzicht leisteten. So kam die bamberger Bibliothek in den Besitz der herrlichen Heller'schen Kunst- und Büchersammlung.*

---

* Vgl. auch des Verfassers Führer durch die königliche Bibliothek Bamberg (Bamberg, Buchner, 1878).

An eine systematische Ordnung, an eine nur annähernd genaue Verzeichnung des ererbten Bücherschatzes dachte man indess nicht. Und so kam es denn, dass, ebenso wie ich bei meinem Amtsantritte im Jahre 1874 die königliche Bibliothek in einem Zustande antraf, der aller Beschreibung spottet, sich auch die Heller'sche Sammlung als ein Chaos darbot, wie es nicht unerquicklicher gedacht werden kann.* Der damalige Extraditionscommissär, der verstorbene Director der königlichen Hof- und Staatsbibliothek in München, Dr. von Halm, erstattete dem königlichen Staatsministerium über diesen Zustand eingehenden Bericht.

Im Jahre 1878, nachdem die königliche Bibliothek eine gänzliche Neugestaltung erhalten hatte, begannen die ersten Arbeiten zu einer gründlichen Umgestaltung und systematischen Ordnung der gesondert aufbewahrten, nicht unbedeutenden Heller'schen Büchersammlung. Hier fand ich unter den „Druckschriften" einen in braunes Leder gebundenen Folioband, der als Manuscript sogleich meine Aufmerksamkeit erregte. Es war das verschollene Tagebuch der Reise in die Niederlande. Mir stand zwar damals nicht der erwähnte Schmidmer'sche Katalog, wol aber Thausing's Werk: „Dürer's Briefe, Tagebücher u. s. w." zur Seite, das mich über die Wichtigkeit meines Fundes rasch orientirte.

Es darf bei den angedeuteten Zuständen nicht verwundern, dass sich das kostbare Manuscript einer solchen Schlummerstätte zu erfreuen hatte, theilte ja noch manche andere Perle mit ihm das gleiche Schicksal.

Ich war natürlich hocherfreut, diesen Schatz gehoben zu haben, und machte von dem Funde in einem im December des Jahres 1878 gehaltenen Vortrage über „Albrecht Dürer" kurz Mittheilung. Weitern Kreisen wollte ich jedoch damals diese Nachricht noch nicht zukommen lassen, da ich

---

* Auch Gottfried Kinkel spricht sich in Lützow's „Zeitschrift für bildende Kunst" (XIV, 384) darüber aus.

vor allem das Manuscript bei der Bearbeitung des Textes zu der damals vom Photographen Hirschfeldt projectirten Herausgabe der bamberger Dürer-Handzeichnungen zu benutzen gedachte.

Im April des Jahres 1879 kam Herr Professor Dr. Gottfried Kinkel, der berühmte Kunsthistoriker und Dichter, nach Bamberg, um die Dürer-Handzeichnungen und die übrigen reichen Kunstschätze der Bibliothek einer genauen Durchsicht zu unterziehen.

Als Kinkel Campe's „Reliquien von Dürer" verlangte, um die den Handzeichnungen zugesetzten Bezeichnungen der Personen mit denen des Tagebuchs zu vergleichen, musste ich ihm das gewünschte Büchelchen als momentan nicht vorhanden bezeichnen, übergab ihm aber das bisher auf meinem Arbeitstische gelegene Kleinod mit dem Bemerken, dass dieses ihm den gleichen Dienst thun und dabei sein Interesse in ungleich höherm Grade in Anspruch nehmen würde.

Herr Professor Kinkel war über meinen Fund ausserordentlich erfreut und hatte die Güte, über denselben in Lützow's „Zeitschrift für bildende Kunst" (XIV, 383) zu berichten.* Mir selbst war es damals unmöglich, an die Herausgabe dieses für alle Kreise, die sich für ältere Kunstgeschichte interessiren, hochwichtigen Fundes zu gehen, weil mich meine amtliche Thätigkeit ganz und vollständig in Anspruch nahm. Denn ich sah und sehe es als meine Pflicht an, das, was

---

* Verschiedene politische Zeitungen behandelten diese Nachricht theils in einer für Kinkel, theils für mich verfänglichen Weise. Ich ignorirte diese journalistischen Expectorationen mit dem Bewusstsein, dass es ihnen wol möglich werden kann, die Wahrheit zu entstellen, nicht aber der gerechten Sache zu schaden. Kinkel erliess hiergegen eine geharnischte Erklärung, in welcher er die seinen Worten untergeschobene Behauptung, er habe in der königlichen Bibliothek zu Bamberg den Dürer-Codex entdeckt, als unwahr zurückwies. Von einer „Anmassung fremden Verdienstes" von seiten Kinkel's kann natürlich nicht die Rede sein — doch hatte eine liebedienerische Seele geglaubt, mit der Zuweisung dieser Entdeckung dem Gelehrten höchlich zu schmeicheln und ihn zu erfreuen, indess kam sie bei dem ehrlichen, offenen Kinkel an den unrechten Mann.

Bibliotaphen verschuldet, der gelehrten Welt gegenüber wieder gut zu machen.

Der seit der Auction Derschau verschollene, im Jahre 1878 also wieder ans Tageslicht gekommene Dürer-Codex der bamberger Sammlung (Helleriana) ist in braunes Leder gebunden, hat eine Höhe von 30 cm, eine Breite von 20 cm und trägt auf der ersten Seite folgende Einzeichnung, welche vollständig von Derschau's Hand stammt:

Dürer's Original Handschrift Seiner Reise nach den Niederlanden, war Ehmals aus dem Nachlass des W. Pirckheimer nebst dessen Bibliothek im Besitz der Familie v. Imhoff. Nach welchem gegenwärtige Copie von Maler Joh. Hauer 1620 genommen ist.

Diese Abschrift gelangte in der Folge in das Ebnerische Museum zu Nürnberg; aus welchem sie der gegenwärtige Besitzer erkaufte.

Da das Original bereits 1779 ohnerachtet aller angewanten Mühe v. Murr nicht mehr auftreiben konte; so hatt er Nach dieser Copie, einen Auszug im VII. Seines Kunst Journals abdrucken lassen. Die Correcturen mit Neuerer Schrift sind ansichtlich von seiner Hand.

Oben rechts in der Ecke steht ebenfalls von Derschau's Hand: „Murr." Das zweite und dritte Blatt des Bandes ist unbeschrieben. 61 Seiten nimmt das Reisetagebuch Dürer's ein; hierauf folgt: „Kurze Erzählung des hochberühmten Albrecht Dürer's Herkommen, von dessen Vatter, Mutter, Anherrn, Anfrauen und ruhmwürdigen wercken*", welche

---

* Thausing vermuthet, indem er sagt: „Eine Abschrift der Familienchronik Dürer's aus dem vorigen Jahrhundert auf der nürnberger Stadtbibliothek wurde gleichfalls mit Nutzen zu Rathe gezogen. Eine andere Abschrift derselben von der Hand des Malers Johann Hauer war im Besitze des Hauptmanns H. A. von Derschau", in der letztern gewiss die dem Reisetagebuche beigebundene „Kurze Erzählung u. s. w.". Es ist dies indess nur die bereits erwähnte Biographie Dürer's von Hauer. Ich war übrigens so glücklich, unter losen Blättern, Broschüren und Bänden in der Helleriana der bamberger Bibliothek eine von gleicher Hand

bis S. 67 reicht. Sodann kommen vier Blatt leeres Schreibpapier, hierauf die gedruckte „Underweysung der Messung mit dem Zirckel vnd richtscheyt etc. durch Albrecht Dürer", wo an Stelle eines fehlenden Bogens die Ersatzblätter von weissem Papier eingebunden sind, und ein vollständiges und wohlerhaltenes gedrucktes Exemplar von Dürer's Schrift: „Etliche vnderricht, zu befestigung der stett, Schloss, vnd flecken." Diesem folgen wieder einige Blätter weissen Papiers.

Der Codex ist, trotzdem er vor der Versteigerung des Nachlasses Derschau's viel benutzt wurde, ziemlich gut erhalten. Der Ledereinband, der wol so alt ist als die Hauer'sche Abschrift selbst, trägt zwar einige Spuren starken Gebrauches an sich, indess ist er längst nicht so sehr von eifrigen Dürer-Verehrern in Mitleidenschaft gezogen worden, als leider manche Seite des Manuscripts. Besonders war es Murr, welcher sich bemühte, seine Anschauungen möglichst intensiv in der Handschrift vorzutragen. Er scheute sich nicht, an den einzelnen, ihm dunkel klingenden Wörtern ganz willkürliche Correcturen vorzunehmen und die ursprüngliche Hauer'sche Schreibart durch derbe Federstriche oft vollständig unleserlich zu machen. Ueberhaupt könnte Herr Murr, wenn auch das Manuscript sein Eigenthum gewesen wäre, in herrischerer Weise kaum mit ihm verfahren sein. Er ging oft mit einer Kaltblütigkeit zu Werke, die schon ihres gleichen suchen dürfte. Ein in die Geschichte des Tagebuchs Uneingeweihter wird aber leicht die Ansicht über sich gewinnen, dass Murr die Originalhandschrift Dürer's vorgelegen hat.

Wir glauben übrigens den Grund, weshalb Murr den Hauer'schen Text stellenweise so sehr malträtirte, gefunden

---

wie die auf der nürnberger Stadtbibliothek befindliche geschriebene Familienchronik zu finden. Dieselbe war im Anfange des vorigen Jahrhunderts im Besitze des Christoph Jakob Waldstromer von Reichelsdorf. Es existiren von der Familienchronik also zwei Abschriften; die eine ist in Nürnberg, die andere in Bamberg.

zu haben. Es war ihm nämlich darum zu thun, das Tagebuch, also den Hauer'schen Text, vollständig druckfertig herzustellen. Dass er mit dem Gedanken umging, das kostbare Manuscript selbst — nicht etwa eine Abschrift davon — in die Druckerei zu geben, schliessen wir aus folgenden Umständen. Murr gedachte 337 Stellen des Tagebuchs mit Anmerkungen zu versehen: diese Stellen sind im Manuscript mit fortlaufenden Zahlen bezeichnet. Eigenthümlich hat Murr die 61 Seiten des Tagebuchs foliirt: er beginnt mit der Zahl 57 und endigt mit 87. Es müssen also nothwendigerweise 56 Blätter dem Tagebuch in der Zählung Murr's vorangegangen sein. Der Codex zählte aber nachweisbar seit seinem Bestehen niemals weder eine grössere noch eine geringere Blätteranzahl, als die oben angegebene. Murr hat also offenbar seine Abschriften, die verschiedenen Briefe, Gedichte und anderes von Dürer und auf Dürer Bezügliches dem Tagebuch vorausgehen lassen und augenscheinlich auch in dieser Weise die Foliirung vorgenommen. Der damalige Besitzer des Reisejournals muss sich übrigens mit diesem Plane, das Hauer'sche Manuscript selbst in die Druckerei zu geben, nichts weniger als einverstanden erklärt haben; denn Herr von Murr musste sich, nachdem er die Hauer'sche Abschrift so fleissig für seinen Zweck zugestutzt hatte, denn doch noch bequemen, eine eigene Abschrift von der Hauer'schen anzufertigen. Und diese zweifelsohne wider Willen hergestellte Murr'sche Abschrift nahm, wie wir bereits oben erwähnten, ihren Weg nach Dresden in die Walther'sche Hofbuchhandlung. Auf ihr ferneres Schicksal kommen wir noch einmal zu sprechen.

Am Schlusse des Tagebuchs befinden sich die bereits erwähnten Mantel-Zeichnungen, copirt von Hauer.

* * *

Man vertraut der Hauer'schen Abschrift des Reisetagebuchs gewöhnlich nur mit einer gewissen Aengstlichkeit. Wir können indess versichern, dass man ihr, was die Vollständigkeit und Genauigkeit derselben anlangt, unbedingtes Vertrauen schenken darf. War ja doch Hauer so vorsichtig, einen gewandten Freund, vielleicht sogar einen derer von Imhoff zu bitten, eine genaue Vergleichung der Abschrift mit der Urschrift vorzunehmen. Zu dieser Behauptung führen uns die im Manuscripte befindlichen zahlreichen Verbesserungen, welche nicht von der Hand Hauer's, wol aber von einer gleichzeitigen stammen. Dass dieser die Urschrift vorgelegen haben muss, geht nicht allein aus den vielfachen auf den Rand geschriebenen und zum Texte nachgetragenen Sätzen, sondern auch aus der oft an den Wörtern selbst vorgenommenen, meist wesentlichen Richtigstellung derselben hervor. Auf den ersten Augenblick scheint es allerdings, als ob Text, Nachträge und Correcturen Eine Feder zur Urheberin hätten, dem genauen Beobachter wird sich aber bald zeigen, dass die letztern einer andern, denn der Hauer'schen, ihre Existenz zu verdanken haben.

Freilich ist es der collationirenden Hand auch nicht ganz gelungen, die Misverständnisse und alle Lesefehler Hauer's zu entdecken und zu tilgen. Doch ist das Verdienst, welches sich dieselbe um das Tagebuch erworben hat, immerhin ein sehr wesentliches, und soll — wenn auch manche dunkle Stelle noch die Thätigkeit des Emendators anruft — deshalb doch nicht geschmälert sein. —

Von dem Tagebuche Dürer's, der „Reise in die Niederlande", gibt es drei deutsche Drucke. Christoph Gottlieb von Murr* war der erste, welcher eine Ausgabe veranstaltete.

---

* Christoph Gottlieb von Murr stammte aus der gerichtsfähigen von Murr'schen Familie, deren Glieder sich vorzugsweise in Bamberg niedergelassen hatten. Er war am 5. August 1733 geboren, wurde am 11. Juli 1770 Zoll- und Wagamtmann in der untern Wage zu Nürnberg und starb am 8. April 1811. Durch

Er entdeckte, wie bereits erwähnt, in dem Ebner'schen Museum Dürer's Reisetagebuch und veröffentlichte danach einen Auszug im VII. Theil seines „Journals zur Kunstgeschichte" (Jahrgang 1779, S. 55—98). Dieser Auszug ist äusserst dürftig und kann heute nur noch insofern Anspruch auf Beachtung erheben, als er uns eine Etappe in der Geschichte des Tagebuchs bezeichnet. Was dem Herausgeber eben unverständlich erschien, ist einfach gestrichen. Besonders wenn Murr an sich selbst fühlte, dass eine Note unterm Text zum Verständniss für den Leser unentbehrlich sei, strich er ganz ohne Bedenken solche durch ihren dunkeln Sinn ihm misliebige Sätze. Zumal nach der Klage über Luther's Verschwinden nimmt die Dürftigkeit des ohnehin mangelhaften Auszuges rapid zu. Im Anfange druckt zwar Murr ziemlich genau nach dem Manuscripte, ohne wesentlichere Veränderungen vorzunehmen, ja er hält sich in der Orthographie sogar an den Hauer'schen Text, später aber modelt er die Sprache in ein modernes Deutsch um, ohne sich jedoch einer gleichmässigen Durchführung der Modernisirung von Sprache und Schrift zu befleissigen. Auf dem Titelblatte der Murr'schen Ausgabe steht: E Bibliotheca Ebneriana — eine gute Beglaubigung unserer oben aufgestellten Behauptungen.

Murr beabsichtigte übrigens noch für das Jahr 1810 eine vollständige Ausgabe des Tagebuchs herauszugeben; denn die Walther'sche Hofbuchhandlung in Dresden befand

---

seine schriftstellerische Thätigkeit erwarb er sich in der gelehrten Welt einen berühmten Namen. Sein „Journal zur Kunstgeschichte und zur allgemeinen Literatur" brachte zwar eine Fülle interessanter Nachrichten, doch kann Murr von dem Vorwurfe, manches Unpassende in dasselbe aufgenommen und manches Unwichtige weitschweifig ausgeführt zu haben, nicht ganz freigesprochen werden. Murr hatte ziemlich hochfliegende Pläne, an deren Ausführung ihn jedoch der Tod hinderte. So wollte er das Leben italienischer Maler nach Vasari, mit einem Theile der Bildnisse derselben, herausgeben, und auch eine Herausgabe des gesammten literarischen Nachlasses Dürer's veranstalten. Durch testamentarische Verfügung Joseph Heller's ist die königliche Bibliothek zu Bamberg in den Besitz verschiedener Manuscripte Murr's gelangt.

sich 1807 bereits im Besitze einer mit Anmerkungen versehenen Abschrift des Reisejournals, die zum Drucke bestimmt war. Aus welchen Gründen sich das Project zerschlug, ist uns unbekannt. Wir wissen nur so viel, dass weder der damalige Besitzer dieser Buchhandlung, G. C. Walther, noch sein Nachfolger Wagner, geneigt war, das Manuscript in Druck zu geben.*

Dass auch Joseph Heller, in dessen Besitz das Tagebuch ja 1825 übergegangen war, eine Ausgabe veranstalten wollte, haben wir schon bemerkt. Im Jahre 1828 erschien in den „Reliquien von Albrecht Dürer seinen Verehrern geweiht", herausgegeben von Dr. Friedrich Campe, ein vollständiger Abdruck des Reisejournals. Eigenthümlicherweise verschweigt Campe, dem als Magistratsrath das Commissorium der Stadtbibliothek und der städtischen Kunstwerke übertragen war, aus welcher Handschrift er drucken liess und wo sich dieselbe befand. Die Bemerkung Campe's in der Vorrede: „Herr Heller hat mir, mit seltener Liberalität, von seinen ungedruckten Collectaneen freundlich mitgetheilt, was ich mir erbat", legt zwar schon die Vermuthung nahe, dass er jenes in den Händen Heller's befindliche Manuscript für seine Ausgabe benutzt habe. Aus verschiedenen schriftlichen Notizen, aber auch aus einer Mittheilung Heller's in seinem Werke über Dürer (S. 1079) und im „Archiv für die Geschichte des Ober-Mainkreises" (I, 2, 1832, S. 94) ersahen wir deutlich, dass Heller 1828 dem Herausgeber der „Reliquien", Dr. Campe in Nürnberg, Albrecht Dürer's Reisejournal nach den Niederlanden, mit Anmerkungen begleitet, wirklich eingesendet hatte. Wir können

---

* Die Abschrift des Reisetagebuchs nebst den von Murr dazu verfassten Anmerkungen wurde 1825 Joseph Heller von der Besitzerin, der Walther'schen Hofbuchhandlung, zum Kaufe angeboten. Heller ging jedoch bei dem von genannter Buchhandlung festgesetzten hohen Preise nicht auf das Anerbieten ein, behielt aber das Manuscript sieben Monate lang und scheint auch die Murr'schen Anmerkungen, wenn auch nur theilweise, für seine Zwecke verwendet zu haben. Leider sind nur noch Fragmente des dritten Theils seines Werks über Dürer erhalten.

daher mit Fug und Recht Heller den Hauptmitarbeiter der „Reliquien" nennen.* Campe wird also an der Herausgabe des Tagebuchs keinen andern Antheil gehabt haben, als dass er eben stillschweigend die Verantwortung für dieselbe übernahm. Den ersten vollständigen Abdruck verdanken wir also doch dem wackern Dürer-Forscher Heller. Die Campe'- oder besser Heller'sche Ausgabe hält sich in Sprache und Orthographie ziemlich genau an den Hauer'schen Text, ohne ihn wesentlich zu modernisiren. Kleinere Abweichungen sind jedoch nicht gerade selten und dürfte wol manche derselben auf Rechnung des Heller'schen Schreibers zu setzen sein. Hier und da finden sich übrigens auch kleine, absichtliche Auslassungen und dies besonders dann, wenn die Textentzifferung besondere Schwierigkeiten bietet. Im grossen und ganzen aber ist die Wiedergabe des Tagebuchs in den „Reliquien" vollständig und correct.

Noch 1828, also in dem nämlichen Jahre, wo Campe's „Reliquien" erschienen waren, gedachte der Herausgeber des „Kunstblattes", Dr. E. H. Tölken in Berlin, einen Abdruck des Reisetagebuchs zu geben. Joseph Heller ging auch ihm hülfreich an die Hand und machte ihn darauf aufmerksam, dass bei der Herausgabe sehr kritisch zu Werk gegangen werden müsse. Der Plan scheint indess nicht zur Ausführung gekommen zu sein, obwol Heller seine Unterstützung so bereitwillig zugesagt hatte.

Die dritte Ausgabe veranstaltete Professor Dr. Moriz Thausing, als an ihn der Ruf erging, in einer deutschen Sammlung von „Quellenschriften für Kunstgeschichte und Kunsttechnik des Mittelalters und der Renaissance" Albrecht Dürer, der hier am allerwenigsten fehlen durfte, zu behandeln. Das im Jahre 1872 erschienene Werk: „Dürer's Briefe,

---

* Es ist gewiss, dass Heller unter anderm auch die Fragmente des Dürer'schen Tagebuchs (s. S. 29), welche er von Derschau leihweise erhalten hatte, in Abschrift dem Herausgeber der „Reliquien" zur Verfügung stellte. Heller sagt a. a. O., S. 1079: „Diese Ausgabe (die «Reliquien» nämlich) besorgten wir grösstentheils."

Tagebücher etc.", zeigt deutlich, dass Thausing nicht die Aufgabe des Philologen, sondern des Kunsthistorikers zu lösen im Auge hatte: als Quelle für Kunstgeschichte sollte das Tagebuch dienen. Thausing hatte keinen handschriftlichen Text; er war lediglich auf Campe angewiesen, bei dem offenbare und versteckte Lesefehler nicht ausgeschlossen sind. Unter diesen Umständen that Thausing das allein Richtige: er übersetzte den Campe'schen Text ins Neuhochdeutsche. Thausing sagt darüber in seiner Vorrede: „Im Allgemeinen dient es vielleicht mit zur richtigeren Würdigung der Schriften Dürer's, sie einmal des altfränkischen Gewandes entkleidet zu sehen, auf dessen kindlich putzigen Zuschnitt man oft zu viel Gewicht gelegt hat. Von dem, was an den Vorkämpfern eines grossen Zeitalters wirklich schlicht und einfältig war, bleibt ja auch in der Uebersetzung noch genug zurück." Es handelte sich übrigens weniger um eine wirkliche Uebersetzung als um eine Verwandlung der uns entfremdeten Sprache in die ungewohnte Ausdrucksweise. Gerade deswegen war, wie L. Geiger in seiner Recension des Thausing'schen Werks treffend bemerkt, die Aufgabe schwieriger, als sie es bei der Uebersetzung aus einer fremden Sprache gewesen wäre. Denn nicht in eine gewählte, modern-polirte Sprache durfte die Dürer'sche Schreibweise übertragen und dadurch der eigenthümliche Charakter derselben gänzlich verwischt werden, sondern gerade dieser musste möglichst gewahrt bleiben, nur die unverständlichern oder wenigstens ungebräuchlichen Ausdrücke umgetauscht werden.* Aber selbst eine in jeder Hinsicht zufriedenstellende Uebertragung genügte nicht: es mussten deshalb Anmerkungen hinzugefügt werden. Und selbst jene, welche die Behauptung aufstellten, der Werth von Thausing's Ausgabe habe dadurch eine Beeinträchtigung erfahren, dass der Herausgeber diese Reliquien Dürer's in eine moderne Sprache

---

* „Göttingische gelehrte Anzeigen", 1873, I, 975.

übertragen hat, mussten gestehen, dass Thausing's zahlreiche sachliche Erläuterungen diesen Mangel leicht vergessen liessen. Sagt der Herausgeber ja selbst: „Und was durch Aufgebung der Urschrift an Färbung verloren geht, kann in der Beleuchtung mittels der begleitenden zeitgeschichtlichen Thatsachen gewissermassen Ersatz finden."

Nach welchen Grundsätzen wir bei der Herausgabe des Tagebuchs verfahren, haben wir eingehend in der Vorrede dargelegt. —

Aus all' dem, was wir hier ausgeführt haben, sollte doch gewiss als Resultat hervorgehen, dass allen Erwähnungen und Publicationen von Dürer's Tagebuch der Reise in die Niederlande die Hauer'sche Abschrift gedient hat, dass also die Helleriana der königlichen Bibliothek in Bamberg den Codex unicus besitzt.* Nun aber sagt Moriz Thausing**: „Einer freundlichen Mittheilung A. von Eye's zufolge wäre dieser Lederband in den Besitz eines Freiherrn Gross von Trockau übergegangen."

Als ich Herrn Dr. von Eye***, den vortrefflichen Kenner und Biographen Dürer's, von meiner Entdeckung Mittheilung gemacht hatte, antwortete auch mir der liebenswürdige Gelehrte unter anderm Folgendes: „....... Vorzugsweise lag mir daran, für Ihre interessante Entdeckung einige Thatsachen festzustellen, die darauf ein wenn auch nur nebensächliches Licht zu werfen im Stande sind. Denn die Abschrift des berühmten Dürer'schen Tagebuchs, welche Sie neu hervorgezogen haben, kann nicht dieselbe sein, welche mir vor nunmehr zwölf bis fünfzehn Jahren

---

* Schorn weiss in seinem „Kunstblatt", 1823, S. 32, von einer Handschrift des niederländischen Tagebuchs auf der Haller'schen Bibliothek in Nürnberg zu berichten, von der sich Dr. Boisserée eine Abschrift verschafft haben soll. Diese Nachricht muss in ihrem ersten Theile auf einem Irrthum beruhen.

** „Dürer's Briefe, Tagebücher etc.", Einleitung, S. XIV.

*** A. von Eye's bekanntes Werk über Dürer erfreut sich heute noch, trotz seiner Jahre, voller Jugendfrische. Ihm verdanken wir auch den ersten correcten Abdruck der venetianischen Briefe Dürer's an Pirkheimer.

im Nachlass des bekannten Architekten Heideloff aufstiess. Sie kam in der Auction dieses Nachlasses mit vor, zu welcher ich aus Gefälligkeit für die Hinterbliebenen den Katalog fertigte, und wurde von einem Herrn von Gross erstanden. Ich kam damals auch dem ersten Entwurfe zum Sebaldusgrabe auf die Spur, brachte ihn in Stuttgart wieder zum Vorschein, weiss aber nicht, wo er seitdem geblieben ist. Herr von Gross gehört dem fränkischen Adel an und dürfte noch zu ermitteln sein. — Kam die von Ihnen gefundene Handschrift durch Heller in die bamberger Bibliothek, muss sie eine andere sein, als die ich gesehen. Eine Vergleichung beider und des Campe'schen Abdruckes wäre natürlich von höchstem Interesse."

Die hierauf sofort eingeleiteten Recherchen ergaben folgendes Resultat: Freiherr Gross von Trockau ersteigerte aus der Heideloff'schen Hinterlassenschaft nur ein Manuscript von dem berühmten nürnberger Schreibmeister Neudörfer, das noch heute in seinem Besitze ist. Es handelt von nürnberger Künstlern und ist also zweifelsohne eine Abschrift von Neudörfer's bekanntem Manuscript: „Verzeichnuss der Werckleuth und Künstler etc." Nach einer weitern freundlichen Mittheilung war der Mitsteigerer des Herrn von Gross Herr Dr. A. von Eye.

Es scheint demnach hier ein Irrthum obzuwalten. Und es ist nun mehr als wahrscheinlich, dass die bamberger Bibliothek in dem Reisetagebuch das Unicum der hochwichtigen Hauer'schen Abschrift besitzt. Das Original ist durch sie jedenfalls besser beglaubigt, als die meisten Texte unserer Classiker des Alterthums, bei denen die Philologen sich höchlich freuen würden, wenn sie Codices besässen, die den Originalen der Zeit nach so nahe stünden wie die Hauer'sche Abschrift der Dürer'schen Urschrift, bei denen sich die Herkunft und die Geschichte des Uebergangs von Besitz zu Besitz so genau verfolgen liesse wie bei dem Dürer-Codex der bamberger Bibliothek.

Tagebuch.

Anno 1520.

Am pfingstag nach Chilianj hab ich Albrecht Dürer, uff mein verkost und außgeben, mich mit meinem weib von Nürnberg hinweg in das Niederland gemacht. Und do wir deßelben tags außzogen durch Erlang, do behauseten wir zu nachts zu Baiersdorff und verzehren daselbst 3 ₰ minder 6 ₰.

Darnach sind wir den nechsten am freitag gen Forcham kommen, und gab do umb geleith 22 ₰. Von dannen fur ich gen Bamberg und schenckte den bischoff ein gemahlt Marienbild, unser frauen leben, ein apocalypsin und für ein gulden kupfferstück; der lud mich zu gast, gab mir ein zoll- und drey fürderbrieff und löset mich auß der herberg, do ich bey einen gulden verzehret hab.

Item ich hab dem fuhrmann 6 ₰ an gold geben, der mich von Bamberg gen Franckfurth führet.

Item meister Lauz Benedict und Hans, mahler, haben mir den wein geschenckt.

4 ₰ für brodt, mehr 13 ₰ zu lez.

Also fur ich von Bamberg gen Eltman und zeiget mein zollbrieff, do ließ man mich fahren zollfrey.

Und von dannen fur wir für Zeil; in mittler zeit gab ich auß 21 ₰. Darnach kam ich gen Haßfurth und wisse mein zollbrieff, do ließ man mich zollfrey fahren.

Ich hab 1 ₰ ins bischoffs von Bamberg canzley geben.

Darnach kam ich gen Theres ins closter und zeuget mein zollbrieff, do ließ man mich auch fahren.

Darnach fur wir gen Rein. Do lag ich übernacht und verzehrt 1 ℔. Von dannen fuhren wir gen Mayenburg und weiß mein zollbrieff, do ließ man mich zollfrey fahren.

Darnach kommen wir gen Schweinfurth, do lud mich doctor Rebart, und er gab uns wein ins schiff. Man ließ mich auch zollfrey fahren. 10 ₰ für ein gebraten hun. 18 ₰ in die kuchen und dem kind.

Darnach fur wir gen Volkach und zeuget mein zollbrieff und fur aber weg und kamen gen Schwarzach, do lagen wir übernacht, und verzehret 22 ₰.

Und am mondag waren wir frü auff und fahren für Tettelbach und kamen gen Kizing und wiß mein zollbrieff, do ließ man mich fahren, und ich verzehret 37 ₰. Und fuhren darnach für Sulzfeldt gen Prait, und zeuget mein zollbrieff, do ließ man mich fahren; und fuhren für Frickenhausen gen Ochsenfurth, do wieß ich mein zollbrieff, do ließ man mich auch fahren, und kamen gen Eufelstorff, von dannen gen Haidensfeldt und von dannen gen Würzburg, da zeugt ich meinen zollbrieff, also liessen sie mich fahren.

Darnach fur wir gen Erlaprunn, do lag wir übernacht, und verzehrt 22 ₰. Von dannen fahren wir für Rezbach und Zellingen und kamen gen Carstatt, do wieß ich mein zollbrieff, do ließ man mich fahren.

Von dannen fur ich gen Myna, da assen wir zu morgen und verzehren 22 ₰. Auch wieß ich mein zollbrieff, und sie liessen mich fahren. Darnach fuhren wir gen Höchstätt, weiß mein zollbrieff, do liessen sie mich fahren. Und kamen darnach gen Lohr, do wiß ich auch mein zollbrieff, do ließen sie mich fahren. Darnach kamen wir gen Neuenstadt und wiesen unsern brieff, do liessen sie mich fahren. Auch hab ich 10 ₰ außgeben für wein und krebs. Darnach kamen wir gen Rotenfelß, do wieß ich mein zollbrieff, also liessen sie mich frey, und da lag wir übernacht und verzehren 20 ₰. Und am mittwoch frühe fuhren wir weg und für sandt Ecarig und kamen gen Heudenfeldt, von dannen gen Triefenstain. Darnach kamen wir gen Homburg, do zeige ich mein zollbrieff, do ließ man mich fahren. Darnach kamen wir gen

Wertheim, und zeiget mein zollbrieff, do ließ man mich ziehen, und ich verzehret 57 ₰. Darnach fuhren wir gen Prozel, do wieß ich mein zollbrieff, do ließ man mich fahren.

Darnach fuhren wir für Freudenwerg, do wieß ich aber mein zollbrieff, da ließ man mich fahren. Darnach kamen wir gen Miltenberg, da blieben wir übernacht und verzehret, auch wieß ich mein zollbrieff, da ließ man mich fahren, und ich verzehret 61 ₰. Darnach kamen wir gen Klingenberg und wieß mein zollbrieff, da ließ man mich fahren, und kamen gen Werdt, von dannen für Obernburg und von dannen gen Oschenpurg, da wieß ich mein zollbrieff, da ließ man mich fahren, und ich verzehret do 52 ₰. Von dannen fuhren wir gen der Selgenstadt, von dannen gen Steinheim, do wieß ich mein zollbrieff, do ließ man mich fahren. Und wir lagen bey Johansen übernacht, der sperret uns die statt auf, und war uns gar freundlich, da gieb ich aus 16 ₰. Also fuhren wir am freytag frühe gen Kesselstatt, da zeige ich mein zollbrieff, do ließ man mich fahren. Darnach kamen wir gen Franckfurth und zeiget aber mein zollbrieff, da ließ man mich fahren, und ich verzehret 6 weiß pfenning und anderthalben heller, und den buben 2 weiß pfenning, und zu nachts verzehret 6 weiß pfenning. Auch schencket mir herr Jacob Heller den wein in die herberg. Und ich hab mich verdienet mit meinem guth, von Franckfurth gen Menz zu fahren, umb 1 ℔ und zween weiß ₰. Mehr hab ich dem buben geben 5 Franckfurther heller, so hab wir zu nachts verzehret Vjjj weiß pfenning. Also fuhr ich im früheschiff von Franckfurth am sonntag gen Menz, und kamen in mittelweg gen Höst, da wieß ich mein zollbrieff, da ließ man mich fahren; auch verzehrt ich do acht Franckfurther ₰. Von dannen fuhren wir gen Menz. Aber hab ich außgeben 1 weiß ₰ auszuladen; mehr 14 Franckfurther heller dem schiffknecht. Mehr 18 ₰ für die gürthel, mehr hab ich mich auffgedienet ins Kölnerschiff, mich mit meinen dingen umb jjj ℔. Auch hab ich zu Menz verzehret XVjj weiß ₰. Item Peter Goldtschmidt, ihr warthein, hat mir zwo flaschen wein geschenckt; so hat mich Veith Farnpühler geladen, aber sein wirth wolt kein zahlung von ihm nehmen, sondern selbsts mein wirth sein, und sie beweisten mir viel ehr. Also schied ich von Menz, do der Mayn in Rein laufft, und es war am mondag nach Magdalenae. Auch gab ich umb fleisch ins schiff 10 heller und für ayr und pirn 9 heller. Auch hat mir da geschenckt Leohnhardt Goldschmidt den wein und vögel ins schiff, auff Cöln zu kochen. Auch hat mir meister Jobsten bruder ein flaschen mit wein geschenckt, auch haben mir die mahler 2 flaschen mit wein geschenckt ins schiff.

Darnach kamen wir gen Erlfelt, do wieß ich mein zollbrieff, do nam [man] kein zoll. Darnach kamen wir gen Rüdißheim, auch hab ich 2 weiß ₰ einzuladen geben. Darnach kamen wir gen Ernfels, da wieß ich mein zollbrieff, da must ich 2 ₰ an gold geben, doch das ich in 2 monathen ein ledigbrieff brecht, so wolt mir der zölner die 2 ₰ an gold wieder geben. Darnach kamen wir gen Pacharach, da must ich mich verschreiben, daß ich mich in 2 monat verzollen wolte, oder ein ledigbrieff bringen. Darnach kamen wir gen Kaw, do zeig ich aber mein zollbrieff, aber er wolt mich nit fürtragen; ich must mich des vorigen gleichen verschreiben. Darnach hab ich Xj heller außgeben. Darnach kamen wir gen Sanct Gewer, da wieß ich mein zollbrieff, do fraget mich der zölner, wie man mich gehalten hett, do saget ich, würde ihn kein geldt geben. Ich hab geben 2 weiß ₰ dem poten. Darnach kamen wir gen Papart und wieß mein zollbrieff an der Trierischen zoll, do ließ man mich fahren, allein ich must anzeugen mit ein schrifftle, unter meinem signet, das ich nit gemeine kauffmannswahr führet, und er ließ mich willig fahren. Darnach kamen wir gen Constein und wieß mein zollbrieff, do ließ mich der zölner frey, aber er bat mich, daß ich ihn gegen meinem gnädigsten herren von Menz versprach; er schencket mir auch ein kannen mit wein, dann er kant mein weib wohl und freuet sich, mich zu sehen. Darnach kamen wir gen Engers und wieß mein zollbrieff, der ist Trierisch, do ließ man mich frey fahren, ich saget auch, ich wolte es meinem herren von Bamberg rühmen. Darnach kamen wir gen Andernack und wieß mein zollbrieff, do ließ man mich frey fahren, und ich verzehret do 7 heller, mehr 4 heller. Also fuhr ich an Sct. Jacobs-tag frühe von Andernach gen Linz. Von dannen fuhren wir gen pun an zoll, do ließ man mich aber frey fahren. Darnach kamen wir gen Cöln; und inn schiff verzehret ich Vjjjj mehr 1 weiß ₰ und 4 ₰ umb obs. Zu Cöln hab ich außgeben 7 weiß pfenning außzuladen und den schiffknechten 14 heller. Und den Niclasen, meinen vettern, hab ich geschenckt mein schwarz gefütterten rock, mit sammet verbremet, und seinem weib ein gulden geschenckt. Item zu Cöln hat mir der Hieronymus Focker den wein geschenckt, auch hat mir der Jan Groserpeck den wein geschenckt. Auch hat mir mein vetter Niclas den wein geschenckt. Auch hat man uns eine collation im parfüssercloster geben, und der ein münch hat mir ein fazalet geschencket. Mehr hat mir herr Johann Grosserpecker 12 mas des besten weins geschenckt. Auch hab ich außgeben jj weiß ₰ mehr 8 heller für das pürschlein; mehr hab ich zu Cöln verzehrt jj ℔ mehr 14 weiß ₰, und 10 weiß pfenning zu binden, 3 ₰ für obs; mehr hab ich geben 1 weiß ₰ zu lez und ein weiß ₰ den poten. Darnach fuhren wir an St. Pantaleonistag von Cöln in ein dorff, das heist Postorff, do lagen wir übernacht und verzehrten 3 weiß pfenning. Und fuhren am sondtag frühe gen Rüding, da assen wir zu morgends, und verzehr 2 weiß pfenning und 3 ₰ mehr 3 ₰. Darnach kamen wir gen Freyenaltenhofen, da lag wir übernacht und verzehret do jjj weiß ₰. Darnach fuhren wir am morgen frü auf Frelndorff und kamen für Gangolff, das städlein, und aßen zu morgens in einem torff, das heist Süsterhyln und verzehren zween weiß ₰, 2 heller; mehr 1 weiß ₰, mehr jj weiß ₰. Darnach fuhren wir gen Zita, ein feins stättlein, von dannen gen Stocken, das ist Lütisch, da hetten wir ein hübsche herberg und blieben do übernacht und verzehrten da 4 weiß pf.

Und als wir über die Mas gefahrn warn, machten wir uns am erichtag frühe auf und kamen gen Merten, Lewbehen, da aßen wir zu morgen und verzehren jj stüber und gab ein weiß ₰ umb ein jung hun. Darnach fuhren wir über die heyden weyter und kamen zum Stoffer, da verzehret wir jj stüber und lag do übernacht. Darnach fuhrn wir am mittwoch frühe gen Merpeck, da kaufft ich für 3 stüber brodt und wein, und fuhren biß zu der

Brantenmühl, da aßen wir zu morgens und verzehren 1 stüber. Darnach fuhren wir biß gen Eulenberg, do lag wir übernacht und verzehren 3 stüber, 2 ₰. Darnach fuhren wir am pfingstag frühe gen dem Creuz, do aßen wir zu morgens und verzehr
5 jj stüber.

Darnach fuhren wir gen Antorff, do kam ich in die herberg zum Jobst Planckfelt, und demselben abend ludt mich der Focker faktor, mit nahmen Bernhart Stecher, gab uns ein köstlich mahl, aber mein weib aß in der herberg. Und dem fuhrman hab ich
10 für unser 3 person zu führen geben 3 ℔ an goldt und den stüber hab ich geben von güttern zu fahren. Item am samstag nach St. Peters kettenfeuer fürt mich mein wirth in des burgermeisters hauß zu Antorff, neugebauet, über die maß groß und fast wol geordnet, mit überschwencklichen schönen großen kammern, und der
15 viel, ein cöstlich gezierten thurn, ein übergroßen garten, in summa ein solch herlich hauß, dergleichen ich in allen teutschen landen nie gesehen hab. Auch ist ein ganze neue gassen, fast lang, dardurch man von beeden orthen zu seinem hauß gehet, das ihm zu lieb, auch durch sein steuer gemacht ist. Item dem poten hab ich 3 stü-
20 ber geben; 2 ₰ umb brodt, 2 ₰ für dinten.

Und am sontag, was auf Sanct Oswaldttag, da luden mich die mahler auff ihr stuben mit meinem weib und magd und hetten alleding mit silbergeschirr und andern köstlichen geziehr und überköstlich essen. Es waren auch ihre weiber alle da, und do
25 ich zu tisch geführet ward, do stund das volck auf beeden seyten, als führet man einen großen herren. Es waren auch unter ihnen gar trefflich personen, von mannen, die sich all mit tieffen naigen auf das allerdemütigste gegen mir erzeugten, und sie sagten, sie wolten alles das thun, als viel möglich, was sie westen, das mir
30 lieb were, und als ich also bey verehrt also sas, da kam der herren von Antorff rathspoth mit zweyen knechten und schencket mir von der herren von Antorff wegen 4 kannen wein, und liessen mir sagen, ich soll hiemit von ihnen verehret sein und ihren guten willen haben. Des sagte ich ihnen unterthänigen danck und erboth meine
35 unterthänige dienst. Darnach kam meister Peter, der statt zimmer-

man, und schencket mir zwey kannen wein, mit erbietung seiner
willigen dienst. Also do wir lang frölich bey einander waren, und
spatt in die nacht, da belaithen sie uns mit wintlichtern gar ehrlich heim und baten mich, ich soll ihren guten willen haben und
annehmen und solt machen, was ich wolt, darzu wollen sie mir
albehülfflich sein. Also dancke ich ihnen und legt mich schlaffen.
Auch bin ich gewest ins meister Quintines hauß. Aber bin ich
gewesen auff ihren großen drey schützplätzen. Ich hab gessen ein
köstlich mahl mit dem Staiber. Aber ein andernmal mit dem factor von Portugal, den hab ich mit dem kohln conterfeyt; mehr
hab ich meinem wirth. conterfet. Item Jobst Planckfelt, der hat
mir geschenckt ein zincken weiß corelln. Zwey stüber umb butter
geben; 2 stüber den schreinern geben in der mahler zeughauß.
Item mein wirth hat mich geführt in der mahler werckstätt zu Antorff, im zeughauß, do sie dem triumph zurichten, dardurch man
den könig Carl solt einführen. Daselb werck ist lang jjjjhun-
dert pögen, und ein jeglicher 40 schuh lang, und wird auf beden
seyten der gassen aufgemacht, hübsch geordnet, zweyer gaden hoch,
darauf würde man die kammerspiehl machen, und diß kost zusammen, von schreynern und mahlern, 4000 ℔. Auch wird man das
als vol darzu brennen, und diß ding ist alles übercöstlich gemacht.
Item hab abermahl mit dem Portugales gessen, auch hab ich einmahl mit den Alexander Imhoff gessen. Item Sebaldt Fischer
hat mir zu Andorff abkaufft 16 kleiner passion pro 4 ℔. Mehr
32 großer bücher pro 8 ℔. Mehr 6 gestochene passion pro 3 ℔.
Mehr 20 halb bogen aller gattung gleich durch einander pro 1 ℔.
Der hat er für 3 ℔ genommen. Mehr für ein orth und 5 ℔.
Viertel bögenle allweg 45 pro 1 ℔. Für ein orth und 5 ℔. Der
großen pogen aller gattung gleich 8 bogen pro 1 ℔, ist zahlt. Item
meinem wirth hab ich zu kauffen geben auf ein tüchlein ein gemahlt Marienbild umb 2 ℔. reinisch. Item zum andernmahl
hab ich den Felix Lautenschlager conterfeyt. 1 stüber umb birn
und brodt; jj stüber den bader; mehr hab ich 14 stüber für 3 täfelein geben. Mehr 4 stüber zu waisen, darvon zu bereiten. Mehr
hab ich einmahl gessen mit Alexander, goldschmiedt, mehr einmahl

mit dem felix. Einmahl hat meister Joachim mit mir geffen. Mehr sein knecht einmahl. Ich hab ein viesirung mit halben farben den mahlern gemacht. Mehr hab ich ein ℔ zu zehrung genommen. Ich hab die vier neuen stücklein dem Peter Wolffgang geschenckt. Mehr hat mit mir meister Joachims knecht geffen. Ich hab meister Joachim für 1 ℔ kunst geschenckt, darum das er mir sein knecht und farb geliehen hat, und sein knecht hab ich für 3 ℔ kunst geschenckt. Item dem Alexander, goldtschmied, hab ich geschickt die vier neuen stuck. Ich conterfeyt mit dem kohln diese Genoueser, mit namen den Tomasin Florianus Romanus, von Lucca bürtig, und des Tomasins zween brüder, mit nahmen Viencenz und Gerhartus, alle drey Pumbely. So oft hab ich mit dem Tomasin geffen jjjjjjjjjjjj. Mehr hat der rentmeister geschenckt ein leinen kindsköpffel; mehr ein calacutisch hülzen wehr und der rören leichten hölzer eines. Auch hat mir der Tomasin geschenckt ein geflochten hut von holderkernen. Aber hab ich des einmahl geffen mit dem Portugaler. Auch hab ich des Tomasins ein bruder geschenckt für 3 gulden gestochner kunst.

Mehr hat mir herr Erasmus geschenckt ein spanioleins mentelle und 3 conterfettisch man. Mehr hat mir des Tomasins bruder geschenckt ein paar handschuh. Aber einmal hab ich conterfet Vicentium, Tomasinus bruder. Auch hab ich geschenckt meister Augustin Lumbarth die 2 thail imaginis. Auch hab ich den wahlen mit der krummen nasen conterfet, mit nahmen Opitius. Item mein weib und mein mägdlein haben einen tag in herr Tomasins hauß geffen. Das sind 4 mal. Item unser frauen kirchen zu Antorff ist übergroß, also das man viel ampt auf einmal darinnen singt, das keins das andere irt, und haben altar, köstlich stifftung, do sind bestellt die besten musici, die man haben mag. Die kirch hat viel andechtiges gottesdienst und steinwerg und sonderlich einen hübschen thurn. Auch bin ich gewesen in der reichen abtei zu St. Michael, die haben von stein maßwerk die köstlich gestühl in ihrem chor. Und zu Antorff sparen sie kein kostung zu solchen dingen, dan do ist gelds genug. Ich hab conterfet herren Nicolaum, ein astronomus. Der wohnet bei dem könig von Engeland, der mir zu viel dingen fast förderlich und nutzlich ist gewesen. Er ist ein teutscher, von München bürtig. Mehr hab ich conterfet des Tomasins tochter, jungfrau Juten genant. Item der Hans Pfaffroth hat mir ein Philipsgulden geben, darum das ich ihn mit dem kohln conterfet hab. Aber hab ich mit dem Tomasin einmal gessen; einmahl hat mich geladen meines wirths schwager, auch mein weib. Mehr hab ich zween schlecht gulden gewechselt umb 24 stüber zu zehrung. Mehr hab ich außgeben 1 stüber zu trinckgeldt, das man mich ein taffel hat lassen sehen. Item ich hab gesehen am sondag nach unser liben frauentag himmelfarth, den großen umgang von unser frauen kirchen zu Antorff, do die ganze statt versamlet was von allen handwerken und ständen, ein jeglicher nach sein standt auf das köstlichs bekleidet. Es hett auch ein jeglicher stand und zunfft ihr zaichen, darbey man sie können möcht, da waren auch in den unterschieden getragen groß köstlich stangkirzen, und ihr altfränckisch, lang posaunen silbern. Do waren auch auff teutsch viel pfeiffer und trummelschlager, bis ward als hart geplasen und rumorisch gebraucht. Also sahe ich in der gaßen zeilweiß weit von einander gehn, also das ein grosse praiten darzwischen war, aber nahend auffeinander, die goldschmied, mahler, steinmezen, seydensticker, bildhauer, schreiner, zimmerleuth, schiffer, fischer, mezger, leedrer, tuchmacher, becken, schneider, schuster und allerley handwerck und mancher handarbeiter und händler, zu der nahrung dienstlich. Deßgleichen waren do die krämer, kauffleuth und aller sort ihr helffer. Darnach kamen die schüzen der püchsen, pogen und armbrüster, desgleichen die reisigen und fußgenger. Darnach kamen die schüzen der herrn amptleuth. Darnach ging ein ganze roth sehr tapfferer leuthe, herrlich und köstlich bekleidet, aber vor ihnen gieng all orden und etlich stifft in ihren unterschieden, gar andächtig. Es war auch in dieser proceß gar ein große schaar der wittwen, die sich mit ihrer hand nehren und ein besonder regel halten, all mit weißen leinen tüchern, darzu gemacht, von dem haupt biß auff die erdt bedeckt, gar sehnlich zu sehen, darunter sahe ich gar tapffere personen, und die thumherren von unser frauen kirchen mit aller priesterschafft, schulern und köst-

lichkeit gingen zu hinderst; do trugen 20 personen die jungfrau
Maria mit dem herren Jhu auff das köstlichst geziert, zu ehren
gott dem herren. Und in diesen umbgang gar viel freuden reichs
dings gemacht und gar köstlich zugericht. Dann do führet man
viel wagen, spiel auf schiffen und andern pollwerck. Darunter
was der propheten schaar und ordnung, darnach das neu testa=
ment, als der englich gruß, die heiligen 3 könig auff großen camel=
thiren und auff andern selzamen wundern reident, gar artig zu=
gericht auch, und wie unser frau in Egypten fleucht, fast andächtig,
und viel ander dieng, hie umb kurz willen unterlassen. Auff die lezt
kam ein großer trach, den führet S. Margareth mit ihren jung=
frauen an einer gürtel, die war forder hübsch, der folget nach
S. Georg mit seinen knechten, gar ein hüpscher kürischer. Auch rit
in dieser schaar gar zierlich und auff das köstlichs beklaidet, knaben
und mägdlein auff manncherley landsitten zugericht, anstat man=
cherley heiligen. Dieser umbgang von anfang bis ans end, ehe
es für unser hauß gieng, wehret mehr dann zwo stunde, also war
das tings so viel, das ich in ein buch nie kunte schreiben, und laß
es also frey bleiben. Item ich bin zu Antorff ins Fockernhauß
gewest, das er neu gar köstlich mit ein sondern thurn, weit und
groß, mit ein schönen garten gebauet hat, und hab seine hübsche
hengst gesehen. Item der Tomasin hat meinem weib geschenckt
14 eln guten dicken haraß zu einer höcken und tritthalb elen hal=
ben atlas zu unterfüttern. Ich hab den goldtschmieden eine viesie=
rung geriesen von frauenkopffpüntlein. Item der factor von
Portugal hat mir den wein in die herberg geschenckt, portugalisch
und französisch. Item der signor Ruderisco von Portugal hat mir
geschenckt ein fäßlein vol eingemachten zucker, allerley sort, darin=
nen mehr ein zuckerkanden schachtel, mehr zwo groß schüffel vol
zuckerpenet, marzipahn und allerley anders zuckers und etlich
zuckerrohr, wie sie wachsen. Dargegen hab ich sein knecht 1 ₰
zu trinckgeldt geben. Mehr hab ich zu zehrung gewechselt ein schlech=
ten gulden um 12 stüber. Item die seulen zu Sanct Michael im
closter an der pahrkirchen in Antorff sind all von einem stuck des
schwarzen, schönen goldstains gemacht. Ich hab von Antorff auß=

geschickt und geschenckt bei herr Gillgen, könig Carls thürhüter, den
guten bildtschnizer mit nahmen meister Conrad, desgleichen ich
kein gesehen hab, der dienet des kaisers tochter, frau Margareth,
S. Hieronimus im gehaiß, die Melancholj, die drey neuen Marien,
den Antonium und die Veronicam, und ich hab maister Gilgen
geschenckt ein Eustachium und ein Nemesin. Item ich bin schuldig mei‑
nem wirth 7 fl, 20 stüber, 1 heller, was am sontag vor Bartholemaej.
Item vor stuben und kammer und bettgewandt soll ich ihm ein
monat geben 11 fl. Auff ein neues bin ich mit meinem wirth
eines worden am 20 tag im augusto, ist gewesen am mondag
vor Bartholomaej, das ich mit ihn eß und über das mahl 2 stü‑
ber geb, und das trincken sonder zahl, aber mein weib und magd
mögen heroben kochen und essen. Ich hab dem factor von Por‑
tugal geschenckt ein kleines geschniedenes kindlein; mehr hab ich
ihm geschenckt ein Adam und Eva, den Hieronymum im ge‑
häuß, den Herculem, den Eustachium, die Melancholj, die Nemesin;
darnach auf den halben pogen drey neue Marienbild, die Vero‑
nicam, den Antonium, die weynachten und das creuz; darnach
die besten aus den viertelbogen, der sind 8 stucklein; darnach die
drey bücher, unser frauen leben, apocalypsin und dem großen pas‑
sion, darnach den klein passion und den passion in kupffer, das ist
alles werth 5 fl. Eben so viel hab ich auch geschenckt signor
Ruderigo, den andern Portugales. Der Ruderigo hat meinem weib
geschenckt ein klein grünnen papagai.

Item am sontag nach Bartholomaej bin ich von Antorff mit
herrn Tomasin gen Mechel gefahren, da lagen wir übernacht, do
lud ich maister Conrad und ein mahler mit ihm zu nacht essen,
und dieser maister Conrad ist der gut schnizer, den frau Margareth
hat. Von Mechel fuhren wir durch das stättlein Wilßwort und
kammen gen Prüssel am montag zu mittag. Dem poten hab ich
3 stüber geben. Ich hab mit meinen herren zu Prüssel gessen. Auch
einmahl gessen mit herr Bonysius, und hab ihm ein passion in kupffer
geschenckt. Item ich hab dem margraffen Hansen zu Prüssel mein
fürderbrieff geben, den mein herr von Bamberg geschrieben hat, und
hab ihm ein in kupffer gestochenen passion geschenckt, mein dabey zu

gedencken. Mehr hab ich einmahl mit meinen herren von Nürnberg gessen. Ich hab gesehen zu Prüssel im rathhauß in der gulden kammer die 4 gemalten materien, die der groß meister Rudier gemacht hat. Ich hab gesehen ins königs hauß zu Prüssel hindern hinaus die brunnen, labyrynth, thiergarten, das ich lustiger ding, mir gefälliger, gleich einen paradyß, nie gesehen hab. Item Erasmus haist das männlein, das mir beim herrn Jacob Bonysius mein supplication gestellet hat. Item zu Prüssel ist ein fast köstlich rathauß, groß und von schöner maßwerck gehauen, mit einem herrlichen, durchsichtigen thurn. Ich hab maister Conrad zu Prüssel beym licht in der nacht conterfet, der mein herr wirth ist gewesen; auch hab ich doctor Lamparters sohn zu derselben zeit mit dem kohln conterfet und die wirthin. Auch hab ich gesehen die dieng, die man dem könig auß dem neuen gulden land hat gebracht, ein ganz guldene sonnen, einer ganzen klaffter braith, beßgleichen ein ganz silbern mond, auch also groß, deßgleichen zwo kammern voll derselben rüstung, desgleichen von allerley ihrer waffen, harnisch, geschuz, wunderbahrlich gar selzamer klaidung, pettgewandt und allerley wunderbahrlicher ding zu menschlichem brauch, das do viel schöner zu sehen ist, dan wunderding. Diese ding sind alle köstlich gewesen, das man sie beschäzt hunder tausent gulden werth. Und ich hab aber all mein lebtag nichts gesehen, das mein herz also erfreuet hat, als diese ding. Dann ich hab darin gesehen wunderliche künstliche ding und hab mich verwundert der subtilen ingenia der menschen in frembden landen. Und der ding weiß ich nit außzusprechen, die ich do gehabt hab. Ich hab sonst viel schöner ding zu Prüssel gesehen und sonderlich hab ich do gesehen ein groß fischpein, als hett man es zusammengemäuert von quaterstück, das war einer klaffter und fast dick, wigt bey 15 centner und hat einen solchen furm, wie hie gemalt stehet, und ist dem fisch hinten am kopf gestanden. Ich bin auch in des von Nassau hauß gewest, das so köstlich gebaut und also schön geziert ist. Wieder hab ich jj gessen mit meinen herrn. Item madonna Margaretha, die hat zu Prüssel nach mir geschickt und mir zugesagt, sie woll meine beförderin sein gegen könig Carl und hat sich sonderlich ganz tugentlich gegen mir erzeugt. Hab ihr mein gestochnen passion geschenckt, deßgleichen ein solchen ihrm pfenningmaister, mit namen Jan Marini, und hab ihn auch mit dem kohln conterfet. Ich hab zwey stüber für ein püffelring geben. Mehr 2 stüber geben von Sanct Lucas tafel aufzusperren. Item als ich bin gewest in des von Nassau hauß, do hab ich gesehen das gut gemähl in der capellen, das meister Hugo gemacht hat, und hab gesehen die zween hübschen grossen sall und alle köstlichkeit in dem hauß allenthalben, auch das groß beth, do 50 menschen mügen innen liegen, und ich hab auch den grossen stain gesehen, den das wetter neben dem herrn von Nassau in dem feld hat niedergeschlagen. Diß hauß leit hoch, darauß ist das schönst aufsehen, darob sich zu verwundern ist, und ich glaub nit, das in allen teutschen landen desgleichen sey. Item maister Bernhart hat mich geladen, der mahler, und hat ein solch köstlich mahl zugericht, das ich nit glaub, das erzeugt sey mit 10 ℔. Darzu haben sich von in selbs geladen, mir gut gesellschaften zu laisten, der frau Margareth schazmeister, den ich conterfet hab, und des königs hoffmaister, mit nahmen de Meteni, und der statt schazmeister, mit nahmen von Puscleidis, den schencket ich ein passion in kupffer gestochen, und er hat mir wieder geschenckt eine schwarze spanische taschen, 3 ℔ werth, und Erasmo Roterodamo hab ich auch ein passion geschenckt, in kupffer gestochen. Item dem Erasmo hab ich in kupffer gestochen ein passion geschenckt, der ist Panisius secretarius. Der man zu Antorff, der mir das kindsköpfflein geschenckt hat, der haist Lorenz Stärck. Item hab maister Bernhart, der frau Margaretha mahler, mit dem kohln conterfeit. Ich hab den Erasmum Roterodam noch einmahl conterfet. Ich hab dem Lorenz Stercken geschenckt ein sizenden Hieronymum und die Melancholej. Und hab meiner wirthin gefatterin conterfet. Item 6 persohn haben mir nichts geben, die ich zu Prüssel hab conterfet. Ich hab außgeben für jj püffelhörner 3 stüber, 1 stüber für zween Eulenspigel.

Also bin ich am sondtag nach S. Gilgentag mit herr Tomasin gen Mecheln gefahren und hab urlaub von herrn Hans

Ebner genommen, und er hat vor die zehrung, so lang ich bey ihm gewest, nichts wollen nehmen 7 tag. Von des Hans Geuders wegen hab ich 1 stüber außgeben; ein stüber hab ich des wirths knecht zu lez geben und zu Mecheln hab ich mit der frau von
5 Neukirchen zu nacht gessen und bin von Mecheln früh am mondag gen Antorff gefahren. Und ich aß frühe mit Portugales, der schencket mir drey porcolona, und der Ruderigo schencket mich etlich federn, calecutisch ding. Ich hab 1 ₰ verzehrt; 2 stüber hab ich dem podten geben; ich hab der Susanna kaufft ein höcken pro
10 2 ₰ 10 ₰. Mein weib hat geben für ein waschschaff, für ein plaßpalch und für ein schüsselnapff, mein weib vor pantöffel und für holz zu kochen und kniehosen, auch für ein sittichhauß und für zween krüg und zu trinckgeldt 4 ₰ reynisch. So hat sonst mein weib außgeben umb essen, trincken und allerley
15 notturfft 21 stüber. Nun bin ich am Mondag nach Aegydy wieder zu Jobst Planckfelter eingezogen und hab diese eingezaichnete mahl gessen jjjjjjjjjjjjjjj. Item dem Niclas, des Tomasins knecht, geben 1 stüber. Ich hab 5 stüber für das leystlein geben, mehr ein stüber. Mein wirth hat mir geschenckt ein indianische
20 nuß, mehr ein alt türkische gaisel. Aber ich von neuen dießmahl mit dem Tomasin gessen jjjjjjjjjjjj. Item die zween herrn von Rogendorff haben mich geladen, ich hab einmahl mit ihnen gessen und ich hab sein wappen groß auff ein holz geriessen, das mans schneiden mag.

25 Ich hab ein stüber verschenckt. Mein frau hat ein gulden gewechselt zu zehrung umb 24 stüber. Ich hab zwey stüber zu trinckgeldt geben. Ich hab einmahl gessen ins Fockers hauß mit dem jungen Jacob Rehlinger, aber einmahl hab ich mit ihm gessen. Item mein weib hat aber ein gulden umb 24 stüber gewechselt zu
30 zehrung. Ich hab meins herrn herzog Friederichen pfalzgraffen diener, Wilhelm Hauenhut, geschencket einen gestochnen Hieronymum und die zween neuen halbpogen, die Maria und Anthoni. Item mehr hab ich geschenckt herr Jacob Panisio ein guts gemahltes Veronicae angsicht, ein Eustachius, Melancholey und ein sizenden
35 Hieronymum, S. Antonium, die 2 neuen Mariensbilder und den

neuen bauren; so hab ich geschenckt sein schreiber, dem Erasmo, der mir die supplication gestellet hat, ein sizenden Hieronymum, die Melancoley, den Antonium, die 2 neuen Marienbildt geschickt, und das alles, das ich ihn geschenckt hab, ist werth Vjj ℔. Ich hab meister Marx, goldschmied, ein passion in kupffer geschenckt, er hat mir sonst jjj ℔ zu lösen geben. Mehr hab ich auß kunst gelöst 3 ℔ 20 stüber. Dem Hönigin, glaser, hab ich geschenckt 4 kleine stücklein in kupffer. Ich hab mit herr Bonisius gessen: jjj. Ich hab 4 stüber geben für stainkohln und schwarze kreuden. Ich hab 1 ℔ 8 stüber für holz geben, mehr 3 stüber außgeben. Diesmahl hab ich mit meinem herrn von Nürnberg gessen jjjjjjjjjj. Item maister Dietrich, glaßmahler, hat mir die roth farb geschickt, die man zu Antorff in den neuen ziegelstainen find. Item ich hab maister Jacob von Lübeck geconterfeyet mit dem kohln, der hat meinem weib einen Philippsgulden geschenckt. Ich hab aber ein Philippsgulden gewechselt zur zehrung. Der frau Margareth hab ich geschenckt ein sizenden, in kupffer gestochenen Hieronymum. Ich hab ein holzpassion verkaufft umb 12 stüber, mehr 4 stüber ein Adam Eva; item der Felix, hauptmann und lautenschlager, hat mir abkaufft ein ganzen kupffertruck und ein holzpassion, mehr ein kupfferpassion, 2 halbpögen, 2 viertelbögen umb 8 goldgulden, so hab ich ihm geschenckt ein ganzen kupffertruck. Ich hab herrn Panisius mit dem cohln conterfeyt. Item der Ruderigo hat mir noch ein papegeih geschenckt, und sein buben hab ich 2 stüber zu dranckgeldt geben. Ich hab Johann von den Winckel, posauner, geschenckt ein klein holzpassion, einen Hieronymum im gehaiß, und ein Melanchelej. Ich hab 6 stüber umb ein paarschuh geben. Ich hab 5 stüber umb ein meerruten geben, und Georg Schlauterspach hat mir ein solche geschenckt, kost 6 stüber. Ich hab einmal mit Wolff Haller, der Focker diener gewest, gessen, do er meine herren von Nürnberg geladen hett. Item hab auß kunst gelöst 2 Philips ℔, 6 stüber. Aber hab ich einmahl mit meinem weib gessen. j stüber hab ich des Hans Deners puben zu trinckgeld geben. Item hab 100 stüber auß kunst gelöst. Item hab maister Jacob, des von Rogendorffs mahler, mit dem kohln conterfet. Item hab

dem von Rogendorff sein wappen auff holz geriessen, davor hat
er mir geschenckt Vjj eln samet.

Aber hab ich diemahl mit dem Portigaler gessen: j. Ich
hab conterfet maister Jan Prost von Prück, der gab mir 1 ℔, mit
kohln gemacht. Jtem 23 stüber geben für ein küllrücken kürschen
geben. Ich hab 2 gulden an gold dem Hans Schwarzen für mein
angesicht bey den Fockrischen von Antorff in einem brief gen Augs-
purg geschickt. Jtem hab 3½ stüber für ein rothwillen hembd
geben. Ich hab jj stüber geben für die farb, die man in den
ziegelstainen find. Jtem hab 9 stüber geben für ein ochsenhorn.
Ich hab conterfet eines Spaniers mit den koln. Aber hab ich
gessen mit meinem weib diese mahl: j.

Ich hab jj stüber geben für ein duzet pfeifflein. Ich hab
3 stüber geben für zwey fledrene schälein, solcher zwey hat der
Felix meinem weib geschenckt, und ein solches schälein hat auch
maister Jacob, mahler von Lübeck, meinem weib geschenckt. Gessen
mit dem Rogendorff j.

Jtem hab ein stüber geben für das gedruckt einreiten zu Antorff. Wie der könig mit ein köstlichen triumpff empfangen ist worden, da waren die pforten köstlich geziert, mit kammerspielen, groß
freudigkeit, und schöne jungfrauenbilder, dergleichen ich wenig gesehen hab. Ich hab ein ℔ zu zehrung gewechselt. Ich hab zu
Antorff des grossen risen peiner gesehen, dis pein oberhalben knie
ist lang fünffthalben werckschuh und über die maß schwehr und
fast dick. Desgleichen sein schulderpleter, ist eines braider, weder
ein starck man über rück, und ander bain mehr von ihm; und der
man ist 18 schuh lang gewesen, hat zu Antorff geregirt und groß
wunder than, das die herren der statt in einen alten buch viel von
ihm geschrieben haben. Jtem des Raphaels von Urbins ding ist
nach sein todt als verzogen, aber seiner discipuln einer, mit nahmen
Thomas Polonier, ein guter mahler, der hat mich begerth zu sehn,
so ist er zu mir kommen und hat mir ein gulden ring geschenckt,
antiga, gar mit ein guten geschniten stain, ist 5 ℔ werth, aber
mir hat man zwifach geldt dafür wollen geben; dargegen hab ich
ihn geschenckt meines besten gedruckten dings, das ist werth 6 ℔.

Item 3 stüber für ein calacut geben. Ich hab 1 stüber den poten geben, 3 stüber hab ich mit gesellen verzehrt. Item hab der frau Margareth, des kaysers tochter, geschenckt ein ganzen truck all meines dings und hab ihr zwey matery auff pergament geriessen, mit ganzen fleiß und großer mühe, das schlag ich an auff 30 ℔ Und ich hab ihrem arzt, dem docter, müssen ein hauß auffreysen, darnach er eines bauen hat wollen, davon zu machen, wohlt ich auch unter 10 ℔ nit gern nehmen. Item hab dem knecht 1 stüber geschenckt, mehr 1 stüber für ziegelfarb. Item hab herr Niclaus Ziegler geschenckt ein toden, liegenden $X\overline{\rho\mu}$ ist 3 ℔ werth. Dem factor Portugals ein gemahlt kindsköpfflein, ist 1 ℔ werth. Ich hab 10 stüber für ein püffelhörnlein geben; ich hab ein goldgulden geben für ein elendsfuß.

Item hab maister Adrian mit dem kohln conterfet. Ich hab 2 stüber geben umb die condemnatzen und dialogos. 3 stüber dem poten geben. Ich hab meister Adrian für jj ℔ kunst geschencket. 1 stüber für ein rötelstain geben. Ich hab herr Wolff von Rogendorff mit den stefft conterfeit. Ich hab 3 stüber verschencket. Ich hab ein edelfrau in Tomasins hauß gekonterfet. Ich hab den Nicolao geschenckt ein Hyeronimum im geheuß und die zween neuen Marienbildt. Ich hab dem Thomas Polonius ein ganzen truck geben, der mir durch ihn ein ander mahler gen Rohm geschickt wurde, der mir des Raphaels ding dargegen schicken soll, am monbag nach Michaelis 1520. Ich hab einmahl mit meinem weib gessen. Hab geben 3 stüber für die tractetlein. Der Polonius hat mich conterfet, das will er mit ihm gen Rohm führen. Ich hab 20 stüber umb ein elendsfus geben. Mehr hab ich 2 goldgulden und 4 stüber fürs herr Hans Ebners täfelein geben. Auß gessen. Ich hab ein cron gewechselt zu zehrung. Auß gessen. Ich hab ailff gulden zu mir gen Ach zehrung genommen, und von Ebner eingenommen 2 ℔ 4 stüber. Geben Vjjjj stüber umb holz. Hab geben 20 stüber von mein kufer dem Meyding zu führen. Ich hab ein frau conterfet von Prück, die hat mir ein Philipsgulden geben. Ich hab 3 stüber zu lez geben. jj stüber für zirnnöß. 1 stüber umb steinfarb. Hab geben

13 stüber dem kürschner, 1 stüber umb ledr. Ich hab 2 stüber umb zwo muschel geben. Ich hab in Johann Gabriels hauß ein welschen herrn conterfet, der hat mir geschenckt 2 goldgulden. Hab 2 ℔ 4 stüber geben umb ein felleis.

Ich bin von Antorff gen Ach gefahren am pfingstag nach Michaelis und hab noch ein gulden und ein nobel mit mir geführt. Und als ich durch Mastrich fuhr, kamen wir gen Gülpen und von dannen gen Ach am sondag, do verzehret ich bißher mit fuhrlohn und allen 3 ℔. Zu Ach hab ich gesehen die proportionirten seulen mit ihren guten capitelen von porfit grün und rot und gassenstein, die Carolus von Rom dahin hat bringen lassen und do einflicken, diese sind werklich nach Vitruvius schreiben gemacht. Item ich hab zu Ach ein goldgulden umb ein ochsenhorn geben. Ich hab herr herr Hans Ebner und den Georg Schlauderspach mit dem kohln conterfet. Und den Hans Ebner noch einmahl. Ich hab 2 stüber für ein linden wezstain geben. Item jjjjj stüber verbadet und mit den gesellen vertruncken. Ich hab 1 ℔ zu zehrung gewechselt. Ich hab 2 weiß ₰ dem stattknecht geben, der mich auff dem saal führet. Ich hab 5 weiß ₰ mit den gesellen vertruncken und verbadet. Ich hab 7 stüber mit herrn Hans Ebner in spiegel verspielt. Ich hab den jung Christoph Groland mit den kohln conterfet. Auch mein wirth Peter von Enden. Ich hab 3 stüber mit gesellen verzehrt und hab dem poten ein stüber geben. Ich hab Paulus Topler und Merten Pfinzing in mein büchlein conterfet. Ich hab kaiser Heinrichs arm, unser frauen hembd, gürtel und and ding von hailthum gesehen. Ich hab unser frauen kirchen mit weiterm umbschweiff conterfet. Ich hab den Sturm conterfet. Ich hab Peter von Enden schwager conterfet mit dem kohln. Ich hab 10 weiß ₰ für ein groß ochsenhorn geben. Ich hab 2 weiß ₰ zu trinckgelt geben. Und ich hab aber ein gulden zu zehrung gewechselt. Ich hab 3 weiß ₰ verspilt. Mehr 2 stüber verspilt. jj weiß ₰ dem poten geben. Ich hab des Tomasins tochter geschenckt die gemalt treyfaltigkeit, ist 4 ℔ werth. Ich hab j stüber zu waschen geben. Ich hab mit dem kohln conterfet der Köpffingrin schwester zu Ach;

noch einmahl mit dem stefft. Ich hab 3 weiß ₰ verbadet. Ich hab 8 weiß ₰ für ein püffelhorn geben, item 2 weiß ₰ für ein gürtel geben. Item hab 1 Philipsgulden für ein schaarlach prustuch geben; 6 ₰ für pabir. Ich hab 1 ℔ zu zehrung gewechselt. Ich hab 2 weiß ₰ zu waschen geben.

Item am 23 tag octobris hat man könig Carl zu Ach gecrönt, da hab ich gesehen alle herrlich köstlichkeit, deßgleichen keiner, der bey uns lebt, köstlicher ding gesehen hat. Wie dann das alles beschrieben ist worden. Item dem Mathes hab ich für jj ℔ kunst geschenckt. Auch hab ich geschenckt dem Steffan, cämmerling bey frau Margareth, 3 stuck kunst. Ich hab 1 ℔ 10 weiß ₰ für ein zeterpaumpaternoster geben. Ich hab 1 stüber den Hänglein im stall geschenckt. 1 stüber dem kind im hauß. Dritthalben stüber hab ich verspilt, 2 stüber verzehrt. 2 stüber dem barbirer geben. Aber hab ich ein gulden gewechselt. Ich hab 7 weiß ₰ zulezt im hauß geben. Und bin von Ach gen Gülch gefahren und von dann gen . Ich hab 4 stüber umb 2 augengläßer geben, 2 stüber in ein silbern gestempften könig verspilt. Ich hab 8 weiß ₰ geben für 2 ochsenhörner. Also bin ich am freytag vor Simon und Judae von Ach geschieden und gefahren gen Düren und do in der kirchen gewest, do Sanct Anna haupt ist. Von dannen fuhren wir und kamen am sontag, war Simon und Judaetag, gen Cöln. Ich hab herberg, essen und trincken zu Prüssel bei mein herren von Nürnberg gehabt, und haben nichts darfür von mir nehmen wollen. Deßgleichen hab ich zu Ach auch 3 wochen mit ihnen geßen, und haben mich gefürth gen Cölln und haben auch nichts dafür wollen nehmen. Ich hab aufft ein tractat Luthers umb 5 weiß ₰. Mehr 1 weiß ₰ für die contemnation Luthers, des frommen mans. Mehr 1 weiß ₰ für ein paternoster. Mehr jj weiß ₰ für ein gürtel. Mehr 1 weiß ₰ für 1 ₰ licht. Ich hab 1 ℔ gewechselt zur zehrung. Ich hab dem herrn Leohnhart Groland mein groß ochsenhorn geben müssen. So hab ich herr Hans Ebner mein zedterpaumen großen paternoster geben müssen. 6 weiß ₰ für ein baarschuh geben. Ich hab 2 weiß ₰ für ein todenköpfflein geben. Ich hab 1 weiß ₰ für bier und brod geben.

Mehr 1 weiß ₰ für ein pertele. Ich hab zweyen poten 4 weiß ₰ geben. Ich [hab] 2 weiß ₰ des Niclasen tochter zu weckspizlein geschenckt. Item einen poten 1 weiß ₰ geben. Ich hab jj ℔ wert kunst des herrn Zigler Linhart geben. Ich hab jj weiß ₰
5 den barbirer geben. Ich hab 3 weiß ₰, item hab 2 weiß ₰ geben von der taffel auffzusperren geben, die maister Steffan zu Cöln gemacht hat. Ich hab 1 weiß ₰ dem poten geben und 2 weiß ₰ mit dem geselln vertruncken. Ich hab der Gottschalckin schwester conterfet. Ich hab 1 weiß ₰ umb 1 tractetlein geben.
10 Ich hab zu Cohln auff dem tanzhauß des kaiser Carls fürsten-
tanz und panquet gesehen am sontag zu nacht nach aller heiligen-
tag im 1520 jahr, das war köstlich zugericht. Ich hab dem Staiber sein wappen auff ein holz gerissen. Ich hab einen jungen grafen zu Cöln ein Melancholej geschenckt und herzog friedrich das
15 neu Marienbild. Ich hab den Niclas Haller mit den kohln conterfet. Item 2 weiß ₰ dem thürknecht geben. Ich hab 3 weiß ₰
geben für 2 tractetlein. Ich hab 10 weiß ₰ für ein kühhorn
geben. Ich bin zu Cöln zu S. Ursula in ihr kirchen gewest und
bey ihrem grab und hab der heulig jungfrauen und der andern
20 groß hailigthum gesehn. Ich hab den förherwerger mit dem
kohln conterfet. Ich hab 1 ℔ zu zehrung gewechselt. Ich hab des
Niclasen weib Vjjj weiß ₰ geben, do sie mich zu gast lud. Ich
hab 1 stüber für 2 stück kunst geben. Item es haben herr Hans
Ebner und herr Niclas Groland zu Prüssel 8 tag, zu Ach
25 3 wochen, und zu Cöln 14 tag nichts von mir in die cost wollen
nehmen. Ich hab die nun conterfet, und der nunen 7 weiß ₰.
Ich hab ihr 3 halb pögen kupffer geschenckt. Mir ist mein confirmacia von dem kaiser an mein herren von Nürnberg worden
am montag nach Martinj, im 1520 jahr, mit grosser mühe und
30 arbeit.

Ich hab des Niclasen tochter 7 weiß ₰ zu lez geben und
hab des Niclasen weib 1 ℔ und der tochter mehr 1 ort zu lez
geben und bin von Cöln außgefahren. Mich hat dorfor einmal
der Staiber zu gast gehabt, deßgleichen mein vetter Niclas einmal,
35 und der alt Wolffgang einmal, und noch einmal hab ich zu

gast gessen. Ich hab des Niclaßen knecht ein Eustachiy zu lez geben und sein töchterlein noch ein orth, dann sie haben viel müh mit mir gehabt. Ich hab 1 ₰ geben für ein helffenbein todtenköpfflein. Mehr 1 weiß ₰ für ein gedräth püchslein, mehr 7 weiß ₰ für ein paar schuh und hab zu lezt geben des Niclasen knecht ein Nemesin. Und ich bin frühe von Cöln zu schiff gefahren am mittwoch nach Martiny bis gen   Ich hab 6 weiß ₰ für ein paar schuh geben. Ich hab 4 weiß ₰ den poten geben. Von Cöln fuhr ich auf dem Rein gen Suns. Von Suns gen Nays. Von dannen zum Stain, da lagen wir den tag, verzehr ich 6 weiß ₰; darnach wir gen Düsseldorff, ein städlein, verzehr 2 weiß ₰. Von dannen gen Kaiserswördt, von dannen gen Dasperg, auch ein städlein, auch zwei schloß, Angrur und ander Kuror, von dannen gen Arschey, ein stättlein, von dannen gen Riberg, auch ein stättlein, da lag ich übernacht und verzehr 6 weiß ₰. Von dannen fuhr ich zu diesen städlein, die erst pürg Wisell, gen Reff, darnach gen Emrich, darnach kamen wir gen Thomas und von dannen gen Neumeg, do blieben wir übernacht und verzehrt 4 weiß ₰. Von Neumeg fuhr ich gen Thül, von dannen gen Pusch. Zu Emrich hab ich still gelegen und verzehr über ein köstlich mahl drey weiß ₰. Und ich hab do conterfet ein goldschmiedgesellen, den Peter federmacher von Antorff her, und ein frauenbildt. Und die ursachen des stilligens das war, uns begrieff gar ein groser sturmwind. Mehr verzehrt ich noch 5 weiß ₰ und wechselt 1 ₰ zu zehrung. Auch conterfet ich den wirth. Und kamen erst am sondag gen Neumeg. Ich hab 20 weiß ₰ dem schiffer geben. Niemägen ist ein schöne statt, hat eine schöne kirchen und ein wohlgelegen schloß. Von dannen fuhr wir gen Till, do verließ wir den Rin und fuhren uff der Mas gen Terawada, da die zween thurn stahn, do lag wir übernacht, und diesen tag verzehret ich 7 stüber. Darnach fuhren wir am erichtag frühe gen Pommel uff der Mas, do kam ein groß sturmwind, das wir bauerpferd tingten und reiten ohn sattel biß gen Herzogpusch. Und verfuhr zu schiff und verriet 1 ₰. Pusch ist ein hübsche statt, hat ein außbündige schöne kirchen und überfest. Do verzehrt ich 10 stüber, wiewohl

maister Arnolt das mahl für mich zahlet. Und kamen goldschmied
zu mir und die theten mir viel ehr. Darnach fuhr wir an unser
frauentag frühe aus und fuhren durch das übergroß schön dorff
Östreich; aber zu Tilwerg aß wir zu morgens und verzehrt
4 weiß ₰. Darnach kamen wir gen Barell, lagen übernacht und
verzehrt do 5 stüber. Und die gesellen wurden mit dem wirth uneins, und wir fuhren bey der nacht bis gen Hochstrat, do saßen
wir zwo stund und fuhren darnach gen Harscht für S. Leohn-
hartkirchen, do assen wir zu morgens und verzehrt jjjj stüber.
Darnach fuhren wir gen Antorff und gab dem fuhrmann 15 stüber, das war am pfingstag nach unser frauentag aßumtionis. Und
ich hab ein kupfferpassion den Jannen, Jobst schwagers knecht,
geschenckt. Und hab den Nicolao Sopalis conterfet. Und am donnerstag nach unser frauentag aßumtionis 1520 bin ich wieder ins
Jobsten Planckfelts hauß kommen und hab diese mahl mit ihm
geßen jjjj, das mein weib jj. Ich hab 1 ₰ zu zehrung gewechselt, mehr ein crona. Und die 7 wochen, die ich aus bin gewest, hat mein weib und die magd 7 kronen verzehrt und ander
ding auch kaufft, 4 ₰ werth. Ich habe 4 stüber mit den geselln
verzehrt. Die mahl hab ich mit Tomasin gesen jjjjjj.

An S. Mertenstag hat man zu Antorff in unser frauen kirchen
meinem weib ein beutel abgeschnitten, darinn ist gewesen jj ₰.
So ist der beutel und sonst was drin ist gewesen, auch 1 ₰ werth
gewesen, und etlich schlüßel waren darin. Item am S. Catharinen
abend hab ich meinem wirth Jobst Planckfelt geben zehn gold-
cronen uf ein rechnung. Diemahl hab ich mit Portugales gessen jj.
Der Ruderigo hat mir 6 indianische nuß geschenckt; so hab ich sein
puben 2 stüber zu trinckgeld geben. Item hab 19 stüber für pergament geben. Item hab 2 cronen zur zehrung gewechselt. Ich
hab gelöst aus zwey Adam und Eva, ein mehrwunder, 1 Hieronymus, 1 reuther, 1 Nemesin, 1 Eustachium, 1 ganz stuck, mehr
17 geäzter stuck, 8 viertel pögen, 19 stuck holzwerck, 7 stuck des
schlechten holzwercks, 2 bücher und 10 klein holzpassion, alles umb
8 ₰. Item hab der 3 große bücher umb 1 unz schamloth geben.
Ich hab ein Philipper zu zehrung gewechselt, aber hat mein weib

1 ℔ gewechselt zu zehrung. Item es ist ein wahlfisch zu Zürche in Seland mit einer großen fortuna und sturmwind an land kummen. Der ist viel mehr dann huntert klaffter lang, und lebt niemand in Seeland, der ein gesehen hat, der ein drittaihl von der leng hett gehabt, und der fisch kan nit von land, das volck sehe gern, das er weg were, dan sie forchten den großen gestanck, dann er ist so gar groß, das sie mainen, man köne ihn [in] ein halben jahr nit auffhauen und öhl von ihm sieden. Item der Steffan Capello hat mir ein cederpaumenpaternoster geben, dargegen soll und hab ich ihn conterfet. Item hab 4 stüber geben für kesselbraun und ein lichtschärlein. Ich hab 3 stüber für babir geben. Ich hab Felix knieent in sein buch mit der feder conterfet. Felix hat mir 100 ostria geschenckt. Ich hab den herrn Lasarus, den großen mann, ein gestochnen Hieronymum und die 3 großen bücher geschenckt. Der Ruderigo hat mir starck wein und ostria geschenckt. Ich hab 7 weiß ℔ geben umb schwarze kraiden. Ich hab den Tomasin, Gerharde, Tomasins tochter, ihren man, den Höning, glaßer, den Jobsten und sein weib und den Felix zu gast gehabt, das kostet 2 ℔. Item der Tomasin hat mir 4 eln grau damast geschenckt zu einen wammes. Mehr hab ich ein Philipps ℔ gewechselt zur zehrung. Ich bin an S. Barbaraabend ausgeritten von Antorff gen Pereg, hab von pferd geben 12 stüber und hab do verzehrt 1 ℔ 6 stüber.

Item hab zu Pergn meinem weib gekaufft ein niederländisch dün duch auff den kopff, kost 1 ℔ 7 stüber. Mehr 6 stüber für 3 par schuh. Ein stüber für augengläßer, mehr 6 stüber für ein helffenbeinen knopff. Ich hab 2 stüber zu trinckgeldt geben. Ich hab den Jan de Has, sein weib und sein zwo töchter mit dem kohln conterfet und die magdt und die alt frau mit dem stefft in mein büchlein. Ich hab gesehen des von Bergen hauß, ist fast groß und schön gebauet. Pergn ist ein lustig ort im sommer, und sind des jahrs zween groß merck. An unser frauen abendt bin ich gezogen mit den gesellen in Seeland, und Bastian Imhoff lieh mir 5 ℔. Und lag die erste nacht am ancker in der see, es war fast kalt und hetten weder speiß noch tranck. Den samstag kam

wir zu der Güs, da conterfet ich ein dirn ihrer manir. Von
dannen fuhren wir gen Erma und ich leget zu zehrung 15 stüber.
Wir fuhren für die untergangene flecken, da wir die spitz von
dächern bey dem watzer sahen autzragen. Und fuhren für das insu-
5 lein Wohlfärtig und für das stättlein Gunge in einer andern noch
beyliegenden insuln. Selant hat 7 insuln und zu Ernig, da ich
übernacht lag, ist die grost. Von dann fuhr ich gen Mitelburg, do
hat in der abtey Johann de Abus eine grotze taffel gemacht, nit
so gut im hauptstreichen, als im gemähl. Darnach fuhr ich zu der
10 Fahr, da aus allen landen die schiff anlenden, ist ein fast feines
stätlein. Aber zu Armuyd, do ich anfuhr, do geschah mir ein grotzer unrath. Do wir am lande stissen und unser saihl anwurffen,
do trüng ein grotzer schiff neben uns so kräfftig, und was eben in
aussteigen, das ich im gedräng jederman für mir ließ aus-
15 steigen, altz das niemand dan ich, Görg Kötzler, zwey alte weiber
und der schiffmann mit einen klainen buben in schiff blieben. Als
sich nun das ander schiff mit uns trung, und ich noch also mit
den genanden uf dem schiff war und nit autz konnten weichen, do
zerritz das starcke saihl und so kam in selben ein starcker sturm-
20 wind, der trieb unser schiff mit gewahlt hinter sich; do schrien wir
alle umb hülff, aber niemand wolt sich wagen, da schlug uns der
wind wieder in die see, da raufft sich der schiffmann und schriehe,
dan seine knecht weren al autz getretten, und war das schiff un-
geladen. Do war angst und noth, dan der wind war groß und nit
25 mehr dan 6 personen inn schiff, do sprach ich zum schiffmann, er
solt ein herz fahen und hoffnung zu gott haben und nachdächt,
was zu than were, sagte er, wan er den klein segel kunt auffziehen,
so wohlt er noch versuchen, ob er wieder möcht anfahrn. Also
halff wir schwerlich aneinander und brachten lechst halb auff und
30 fuhren wieder an. Und do die am landt sahen, die sich unser verwegen hetten, wie wir uns behulffen, do kamen sie uns zu hülff
und kamen zu land. Aber Mittelburg ist eine gute statt, hat ein
überschön rathautz mit einen köstlichen thurn, do ist an allen dingen viel kunst an, do ist ein überköstlich schön gestul in der abtey
35 und ein köstlich porkirch von stain und hübsch pfaarkirch; und sonst

war die statt köstlich zu konterfeyen. Seland ist hübsch und wunderlich zu sehen, des wassers halben, dann es ist höher als das erdreich. Ich hab conterfet mein wirth zu Ernüg. Meister Hugo und Alexander Imhoff und der Hirschvogel diener, Friederich, hat mir ein jeglicher ein indianisch nuß geschenckt, die sie mit spiel gewunnen haben. Und der wirth hat mir der außwachsenden zwibel eine geschenckt. Und am mondag frühe fuhren wir zu schiff wieder aus und fuhren für die Fahr und für Zürchse. Wolt den großen fisch gesehen haben, da hett ihn die Fortuna wieder weggeführt. Und hab jj ƒ verfahren und verzehrt und hab jj ƒ für ein kozen geben, hab 4 stüber für ein feugenkäß geben und hab 3 stüber zu tragen geben und hab 6 stüber verspielt. Und sind wieder gen Perg kommen. Ich hab 10 stüber für ein helffenbainen kam geben. Ich hab den Schnabhannen conterfet. Ich hab des wirths aiden, den Clausen, auch conterfet. Ich hab 2 ƒ münder 5 stüber geben für ein stuck zihn. Mehr jj ƒ für ein schlechtes stuck zihn. Item hab conterfet den klain Bernhart von Breßlen, Georg Közler und den Franzosen von Kamrich, der jeglicher hat mir zu Pergen 1 ƒ geben. Jan de Has eiden hat mir 1 hornißgulden geben für sein conterfet, desgleichen der Kerpen von Kohln hat mir auch 1 ƒ geben. Mehr hab ich geben umb zwo zichen 4 ƒ minder 10 stüber. Ich hab conterfet den Niclas Soilir. Das sind diemahl, die ich jez zu Pergen gessen hab, sither ich auß Selant kommen bin jjjjjjjj. Und einmal jjjj stüber. Ich hab dem fuhrmann 3 stüber geben und Vjjj stüber verzehrt und bin am freytag nach Lucia wieder gen Antorff kommen zu Jobst Planckfelt 1520. Und hab diesemal mit ihm gessen, ist bezahlt und mein weib + ist bezahlt.

Item der herr Lazarus von Rafenspurg hat mir für die 3 bücher, die ich ihm geschenckt hab, wieder geschenckt ein groß fischschupen, 5 schneckenheußer, 4 silbern medoien, 5 kupfern, 2 dürre fischlein, ein weiß corelln, 4 roren pfeil und ein weiß corelln. Ich hab 1 ƒ zu zehrung gewechselt, item mehr 1 crona gewechselt.

Diesemahl hab ich mit mir selbß gessen jjjjjjjjj.

Item der factor von Portugal hat mir geschenckt ein braun sametdaschen und ein schachtel mit guten latwergen; hab seinem knaben zu lohn geben 3 stüber. Ich hab 1 hornischen ℔ für 2 täffelein geben, aber 6 stüber hat man mir wiedergeben. Ich hab 4 goldgulden für mehrkäzlein geben, mehr 14 stüber für fünff fisch. Ich hab dem Jobsten 10 stüber für 3 mal bezalt. Ich hab 2 stüber für 2 tractetlein geben. Ich hab 2 stüber dem poten geben. Ich hab dem Lazarus von Rafespurg geschenckt ein conterfet angesicht mit dem täffelein, das kost 6 stüber. Und hab ihn darzu geschenckt 8 stuck der großen in kupffer gestochen, 8 stuck der halben pogen, ein kupfferpassion und ander gestochen und holzwerck, alles mehr dann 4 ℔ werth. Mehr hab ich ein Philipsgulden zur zehrung gewechselt, mehr hab ich ein golt ℔ zur zehrung gewechselt. Ich hab 6 stüber fürs täffelein geben und des Portugalers diener mit den kohln darauff conterfet. Das alles hab ich zum neuen jahr geschenckt und 2 stüber zu trinckgeld geben. Ich hab 1 ℔ zu zehrung gewechselt. Und hab Bernhart Stecher ein ganzen truck geschenckt. Item umb 31 stüber holz kaufft. Ich hab den Gerhart Pombelly conterfet und des Sebastians, procurators, tochter. Ich hab ein gulden zu zehrung gewechselt. Ich hab jjj stüber verzehrt. Mehr 3 stüber übers mahl geben. Ich hab herr Wolff von Rogendorff geschenckt ein in kupffer und ein in holz passion. Gerhart Pombelly hat mir geschenckt ein getruct türckisch tuch, und herr Wolff von Rogendorff hat mir geschenckt Vjj brabatisch eln samets; so hab ich seinem knecht zu trinckgelt geben ein Philippsgulden; und hab 3 stüber über mahl geben. Ich hab 4 stüber zu trinckgelt geben. Ich hab den neuen factor conterfet mit dem kohln. Ich hab 6 stüber für ein täffelein geben. Ich hab mit dem Portugales gessen jjjjjjjj; mit dem rentmaister j; mit dem Tomasin jjjjjjjjj. Item hab 4 stüber zu tranckgelt geben. Mit dem Lazarus Rafenspurger j, Wolff von Rogendorff j, Bernhart Stecher j, Uz Hanolt Meyting j, Caspar Lewenter j. Item hab 3 stüber den mann geben, den ich conterfet hab. Mehr hab ich den knecht 2 stüber geben. Ich hab 4 ℔ für flachß geben. Ich hab 4 ℔ aus kunst gelöst. Item hab ein cron zu zehrung

gewechselt. Item hab 4 stüber dem kürschner geben, mehr
2 stüber. Ich hab 4 stüber verspilt und 6 stüber verzehrt. Ich
hab 1 nobel zu zehrung gewechselt. Ich hab 18 stüber geben
für rosin und für trey paar messer. Ich hab jj ℔ für etlich
mahl bey Jobsten bezahlt. Ich hab 4 stüber verspilt und 6 stüber
den kürschner geben. Ich hab dem maister Jacob zween S. Hieronymus zu kupffer gestochen geschenckt. Mehr 2 stüber verspilt.
Ich hab ein crona zu zehrung gewechselt. Ich hab 1 stüber verspilt. Ich hab ein crona zu zehrung gewechselt. Ich hab 1 stüber
verspilt. Ich hab des Tomasins 3 magdt 3 paar messer geschenckt,
costen 5 stüber. Ich hab 29 stüber auß kunst gelöst. Der Ruderigo
hat mir geschenckt ein pisemknopff, wie er von dem pisemthier geschniten ist worden, auch ein vierding persin, aber eine schachtel
voll küttenlatwergen und ein groß schachtel voll zuckers. So hab
ich sein knaben 5 stüber zu trinckgeldt geben. Item 2 stüber verspielt. Ich hab des Jobsten weib mit dem kohln conterfet. Ich
hab 4 ℔ 5 stüber auß 3 tüchlein gelöst. Item nacheinander gewechselt zu zerung 2 ℔. Ich hab 2 stüber verspielt. Mein weib
hat dem kind eingebunden 1 ℔, mehr 4 stüber ins kindbeth geben.
Item hab 1 crona zu zehrung gewechselt und 4 stüber verzehrt,
2 stüber verspielt, 4 stüber dem poten geben. Ich hab 1 ℔ zu
zehrung gewechselt. Ich hab meister Dietrich, glaßer, ein apocalypsin und die 6 knodn geschenckt. Ich hab 40 stüber umb flax
geben. Ich hab 8 stüber verspielt. Ich hab dem klein factor
von Portugal, Franzisco, signor, mein tüchlein mit dem kindlein
geschenckt, ist 10 ℔ werth. Ich hab dem doctor Loffen zu Antorff
die 4 bücher geschenckt und ein Hieronimus in kupffer. Item dem
Jobst Planckfelt, des Staibers und noch ein ander wappen gemacht.
Ich hab des Tomasins sohn und sein tochter mit dem stefft conterfet. Item ein herzogangesicht uff ein täffelein mit ölfarben
gemahlt. Ich hab 5 stüber aus kunst gelöst. Der Ruderigo, scriban de Portugal, hat mir geschenckt zwey calacutisch tücher, das
ein seiden, und hat mir geschenckt ein geschmucktes piret und ein
krün krug mit mirabulon und ein ast von ein cederbaum, ist alles
10 ℔ werth. Und hab dem knaben zu trinckgelt geben 5 stüber

und 2 stüber für pensel. Ich hab dem Fockorischen ein visierung zur mumerey gemacht, die haben mir geschenckt ein angloten. Ich hab 1 ℔ zu zehrung gewechselt. Ich hab 8 stüber geben umb 2 pulverhörnlein. Ich hab 3 stüber verspielt. Ich hab ein
5 angeloten zehrung gewechselt. Item dem Tomasin zwen pogen vol gar schön mümerey gemacht. Ich hab ein gutes Veronica angesicht von ölfarben gemacht, das ist 12 ℔ werth, das hab ich dem Francisco, factor von Portugal, geschenckt. Darnach hab ich S. Vronica von ölfarben gemalt, ist besser dann das vorig, und
10 habs geschenckt factor Brandan von Portugal. Franciscus zum ersten der magdt trinckgeldt geben 1 Philips℔ und darnach von der Veronica 1 ℔, aber der factor Prandan hat ihr geben 1 ℔. Ich hab dem Peter für zwey futrall geben 8 stüber. Ich hab ein angeloth zu zehrung gewechselt.
15 Item an der herren fasnacht frühe haben mich die goldschmide mit sambt meinem weib zu tisch geladen. In ihrer versamlung viel tapffer leuth, hetten ein übercöstlichs mahl zugericht und thäten mir übermäßig große ehr. Und auff die nacht lud mich der alt aman von der statt und gab ein köstlich mahl und thet mir
20 große ehr. Da kammen viel seltzamer mummer hin. Ich hab Flores, der frau Margareth organist, mit dem kohln conterfet. Am montag zu nacht hat man mich faßnacht geladen herr Lupes zu dem großen panckt, welcher biß 2 uhr wehret, und was fast köstlich. Item herr Lorenz Sterck hat mir ein spaniolischen pelz
25 geschenckt. Und auff dem obgemelten fest warn gar viel köstlicher mummers und sonderlich Tomasin, Prandan. Ich hab 2 ℔ mit spihl gewunnen. Ich hab ein anglott zur zehrung gewechselt. Ich hab 14 stüber für ein rosincorb geben. Ich hab dem Bernhart von Castell, dem ich das gelt angewann, mit dem koln conterfet.
30 Item des Tomasins bruder, Gerhart, hat mir geschenckt 4 eln brabandisch des besten schwarzen atlas und hat mir geschenckt 3 groß schachtel mit eingemachten citernat; und der magd hab ich 3 stüber zu trinckgelt geben. Hab 13 stüber umb holz geben, 2 stüber umb zirnnüß. Ich hab des procurators tochter rein mit dem stefft con-
35 terfet. Ich hab 1 angelotten zu zehrung gewechselt. Ich hab den

guten marmelstainhauer maister Jan, der dem Christopff Kohler gleich sicht, hat in Welschland gelert und ist von Mez, mit der schwarzen kraiden conterfet. Ich hab ein hornischen gulden zu zehrung gewechselt. Ich hab 3 ℔ dem Jan Türcken für welsch kunst geben. Ich hab dem für 12 ducaten kunst für ein unz gut ultermarin geben. Ich hab jjj ℔ auß dem klein holzpassion gelöst. Ich hab 2 riß und 4 buch Scheufleins kunst umb 3 ℔ geben. Ich hab 3 ℔ für 2 calecutisch helffenbaine salzfaß geben. Ich hab 2 ℔ aus kunst gelöst. Ich hab 1 ℔ zu zehrung gewechselt. Item der Rudiger von Gelern, der hat mir geschenckt ein schneckenhauß und von silber und golt münz, ist ein orth wert; dem hab ich wieder geschenckt die drey großen bücher und ein gestochnen reuter. Ich hab ailff stüber auß kunst gelöst. Ich hab 2 Philips ℔ geben für S. Peter und Paul, der ich der Kolerin schencken will. Item der Ruderigo hat mir aber geschenckt zwo schachtel mit küttenlatwergen und viel allerley zucker; und hab zu trinckgeldt geben 5 stüber. Ich hab 16 stüber umb schachtel geben. Der Lazarus Rafenspurger hat mir ein zuckerhut geschenckt, so hab ich den buben 1 stüber geben. Ich hab 6 stüber umb holz geben. Item ein mahl mit dem franzosen geßen, zwei mahl mit der Hirschvogel Frizen und ein mahl mit maister Peter secretary, do Eraßmuß Roderadamus auch mit aß. Ich hab 1 stüber geben, das man mich zu Antorff auff den thurn hat gelassen, der soll höher sein, dann der zu Straßburg, darauff hab ich die ganze statt auff allen orten übersehen, das do fast lustig ist. Ich hab 1 stüber für baden geben. Ich hab ein angloten zu zehrung gewechselt. Item der factor Prandan von Portugal hat mir geschenckt zween groß schön weiß zuckerhütt und eine schüffel vol überzogen zucker und zween grün haffen mit eingemachten zucker und 4 eln schwarz atlas; so hab ich den knechten zu trinckgeldt geben 10 stüber. Hab 3 stüber den poten geben. Ich hab dem Gerhart noch zwier mit dem stefft die schön jungfrau conterfet.

Mehr hab ich ein angelot zu zehrung gewechselt. Ich hab 4 ℔ aus kunst gelöst. Ich hab 10 stüber fürs Rudrigen futrall geben. Ich hab mit dem rentmaister herr Lorenz Stercken geßen, der hat

mir geschenckt eine helffenbaine pfeiffen und gar ein schöne porzelona und ich hab ihn geschenckt ein ganzen truck. Mehr hab
ich ihn ein ganzen truck geschenckt, den herrn Adrian, der statt
Antorff orator. Mehr hab ich ein Philipsgulden zu zehrung ge-
gewechselt. Ich hab der grösten reichsten kauffleuthzunfft zu Antorff ein sizenden S. Niclas verehret, dofür haben sie mir geschenckt
3 Philipsgulden. Ich hab dem Peter die alten leisten von St.
Hieronymus und 4 ℔ dazu geben für die leisten zu des rentmai-
sters angesicht. Item hab ailff stüber umb holz geben. Mehr
hab ich ein Philipsgulden zu zehrung gewechselt. Hab jjjj stüber
für ein neber geben. Ich hab 3 stüber für 3 rohr geben. Ich
hab mein pellein aufgeben gen Nürnberg zuführen dem Jacob
und Endres Heßler und soll ihm von centner Nürnberger gewicht
jj ℔ geben, und er solls zuführen herr Hans Imhoff, dem elter,
und hab ihm 2 ℔ darauf geben. Mehr hab ich ihm auf ein
stübech eingebunden, geschah im 1521 jahr am sontag vor Judicae.
Item am samstag vor Judicae hat mir der Ruderigo geschenckt
6 indianische groß nuß, gar ein sonder hübsche corallen und zwen
Portigales groß gulden, wigt einer 10 ducaten, und ich hab sein
knaben zu drinckgelt geben 15 stüber. Ich hab ein magnetstain
aufft umb 16 stüber. Mehr hab ich ein angelothen zu zehrung
gewechselt. Ich hab 6 stüber einzubinden geben. Ich hab maister
Hugo gen Prüssel geschickt für sein klein profidosteinlein ein gestochnen passion und etlich andre stucklein.

Ich hab dem Tomasin ein viesirung gemacht, mit halben färblein und gerissen, darnach er sein hauß wird lassen mahlen. Ich
hab ein Hieronymus mit fleiß gemahlt von ölfarben und geschenckt
dem Ruderigo von Portugal, der hat der Susanna ein ducaten
zu trinckgelt geben. Ich hab ein Philipsgulden zu zehrung gewechselt und hab mein beichtvatter 10 stüber geben. Hab jjjj stüber
für das klein schiltkrötlein geben. Ich hab mit herr Gilbert
gessen, der hat mir geschenckt ein calecutisch tärtschlein von einer
fischhaut gemacht und zween handschuh zu ihren fechten. Ich hab
dem Peter 2 stüber geben. Ich hab 10 stüber für die fischflossen
geben, hab 3 stüber zu trinckgeldt geben. Ich hab den Cornelius,

der von Antorff secretary, gar gut mit der stainkraiden conterfet. Ich hab 3 ℔ 16 stüber geben für die 5 seiden gürtelein, die ich will verschencken. Mehr 20 stüber für ein porten. Die 6 porten hab ich geschenckt der Caspar Nüzlin, Hensin Imhoff, Sträubin, zwu Spenglerin, Löffelhölzin und jeglicher ein guts par handschuh. Dem Pirckhamer hab ich geschenckt ein groß paret, ein köstlichen puffleinschreibzeug, ein silbern kaiser, 1 ℔. pistacin, 3 zuckerrohr. Caspar Nüzel hab ich geschenckt ein großen elendsfuß und 10 großer danzapffen mit zirnüssen. Dem Jacob Muffel hab ich geschenckt ein scharlach prustuch ein eln; Hans Imhoff kind ein geziehrt scharlach piret und zirnnuß; der Kramerin 4 eln zendeldort 4 ℔; der Lochingerin 1 ein zendeldort 1 ℔; beeden Spengler jeglichern ein daschen, 3 schöne hörner; herr Hieronymus Holzschuher ein übergroß horn. Ich hab zwir geßen mit dem factor. Ich hab geßen mit dem maister Adrian, der von Antorff secretary, der hat mir geschenckt das klein gemahlt täffelein, das maister Joachim gemacht hat, ist Loth mit den töchtern. Mehr hab ich 12 ℔ aus kunst gelöst. Mehr hab ich für 1 ℔ Hans Grun verkaufft. Der Rudiger von Gelern hat mir ein stuck sandel geschenckt; hab sein buben ein stüber geben. Item den Bernhart von Breslen hab ich mit öhlfarben conterfet, der hat mir dafür geben 8 ℔ und mein weib geschenckt eine cronen und der Susanna ein gulden, gilt 24 stüber. Ich hab geben jjj stüber für den schweizerkrüg und 2 stüber fürs schiff. Mehr 3 stüber fürs futrahl. Mehr 4 stüber dem beichtvatter. Ich hab ein angelotten zu zehrung gewechselt. Ich hab 4 ℔ 10 stüber auß kunst gelöst. Ich hab 3 stüber für salben geben. Ich hab 12 halben stüber umb holz geben. Ich hab 1 ℔ zu zehrung gewechselt. Ich hab 1 ℔ für 14 franzosenholz geben. Ich hab dem Ambrosio Höchstätter geschenckt ein unser frauen leben, der hat mir sein entworffen schiff geschenckt. Item der Ruderigo hat meinem weib ein ringlein geschenckt, ist besser dann 5 ℔. Ich hab 1 ℔ zu zehrung gewechselt. Ich hab des factor Prandans scriban conterfet mit dem kohln. Ich hab mit dem stefft conterfet sein morin. Und hab dem Ruderigo conterfet auff ein groß papir mit dem pensel schwarz und weiß. Ich hab

16 ℔ für ein stuck schamloth geben, hält 24 eln, kost 1 stüber
heimzutragen. Item hab 2 stüber umb handschuh geben. Ich
hab dem Lucasen von Danzgen mit dem kohln conterfet, der hat
mir 1 ℔ geben und ein stuck sandel geschenckt. Item ich bin am
samstag nach ostern mit dem Hanns Lüber und mit maister Jan
Prost, ein guter mahler von Prüg bürtig, von Antorff gen Prüg
gefahren über die Schelt und kam gen Peser, ein groß dorff. Von
dannen gen Prasten, auch ein groß dorff, darnach fuhrn wir durch
etliche dörffer und kamen in das schön groß dorff, da die reichen
bauren sizen, do aßen wir zu morgens. Von dannen fuhr wir für
Pol, die reiche abtey. Von dannen fuhren wir durch Kaltprunnen,
ein schön dorff. Von dann durch das groß lang dorff Kahlb,
von dannen gen Erfehlt, do lag wir übernacht, und warn frühe
am sontag auf und fuhren gen Herfehlt, ein klein stättlein. Von
dannen fuhren wir gen Keolo, das ist ein mächtig groß dorff, ist
pflastert, hat ein plaz, do aßen wir zu morgens. Von dannen
fuhren wir gen Maldig, darnoch noch andre dörffer und kamen
gen Prüg, das ist ein herrlich schön statt. Und hab verzehrt und
verfahren 20 stüber und 1. Und do ich gen Prüg kam, do nam
mich Jan Prost in sein hauß zu herberg und richte dieselbe nacht
ein köstlich mahl zu und lud mir viel leuth zu lieb. Am andern
tag lud mich Marx, goldschmiedt, und gab mir ein köstlich mahl
und lud mir viel leuth zu lieb. Darnach führten sie mich ins
kaisershauß, das ist groß und köstlich. Do sahe ich Rudigers gemahlt cappeln und gemähl von ein großen alten meister, do gab
ich dem knecht ein stüber, der auffspert. Darnach kauff ich 3 helffenbaine kam umb 30 stüber. Darnach führten sie mich gen S. Jacob
und ließen mich sehen die köstlichen gemähle von Rudiger und
Hugo, die sind beede groß maister gewest. Darnach sahe ich das
alawaser Marienbildt zu unser frauen, das Michael Angelo von
Rohm gemacht hat. Darnach führeten sie mich in viel kirchen
und ließen mich alle gute gemähl sehen, dessen ein überschwahl do
ist, und do ich Johannes und der andern ding alles gesehen hab,
do kammen wir zu lez in die mahlercapeln, do ist gut ding
innen. Darnach richten sie mir ein pancket zu. Und von dannen

ging ich mit ihnen auf die stuben, do hetten sich viel ehrlicher leuth zusammen than, von goldschmieden, mahlern und kauffleuth, must mit ihnen zu nacht eßen, schenckten mir und machten kuntschafft und thetten mir groß ehr. Und die zwey brüder Jacob und Peter Mostaert, die rathsherren, schenckten mir 12 kannen wein, und beleiten mich die ganz gesellschafft, mehr dan 60 personen, mit viel windlichtern heim. Auch hab ich in ihren schießhoff gesehen den großen fischküfel darauff man ißet, der ist lang 19 schuh, 7 schuh hoch und Vjj schuh braid.

Also am erigtag frühe fahren wir weg. Aber Jan Profoß hab ich vor mit den stefft conterfet und seiner frauen 10 stüber zu lez geben. Also fuhren wir gen Orscheln, do aßen wir zu morgens, und unterwegen sind drey dörffer. Also fuhren wir gen Gent, noch durch 3 dörffer und gab zu fuhrlohn 4 stüber und hett 4 stüber verzehrt. Und do ich gen Gent kam, do kam zu mir der dechant von den mahlern und bracht mit ihm die fordersten mit in die mahlerey, erboten mir groß ehr, empfingen mich gar herrlich, boden mir an ihren guten willen und dienst und aßen mit mir zu nacht. Am mittwoch frühe führten sie mich auf S. Johannesthurn, do übersahe ich die groß wunderbarlich statt, darin ich gleich vor groß ansehen ward. Darnach sahe ich des Johannes taffel, das ist ein überköstlich, hochverständig gemähl und sonderlich die Eva, Maria und Gott der vatter sind fast gut. Darnach sahe ich die löben und conterfeyt einen mit den stefft. Auch sahe ich auff der brucken, do man die leuth köpfft, die zwey ehrenbilder, die zu einem zaichen gemacht sind, das ein sun sein vatter köpfft hat. Gent ist hübsch und eine wunderliche statt; 4 große wasser fließen dardurch. Ich hab zu trinckgeld geben dem meßner und löwenknechten 3 stüber. Und sonst hab ich viel selzam ding gesehen zu Gent, und die mahler mit ihren dechent haben mich nit verlassen, haben zu morgens und nachts mit mir geßen und alleding bezahlt und ganz freundlich mit mir gewest. Aber ich hab im würzhauß 5 stüber zu lez geben. Also fuhr ich am pfingstag frühe von Gent auß und kam durch etliche dörffer biß zu der herberg, haist der schwan, do aßen wir zu morgens. Darnach fuhren wir aber

durch ein schön dorff und kamen gen Antorff, do hett ich verfahren
8 stüber. Ich hab 4 ℔ aus kunst gelöst. Ich hab 1 ℔ zu zehrung gewechselt. Ich hab dem Hans Lieber von Ulm mit den
kohln conterfet, der wolt mir ein ℔ geben, aber ich wohlt ihn nit
5 nehmen. Ich hab Vjj stüber umb holz geben und 1 stüber zu
führen. Ich hab 1 ℔ zu zehrung gewechselt. Item in der dritten
wochen nach ostern stiß mich ein heiß fieber an mit einer großen
ohnmacht, unlust und hauptwehe. Und do ich vormahls in Seeland war, do überkam ich eine wunderliche krankheit, von derer
10 ich nie von keinen man gehört, und diese krankheit hab ich noch.
Ich hab 6 stüber für futral geben. Item der münch hat mir zwey
bücher gebunden für die kunst, die ich ihm geben hab. Ich hab
10 ℔ 8 stüber für ein stuck haratz geben meiner schwiger und
meinem weib zu zweyen mändeln. Ich hab dem doctor 8 stüber
15 geben, 3 stüber dem apotecker. Aber hab ich 1 ℔ zu zehrung gewechselt. Aber 3 stüber bey gesellen verzehrt. Hab 10 stüber dem
doctor geben, ich hab aber dem doctor 6 stüber geben. Item der
Ruderigo hat mir viel eingemachtes zucker geschickt in meiner krankheit. Den knaben hab ich 4 stüber trinckgeldt geben. Ich hab
20 meister Joachim mit dem stefft conterfet und ihm sonst noch ein
angesicht mit dem stefft gemacht. Aber hab ich eine crona zu zehrung gewechselt. Ich hab aber ein ℔ zu zehrung gewechselt.
Item dem doctor 6 stüber geben, item 7 stüber in die apothecken.
Ein gulden hab ich zu zehrung gewechselt. Item ich hab von
25 dem dritten pällein, das ich von Antorff gen Nürnberg schickt,
bey einen fuhrmann, der do haist Hanns Staber, einzupacken geben
13 stüber. Und dem fuhrmann hab ich 1 ℔ darauf geben. Und
hab ihn den centner verdingt von Antorff bis gen Nürnberg zu
fuhr umb 1 ℔ 1 orth, und dis pällein soll herr Hans Jmhoff, dem
30 eldern, zugeführet werden. Ich hab dem doctor, dem apothecker,
barbirer geben 14 stüber. Ich hab maister Jacoben, dem arzt, für
jjjj ℔ kunst geschenckt. Ich hab dem Thomas Polonius von
Rohm mit dem kohln conterfet. Item zu meinem schamlothen
rock ist kommen 21 eln brabandisch, die ist umb 3 zwerfinger
35 lenger, den die Nürnberger eln, so hab ich darzu kaufft schwarz

spanische fähl, kosten zu drey stübern. Und ihr sind darzu kommen 34, thut 10 ℔ 2 stüber; so hab ich dem kürschner zu machen geben 1 ℔, so ist zu bremen sammets kommen 2 eln: 5 ℔, item für seuden, schnür und faden 34 stüber, item dem schneider zu lohn 30 stüber. Item der schamloth, der beym rock ist, kost 14 ℔ 1. Und dem knecht 5 stüber zu trinckgeldt. Cantate nach ostern. Von dannen summir wieder von neuen. Aber hab ich dem doctor 6 stüber geben. Item hab 53 stüber auß kunst gelöst und die zehrung genummen. Item am sondag vor der creuzwochen hat mich maister Joachim, der gut landschafftmahler, auf sein hochzeit geladen und mir alle ehr erbotten, darauf hab ich gesehen zwey hüpsche spiehl, sonderlich das erste fast andächtig und geistlich. Mehr hab ich dem doctor geben 6 stüber. Ich hab 1 ℔ zu zehrung gewechselt. Am sontag nach unsers herrn auffarthtag lud mich maister Dietrich, glaßmahler zu Antorff, und mir zu lieb viel anderer leuth, nemlich darunter Alexander, goldschmiedt, ein statthaft reich man, und wir hetten ein köstlich mahl und man thet mir groß ehr. Ich hab maister Marx, goldschmiedt, mit dem kohln conterfet, der zu Prück ist. Ich hab 36 stüber für ein braits piret geben. Ich hab dem Paul Geiger 1 ℔ geben vor mein kästlein gen Nürnberg zu führen und 4 stüber vom brieff. Ich hab dem Ambrosy Hochstätter mit dem kohln conterfet und hab mit ihm gessen. Ich hab aber wohl 6 mahl mit Tomasin gessen. Ich hab 3 stüber für hülzen schüßel und teller geben. Ich hab dem apothecker 12 stüber geben. Ich hab 2 bücher, unser frauen leben, das ein dem frembden arzt geschenckt, das ander dem Marxen haußknecht. Aber hab ich dem doctor geben 8 stüber. 4 stüber geben umb ein alten piret zu puzen. 4 stüber verspielt. Ich hab aber 11 ℔ für ein neu piret geben, ich hab das erst piret verwechselt, dann es war grob, und hab 6 stüber zugeben umb ein anders. Ich hab ein herzogangesicht von öhlfarben gemacht. Ich hab dem rentmaister Lorenz Sterck gar rein fleißig mit öhlfarben conterfet, war werth 25 ℔. Das hab ich ihn geschenckt, dargegen gab er mir 20 ℔ und der Susanna 1 ℔ zu trinckgeldt. Item dem Jobsten, mein wirth, gar rein und fleißig mit öhlfarben conterfet, der hat mir für seins nun seins geben. Und sein weib hab ich auch auff ein neues gemacht, auch von den öhlfarben conterfet.

Item am freytag vor pfingsten im 1521 jahr kamen mir mähr gen Antorff, das man Martin Luther so verrätherlich gefangen hett. Dann do in des kaisers Carols herolt mit dem kaiserlichen glait war zugeben, dem ward vertrauet, aber sobald ihn der heroldt bracht bey Eyßenach in ein unfreundlich orth, saget, er dörffe sein nit mehr und ritt von ihn. Alsbald waren 10 pferd do, die führten verrätherlich den verkaufften frommen, mit dem heyligen gaist erleichteten man hinweg, der do war ein nachfolger des   und des wahren christlichen glaubens; und lebt er noch, oder haben sie in gemördert, das ich nit weiß, so hat er das gelitten umb der christlichen wahrheit willen und umb das er gestrafft hat das unchristliche pabsthumb, das do strebt wieder Christus freylaßung mit seiner großen beschwöhrung der menschlichen gesezt, und auch darumb, das wir unsers bluth und schweiß also beraubt und außgezogen werden und daselb so schandlich von müßiggehendem volck lesterlich verzehret wird, und die durstigen krancken menschen darumb hungers sterben. Und sonderlich ist mir noch das schwerest, das uns Gott villeicht noch unter ihrer falschen, blinden lehr will laßen bleiben, die doch die menschen, die sie vätter nennen, erdicht und auffgesezt haben, dardurch uns das köstlich worth an viel enden fälschlich außgelegt wird, oder gar nichts fürgehalten. Ach Gott vom himmel, erbarm dich unser, o herr Jesu X$\overline{\rho}$ε, bitt für dein volck, erlöß uns zur rechten zeit, behalt in uns den rechten, wahren christlichen glauben, versammle deine weite zertrennte schaaf durch dein stim, in der schrifft dein göttlich wort genant, hilf uns, das wir dieselb, dein stimm, kennen und keinem andern schwigeln, der menschen wahn, nachfolgen, auf das wir, herr Jesu X$\overline{\rho}$ε, nit von dir waichen, ruff den schaafen deiner wayde, derer noch ein thails in den römischen kirchen erfinden werden, mit sampt den Indianern, Moscobitern, Reußen, Krichen, wieder zusammen, die durch beschwörung und geiz der päbst, durch heiligen falschen schein zertrennt sind worden. Ach Gott erlöß dein armes volck, das dar durch großen bain und geboth gezwungen wird, der es keines gern thut, darauß es stätigs sünden muß in seinem gewisen, so es die übergehet. O Gott, nun hastu mit menschengesezen nie kein volck also gröslich beschwehret als uns arme under den römischen stuhl, die wir täglich durch dein bluth erlöst frey christen sollen sein. O höchster himlischer vatter, geuß in unser herz durch deinen sohn Jhm Xp̄m̄ ein solch licht, dabey wir erkennen, zu welchen boten wir zu halten gebunden sindt, auf das wir die andern beschwernis mit gutem gewissen fahren lassen, und dir, ewiger himlischer vatter, mit freudigem, frölichem herzen dinnen mögen. Und so wie diesen man, der do clärer geschrieben hat, dan nie keiner in 140 jahrn gelebt, den du ein solchen evangelischen geist geben hast, bitt wir dich, o himlischer vatter, das du deinen heyligen geist wiederumb gebest einem, der do dein heylige christliche kirch allenthalben wider versammel, auff das wir allein und christlich wieder leben, das auß unsern guten wercken alle unglaubige, als Türcken, haiden, Calacuten, zu uns selbst begehren und christlichen glauben annehmen. Aber herr du wihlt, ehe du richtest, wie dein sohn Jhs Xp̄s̄ von den priestern sterben must und vom todt erstehn und darnach gen himmel fahren, das es auch also gleichförmig ergeht deinen nachfolger Martino Luther, den der pabst mit sein geldt verrätherlich wieder Gott umb sein leben bringt, den wirstu erquicken. Und wie du darnach, mein herr, verhengest, das Jerusalem darum zerstöret ward, also wirstu auch diesen aignen angenommenen gewalt des römischen stuls zerstören. Ach herr, gib uns darnach das neu gezirt Jerusalem, das vom himmel herabsteigt, davon apocalypsis schreibt, das heylig clar egtm, das do nit mit menschlicher lehr vertunckelt sey. Darumb sehe ein jeglicher, der do Martins Luthers bücher list, wie sein lehr so klar durchsichtig ist, so er das heilig evangelium furth, darumb sind sie in grossen ehren zu halten und nit zu verbrennen, es wer dann, das man sein widerparth, die allezeit die wahrheit wiederfächten, ins feuer würff mit allen ihren opinionen, die do auß menschen götter machen wollen. Aber doch, das man wieder neuer luterische bücher truck hett. O Gott, ist Luther todt, wer wird uns hinfürt das heilig egtm so clar fürtragen, ach Gott, was hett er uns noch in 10 oder

20 jahrn schreiben mögen? O ihr alle fromme christenmenschen
helfft mir fleißig bitten und bewainen diesen Gottgeistigem men=
schen und ihn bitten, das er uns ein andern erleuchten mann
send. O Erasme Roderadame, wo wiltu bleiben? Sieh, was ver=
5 mag die ungerecht tyranney der weltlichen gewahlt, der macht der
finsternuß? Hör, du ritter Christi, reith hervor neben den herrn
X͞p͞u͞, beschüz die wahrheit, erlang der martärer cron; du bist doch
sonst ein altes männiken. Ich hab von dir gehört, das du dir
selbst noch 2 jahr zugeben hast, die du noch tügest etwas zu thun,
10 dieselben leg wohl an, dem eglio und dem wahren christlichen glau=
ben zu gut, und laß dich dann hören, so werden der hellen porten,
der römisch stuhl, wie Christus sagt, nit wieder dich mügen. Und
ob du hie gleichförmig deinen maister Christo würdest und schand
von den lügnern in dieser zeit leidest und darumb ein klein zeit
15 desto eher stürbest, so wirstu doch ehe aus dem todt ins leben
kommen und durch Chüm clarificirt. Dann so du auß dem kelch
trinckest, denn er getruncken hat, so wirstu mit ihm regiren und
richten mit gerechtigkeit die nitt weißlich gehandelt haben. O
Erasme halt dich hie, das sich Gott dein rühme, wie vom Davidt
20 geschrieben stehet, dann du magst thun, und fürwar, du magst den
Goliath fellen, dann Gott gestehet bey der heyligen christlichen
kirchen, wie er ja unter den römischen stehet nach seinem göttlichen
willen. Der helff uns zu der ewigen seeligkeit, Gott vatter, sohn und
heiliger geist, ein ewiger Gott, amen.
25 O ihr christenmenschen, bittet Gott umb hilff, dann sein urtheil nahet und sein gerechtigkeit wird offenbahr, dann werden
wir sehen die unschuldigen blütter, die der babst, pfaffen und die
münchen vergossen, gericht und verdampt haben. Apocal. Das
sind die erschlagnen, unter dem altar Gottes ligent, und schreyen
30 umb rach, darauff die stim Gottes antwort, erwartet die volkommen
zahl der unschuldigen erschlagenen, dann will ich richten.
Aber hab ich 1 ₰ zu zehrung gewechselt. Ich hab dem doctor
aber 8 stüber geben. Item aber 2 mahl mit dem Ruderigo gessen.
Ich hab mit dem reichen canonico gessen. Ich hab 1 ₰ zu zeh-
35 rung gewechselt. Ich hab maister Conradum, bildhauer von

Mechel, zu gast gehabt im pfingstfeyertagen. Ich hab 18 stüber umb welsche kunst geben. Aber dem doctor 6 stüber. Den maister Joachim hab ich 4 Christophel auff grau papir verhöcht. Ich bin am lezten pfingstfeuertag zu Antorff auff dem jahrroßmarck gewesen und hab do über viel hübscher hengst sehen bereuthen, und sonderlich sind zween hengst verkaufft worden umb 700 ℔. Ich hab 1 ℔ 3 orth aus kunst gelöst; ich hab deßelben geld zu zehrung genummen. 4 stüber den doctor geben. Ich hab jjj stüber für zwey büchlein geben. Ich hab 3 mahl mit Tomazin gessen. Ich hab ihm 3 degenhefft gerissen, der hat mir geschenckt ein alabaser häfelein. Ich hab ein englischen edelmann conterfet, der hat mir geschenckt 1 ℔, mit dem kohln, den hab ich zu zehrung gewechselt. Item maister Gerhart, illuminist, hat ein töchterlein bey 18 jahr alt, die haist Susanna, die hat ein plätlein illuminirt, ein salvator, dafür hab ich geben 1 ℔. Ist ein groß wunder, das ein weibsbild also viel machen soll. Ich hab 6 stüber verspielt. Ich hab den großen umbgang zu Antorff gesehen an der heyligen treyfaltigkeit tag. Der maister Conradt hat mir geschenckt schöne bar messer, so hab ich sein alten männlein dargegen geschenckt ein unser frauen leben. Ich hab den Jan, goldtschmiedt von Prüssel, mit dem kohln conterfet, auch sein weib. Ich hab 2 ℔ aus kunst gelöst. Item maister Jan, goldtschmiedt von Prüssel, hat mir für das ich ihm gemacht hab die viesierung zum sigell und die 2 conterfetten angesichter: 3 Philippsgulden. Ich hab die Veronica, die ich von öhlfarben gemahlt hab, und die Adam und Eva, die Franz gemacht hat, dem Jan, goldschmidt, geben für ein hyacinthen und ein agath, darein geschnieten ein Lucretia. Hat ein jeglicher sein thail umb 14 ℔ angeschlagen. Mehr hab ich ihm [vom] gestochnen ein ganzen truck für ein ring und 6 stainlein. Hat ein jeder sein thaihl angeschlagen umb 7 ℔. Ich hab 14 stüber umb 2 paar schuh geben. Hab jj stüber umb 2 schachtel geben. Ich hab 2 Philipps ℔ zu zehrung gewechselt. Ich hab 3 auffführung und 2 ölberg auff halb pogen gerissen. Ich hab 3 angesicht mit schwarz und weis auf grau papir conterfet. Ich hab auf grau papir mit weiß und schwarz zwo niederländisch klaidung conterfet. Ich hab dem englischen

man sein wapen mit farben gemacht, der hat mir 1 fl geben. Ich
hab sonst hin und wieder viel viesierung und ander ding den
leuthen zu dienst gemacht, und für den mehrenthail meiner arbeit
ist mir nichts worden. Endres von Cracau hat mir geben für ein
schildt und kindsköpfflein ein Philips fl. Hab 1 fl zu zehrung
gewechselt. Ich hab 2 fl für kehrbürsten geben. Ich hab zu And-
torff gesehen den großen umbgang, der da fast köstlich war, an
unsers herrn leichnamstag. Ich hab 4 stüber zum trinckgelt geben.
Ich hab 6 stüber dem doctor geben; 1 stüber für eine schachtel.
Ich hab 5 mal mit Tomasin geßen. Ich hab 10 stüber in die
apothecken geben und hab der apothecherin geben zu chlystiren
14 stüber und dem apothecker 15 stüber von recept. Aber hab
ich 2 Philipps fl zu zehrung gewechselt. Mehr hab ich dem doctor
geben 6 stüber. Ich hab aber der apothecherin geben 10 stüber zu
chlistiren. Mehr 4 stüber in die apothecken. Dem münch, den
mein frauen beicht hat, dem hab ich 8 stüber geben. Ich hab
8 fl umb ein ganz stuck haras geben, aber hab ich geben umb
14 ein fein haras 8 fl. Ich hab dem apothecker aber für arzney
geben 32 stüber. Item hab dem poten geben 3 stüber und dem
schneider 4 stüber. Ich hab einmahl mit dem Hans Fehle geßen,
3 mahl mit Tomasin. Ich hab 10 stüber zu binden geben. Im
1521 jahr hab ich mein großen ballen zu Antorff aufgeben zu führen biß gen Nürnberg, am mittwoch nach corpus Christi, ein
fuhrmann, heist mit nahmen Cunz Mez von Schlauerdorff, und
soll ihm zahln von centner zu fuhrn biß gen Nürnberg anderthalben fl und ich hab ihn darauf geben ein gulden. Und er
solls herrn Hans Imhoff antworten, dem eltern. Ich hab dem
jungen Jacob Relinger zu Antorff mit den kohln conterfet. Ich
hab aber 3 mahl mit den Tomasin geßen. Item am achten tag
nach corpus Xpū bin ich gen Mechel mit meinen zu frau Margaretha gefahren. Item 5 stüber zu zehrung mit mir genommen.
Mein weib hat ein fl zur zehrung gewechselt. Ich bin zu Mechel
zu herberg gewest zum gulden haupt bey maister Heinrich, mahler,
do haben mich zu gast geladen in meiner herberg die mahler und
bildthauer, haben mir groß ehr gethan in ihrer versamlung. Und

ich bin in Popenreuthers hauß geweſt, des püchſengießers, und hab wunderlich ding bey ihm funden. Ich bin auch bey frau Margareth geweſt und hab ſie mein kayſer ſehen laſſen und ihr den ſchencken wollen, aber do ſie ein ſolchen mißfall darinnen hett, do führet ich ihn wieder weg. Und den freybag wis mir frau Margareth all ihr ſchön ding, darunter ſahe ich bey 40 klainer täfelein von öhlfarben, dergleichen ich von reinigkeith und guth darzu nie geſehen hab, do ſahe ich auch ander gut ding, von Johannes, Jacobs Walchs. Ich bat mein frauen umb maiſter Jacobs büchlein, aber ſie ſagt, ſie hetts ihrem mahler zugeſagt. Alſo ſahe ich viel anders köſtliches dings, ein köſtlich liberej. Mich hat meiſter Hans Popenreuter zu gaſt geladen. Ich hab maiſter Conrad 2 mahl und ſein weib einmahl zu gaſt gehabt. 27 ſtüber und 2 ſtüber verfahrn. Auch hab ich mit dem [ſtefft] conterfet dem Steffan, kemmerling, und maiſter Conrad, ſchnitzer, und bin am ſambſtag wieder von Mechell gen Antorff kommen. Item mein thruhen iſt erſt weggangen am ſamſtag nach dem achten corpus $X\overline{p\overline{s}}$. Aber hab ich 1 ℔ zu zehrung gewechſelt. Item dem poten 3 ſtüber geben. Ich hab 2 mal zu den Auguſtinern geſſen. Item hab maiſter Jacob mit dem kohln conterfet und ein täffelein darzu machen laſſen, coſt 6 ſtüber, und ihm geſchenckt. Ich hab dem Bernhart Stecher und ſein weib conterfet und ihm ein ganzen truck geſchenckt und ſein weib hab ich noch einmal conterfet und hab 6 ſtüber geben von dem täffelein zu machen, das hab ich ihn alles geſchenckt, ſo hat er mir hergegen geſchenckt 10 ℔. Mich hat zu gaſt geladen maiſter Lucas, der in kupffer ſticht, iſt ein kleins männlein und bürtig von Leyden auß Hollandt, der war zu Antorff. Ich hab mit maiſter Bernhart Stecher geſſen. Ich hab anderthalben ſtüber dem poten geben. Ich hab 4 ℔ 1 orth auß kunſt gelöſt. Ich hab maiſter Lucas von Leyden mit dem ſtefft conterfet. Ich hab 1 ℔ verlohrn. Item hab dem doctor 6 ſtüber geben, item aber 6 ſtüber. Ich hab dem ſchaffner in Auguſtiner-cloſter zu Antorff ein unſer frauen leben geſchenckt und ſein knecht 4 ſtüber geben. Ich hab maiſter Jacob ein kupfferpaſſion und ein holzpaſſion und 5 andre ſtück geſchenckt und ſein knecht

4 stüber geben. Ich hab 4 fl zu zehrung gewechselt. Ich hab
aber umb 14 fischhaut 2 Philippsfl geben. Ich hab Art Braun
und sein weib mit der schwarzen kreuden conterfet. Ich hab dem
goldschmiedt, der mir die ring schäzt, für 1 fl kunst geschenckt.
5 Die drey ring, die ich getauschet hab an kunst, die zwey geringern
sind angeschlagen umb 15 crona, aber der saphir ist angeschlagen
umb 25 cronnen, das macht 54 fl 8 stüber. Und unter andern das
der franzoß oben genummen hat, ist gewest 36 größer bücher, thut
9 fl. Ich hab 2 stüber für ein geschraupt meßer geben. Item
10 der mit dem 3 ringen hat mich umbs halbtheil übersezt. Ich
habs nit verstanden. Ich hab 18 stüber: mein bodten umb ein
rothes piret. Item hab 12 stüber verspilt. Hab 2 stüber vertruncken. Item ich hab die 3 klein schön rubinlein gekaufft umb
ailff goldgulden und 12 stüber. Ich hab 1 fl zu zehrung ge-
15 wechselt. Ich hab aber zu dem Augustinern gessen. Aber hab ich
2 mahl bey Tomasin gessen. Ich hab 6 stüber geben für 13 wildmeer-
schweinpörster. Hab aber vor 6 pörster 3 stüber geben. Item hab
den großen Anthonj Haunolt auff regalpogen mit der schwarzen kreuden conterfet. Ich hab dem Art Praun und seine haußfrau mit der
20 schwarzen kraiden auff zween realpögen fleißig conterfet und ich hab
ihn noch einnmahl mit dem stefft conterfeyet, der hat mir eine angelothen geben. Item hab aber 1 fl zu zehrung gewechselt. Ich hab
1 fl für ein paar stiffel geben. Ich hab 6 stüber vor ein calamar
geben. Ich hab 12 stüber vor eine truhen geben, darein zu schlagen.
25 Item hab 21 stüber geben für ein tutzendt frauenhandschuh. Ich hab
6 stüber und einen vor eine tasche geben. Ich hab 3 stüber vor
3 perster geben. Ich hab 1 fl zu zehrung gewechselt. 1 stüber
für ein losch geben. Item der Anthonj Haunolt, den ich conterfet
hab, der hat mir 3 Philippsgulden geschenckt, und Bernhart
30 Stecher hat mir eine schilltkrottpuckeln geschenckt. Ich hab seiner
frauen schwestertochter conterfet, hab mit ihrem man einmahl
gessen, und er hat mir geschenckt 2 Philipps fl. Item hab 1 stüber zu trinckgeldt geben. Ich hab den Anthonj Haunold 2 bücher
geschenckt. Hab 13 stüber aus kunst gelöst. Ich hab meister
35 Joachim des Grünhanßen ding geschenckt. Item hab 3 Philippsfl

zu zehrung gewechselt. Item hab zwey mahl mit Bernhart gessen.
Aber 2 mahl mit Comasin. Ich hab Jobsten weib 4 stuck holzwerck geschenckt. Hab Friedrichen, Jobsten knecht, 2 bücher geschenckt, große. Ich hab Henickin, glasersohn, 2 bücher geschenckt.
Item der Ruderigo hat mir ein papagey geschenckt, die man von
Malaca bringt, und hab dem knecht zu trinckgeldt geben 5 stüber.
Ich hab aber 2 mahl mit Comasin gessen. Item hab 2 stüber
für ein beuerlein geben. 3 stüber vor ein par schuh in die hosen
und 4 stüber für 8 brettlein. Ich hab dem Peter geschenckt 2 ganz
pogen kupfferwerck und ein pogen holzwerck. Item hab 2 mahl
mit Comasin gessen. Ich hab 1 ℔ zu zehrung gewechselt. Ich
hab maister Art, glaßmahler, geschenckt ein unser frauen leben und
hab maister Jahn, franzoß bildhauer, geschenckt ein ganzen truck,
der hat meiner frauen geschenckt 6 gläßlein mit rosenwasser, sind
gar köstlich gemacht. Item hab 7 stüber für ein stübig geben. Ich
hab 1 ℔ zu zehrung gewechselt. Aber hab ich geben für ein schnütten taschen Vjj stüber. Mir hat geschenckt Cornelius, secretarj, die
lütherisch gefängnus Babiloniae, dargegen hab ich ihm geschenckt
meine 3 große bücher. Item hab dem Peter Puz, münch, für
1 ℔ kunst geschenckt. Item hab dem Hönigen, glaßmahler, geschenckt
2 große bücher. Ich hab 4 stüber geben für ein außgestrichen calacut.
Item hab 1 Philipps℔ zu zehrung gewechselt. Item hab fürs Lucasen ganzen gestochnen truck meiner kunst für 8 ℔. Mehr hab ich
ein Philipps℔ zu zehrung gewechselt. Item hab Vjjjj stüber umb
eine taschen geben. Item 7 stüber hab ich umb ein halb duzet niederländischer karten geben. Mehr hab 3 stüber für ein kleins gelbs post-
horn; item hab 24 stüber umb fleisch geben. 12 stüber für grob tuch,
mehr 5 stüber für grob tuch. Ich hab aber 2 mahl mit Comasin
gessen. Ein stüber dem Peter geben. Ich hab 7 stüber zu binden geben.
3 stüber für plahen. Item der Ruderigo hat mir geschenckt 6 eln
schwarz küterintuch zu einer kappen, kost ein eln ein crona. Ich hab
2 ℔ zu zehrung gewechselt. Ich hab des schneuders knecht 2 stüber
zu trinckgeldt geben. Ich hab mit Jobsten gerechnet und bin ihm
schuldig worden 31 ℔. Die hab ich ihm bezahlt, daran verrechnet
abgerechnet die 2 conterfetten angesicht mit öhlfarb gemacht, daran

hat er mir herauß geben 5 ℔. poras niederländisch gewicht. Ich
hab in allen meinen machen, zehrungen, verkaufen und andrer
handlung nachthail gehabt im Niederland, in all mein sachen,
gegen großen und niedern ständen, und sonderlich hat mir frau
Margareth für das ich ihr geschenckt und gemacht hab, nichts
geben. Und dieser beschluß mit Jobsten ist geschehen an S. Peter
und Pauljtag. Ich hab des Ruderigen knecht 7 stüber zu trinckgeldt
geben. Ich hab dem maister Hainrichen einen gestochenen passion
geschenckt, der mir die schmeckenkirzlein geschenckt hat. Ich hab
dem schneuder zu machen müssen geben 45 stüber von der kappen.
Ich hab ein fuhrmann bestellt, der soll mich führen von Antorff
gen Cölln, dem muß ich zu lohn geben 13 schlecht gulden, macht
einer 24 stüber, schlechte, und soll darzu ein persohn und ein puben
verzehren. Item Jacob Relinger hat mir ein ducaten geben für
sein mit dem kohln conterfettes angesicht. Der Gerhardo hat mir
geschenckt 2 väßlein mit capren und oliven, dem hab ich 4 stüber
zu trinckgeldt geben. Ich hab 1 stüber Ruderigo knecht geben.
Ich hab mein conterfetten kaiser geben umb ein weiß englisch thuch,
das hat mir geben Jacobs, Tomasins aidem. Item der Alexander Imhoff hat mir vollendt geliehen hundert goldt ℔ an unser
frauen abend, als sie über das gebürg gehet, 1521, darum hab ich
ihm geben mein versiegelte handschrifft, das er mir die zu Nürnberg antworten laß, so will ich ihm die wieder zu danck zahlen.
Ich hab 6 stüber umb ein par schuh geben. Ich hab ailff stüber
dem apothecker geben. Ich hab 3 stüber für strick geben. Ich hab
in Tomasins kuchen ein Philipps℔ zu lez geben und hab Jungfrau,
seiner tochter, ein goldt℔ zu lezt geben. Ich hab 3 mahl mit
ihm gessen. Ich hab Jobsten frauen 1 ℔ und in seiner kuchen
auch 1 ℔ zu lez geben. Item hab den ladern 2 stüber geben.
Tomasin hat mir des besten tiriax ein püchslein vol geschenckt.
Item hab 3 ℔ zu zehrung gewechselt und hab dem haußknecht
10 stüber zu lez geben. Ich hab Peter 1 stüber geben. Ich hab
2 stüber zu trinckgeldt geben. Mehr 3 stüber maister Jacoben
knecht. Ich hab 4 stüber für plahen geben. Ich hab dem Peter
1 stüber geben. Item hab 3 stüber dem poten geben.

An unser frauen heimsuchung, do ich gleich weg von Antorff
wohlt, do schicket der könig von Dennenmarck zu mir, daß ich eylend
zu ihm kem und ihn conterfeyet; das thet ich mit dem kohln. Und
ich conterfeyet auch sein dinner Antonj und ich must mit dem
könig essen, erzeuget sich gnädeglich gegen mir. Ich hab dem
Leohnhardt Tucher mein pällein befohlen und ihn mein weiß tuch
auffgeben. Item der vorgedingt fuhrmann hat mich nit geführt, bin
mit ihm uneins worden. Gerhart hat mir geschenckt etlich welsch
samen. Ich hab dem Vicarius geben heim zu führen die groß
schiltkrötpuckel und den fischerschilt, die lang pfeiff, die lang wehr
und fischfloßen und die 2 väßlein mit den limonien und capra an
unsern frauentag heimsuchung 1521. Und am andern tag fuhren
wir gen Prüssel, auff des königes von Dennenmarck geschefft. Und
ich dinget ein fuhrmann, dem gab ich 2 fl. Item hab dem könig
von Dennenmarck geschenckt die besten stuck aus mein ganzen truck,
ist werth 5 fl. Aber hab ich 2 fl zu zehrung gewechselt. 1 stüber
für schüssel und körben geben. Item hab gesehen, wie das volck
zu Antorff sich sehr wundert hat, do sie dem könig von Dennenmarck sahen, das er so ein mannlich schön man war, und nur
selbtritt durch seiner feind land kommen. Ich hab auch gesehen, wie
ihm der kaiser von Prüssel entgegen gerithen und ihm empfangen,
ehrlich, mit großer pompa. Darnach hab ich gesehn das ehrlich
köstlich panckel, das ihm der kaiser und frau Margareth gehalten
hat am andern tag. Ich hab 2 stüber für ein paar handschuh
geben. Item herr Antonj hat mir geben 12 hornisch fl. Davon
hab ich geben 2 hornisch fl dem mahler, fürs täffelein zu conterfetten und das er mir färblein hat laßen reiben, die andern
8 hornisch fl hab ich zu zehrgeld genommen. Item am sontag
vor Margaretha hilt der könig von Dennemarck ein groß panck-
queth dem kaiser, frau Margretten und kunigin von Spanien
und lud mich, und ich aß auch darauf. Ich hab 12 stüber vors
königes futrall geben; und ich hab dem könig von öhlfarben con-
terfett, der hat mir 30 fl geschenckt. Item ich hab zwey stüber
dem jungen, mit nahmen Bartholomae, der mir die färblein ge-
rieben hat, geschenckt. Ich hab jj stüber für ein gläßlein püchslein,

dem könig gehören, geben. Ich hab 2 stüber zu trinckgelt geben.
Item hab 2 stüber für die gestochenen scheurlein geben. Item hab
des maisters Jannen puben 4 halb pogen geschenckt. Mehr hab
ich geschenckt des maisters mahlers jungen ein apocalypsin und
4 halb pogen. Der Polonius hat mir ein welsch kunststuck, item
hab 1 stüber für ein kunststuck geben. Mich hat geladen maister
Jobst, schneider, mit dem hab ich zu nacht gessen. Ich hab
kammergeldt geben zu Prüssel acht tag lang 32 stüber. Ich hab
des maister Jan, goldtschmieds, weib ein gestochnen passion ge=
schenckt, mit dem ich 3 mahl gessen hab. Ich hab dem Bar=
telmeh, mahlerjungen, noch ein unser frauen leben geben. Ich hab
mit herr Niclaus Zigler gessen und hab 1 stüber maister Janen
knecht geben. Ich bin für fuhr halben, das ich keine überkommen
kondt, 2 tag zu Prüssel stillgelegen. Ich hab 1 stüber umb ein par
söklein geben. Item am freytag frühe von morgens bin ich von
Prüssel außgefahren und ich must dem fuhrmann geben 10 ℔. Noch
hab ich meiner wirthin für die einig nacht 5 stüber geben. Darnach
fuhren wir durch 2 dörfer und kamen gen Löwen, aßen zu morgen
und verzehrten 13 stüber. Darnach fuhren wir durch 3 dörfer und
kamen gen Tina, ist ein klain stättlein, und lagen übernacht dar,
do verzehret ich Vjjjj stüber. Darnach fuhren wir am S. Marga=
rethentag frühe von dannen durch 2 dörfer und kammen in ein
statt, die haist S. Geträuen, darin bauet man gar ein wercklichen
großen neuen kirchenthurn. Von dann fuhren wir aber für etlich
arm wohnung und kammen in ein stätlein Hungern, do aßen wir
morgens und verzehret do 6 stüber. Von dannen fuhren wir durch
ein dorff und etliche arme heußer und kammen gen Triche, do
lag ich übernacht und verzehret do 12 stüber. Mehr 2 plancken
zu wachgeldt. Von dannen fuhren wir am sontag frühe gen Ach,
do aßen wir und verzehrt 14 stüber. Von dannen fuhren wir gen
Altenburg, 6 stund lang, dann der fuhrmann kundte den weg nit
und ward ihre. Aber do blieben wir übernacht und verzehrt
6 stüber. Am montag frühe fuhren wir durch Gülch, ein statt, und
kammen gen Perckan, da aßen wir und verzehrt 3 stüber. Von
dannen fuhrn wir gen Cöhln.

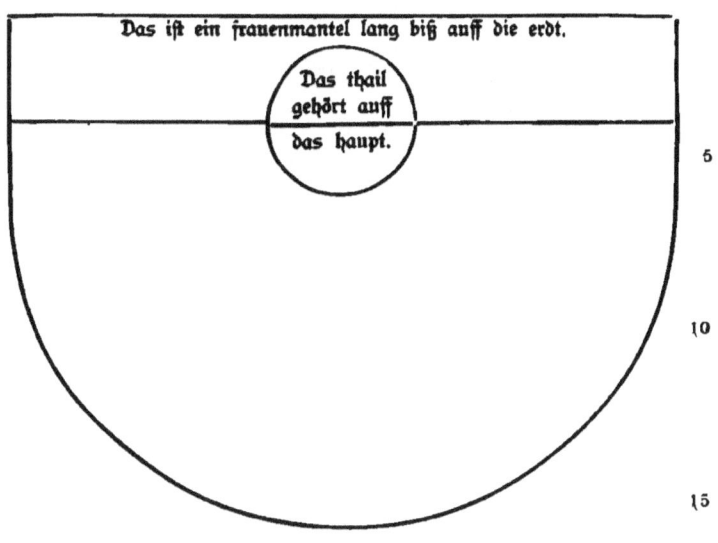

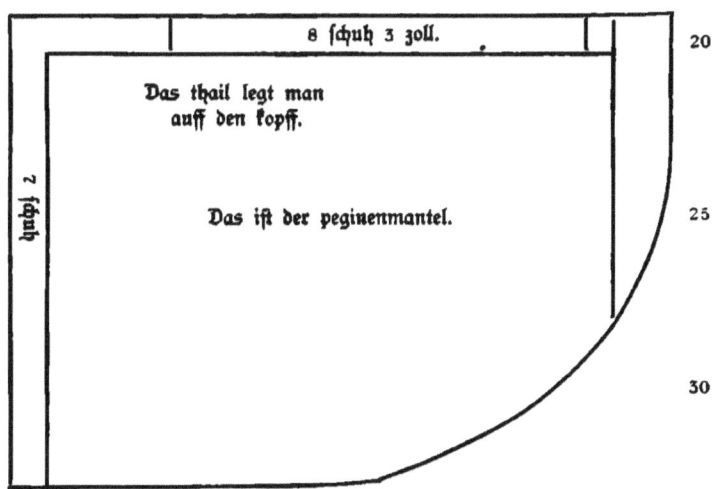

Anmerkungen.

S. 47, Z. 1. Am pfingstag nach Chilianj, Donnerstag, der 12. Juli. Campe („Reliquien") druckt Pfintztag.

S. 47, Z. 4. Erlang ist Erlangen.

S. 47, Z. 6. Forcham ist Forchheim, gehörte zu dem Hochstifte Bamberg und war bamberger Grenzfestung.

S. 47, Z. 8. bischoff war Georg III., Schenk von Limburg; er ward 1505 erwählt und starb am 31. Mai 1522. Dieser feingebildete und milde Kirchenfürst war einer der grössten Beförderer der Künste und Wissenschaften seiner Zeit. Er stand mit vielen hervorragenden Gelehrten und Künstlern in vertrautestem Briefwechsel und war ihnen bis zum letzten Athemzuge ein Mäcen in des Wortes vollster Bedeutung.

S. 47, Z. 8. Marienbild befand sich im Anfange dieses Jahrhunderts noch in der Kapelle der Residenz zu Bamberg. Heller wurde versichert, es sei ein vorzügliches Gemälde des Meisters gewesen. Handschriftliche Mittheilung.

S. 47, Z. 8. unser frauen leben ist die Folge von 20 Holzschnitten, welche man mit dem Namen: „Marienleben" bezeichnet. Sie ist grösstentheils in den Jahren 1504—5 entstanden. Als Buch mit Text wurde sie im Jahre 1511 herausgegeben.

S. 47, Z. 9. apocalypsin sind die Holzschnitte zur Offenbarung Sanct Johannis. Diese Reihenfolge von 15 Darstellungen erschien zuerst im Jahre 1498 in zwei Ausgaben, die eine mit deutschem, die andere mit lateinischem Text. Eine Ausgabe mit ausschliesslich lateinischem Text veranstaltete Dürer im Jahre 1511.

S. 47, Z. 10. ein zollbrieff eine Bescheinigung, die Dürer frei von Zollabgaben machte, — muss ihm von höchstem Werthe gewesen sein; denn man erkannte denselben fast auf der ganzen Reise an. Die Zölle waren zwar in Pacht gegeben und den Einnehmern bei Erhebung viel freie Gewalt eingeräumt, indess hatten die Zollherren sich nicht nur persönliche Befreiung von diesen Abgaben vorbehalten, sondern auch das Recht, andere hiervon entbinden zu können. Dem Umstande, dass die einzelnen Reichsstände auch untereinander Verträge abschlossen, hatte es Dürer zu verdanken, dass sein Zollbrief auch über die Grenze des bamberger Gebiets hinaus Geltung fand.

S. 47, Z. 10. drey fürderbrieff waren drei Empfehlungsschreiben an einflussreiche Männer.

S. 47, Z. 11. herberg ist zweifelsohne das damalige der Stadt eigenthümlich zugehörige Gasthaus „Zum wilden Mann" (später Hochzeitshaus, dann Gewerb- und Handelsschule). Georg von Limburg gab alsbald Befehl, dass die fürstliche Kammer die Bezahlung des von Dürer Genossenen zu übernehmen habe.

S. 47, Z. 12. fuhrmann soll heissen: Fährmann. Von Bamberg bis Köln fuhr nämlich Dürer zu Schiffe. Im Manuscripte steht von einer Hand unsers Jahrhunderts über fuhrmam „Schiff" geschrieben.

S. 47, Z. 14. Laux Benedict, d. i. Lukas Benedict, war entweder Maler oder Bildschnitzer in Bamberg. Bekannt ist er uns lediglich durch diese Nachricht.

S. 47, Z. 14. Hans, mahler kann nicht, wie vielfach angenommen wird, Hans Wolf Katzheimer gewesen sein; denn dieser kommt zum letzten male 1508 in den fürstlichen Rechnungen vor und ist wahrscheinlich auch in diesem Jahre gestorben. An seine Stelle trat Hans Wolf, auch Hans Mahler genannt, welchem der Titel eines fürstlichen Hofmalers 1518 verliehen wurde. Dass wir es hier mit diesem Hans Wolf und nicht mit Katzheimer zu thun haben, geht aus den Kammerrechnungen zur Genüge hervor, in welchen er von 1508—38 vorkommt.

S. 47, Z. 14. haben mir den wein geschenckt. Die beiden Künstler bezeugten ihre ganz besondere Hochachtung dem grossen Meister dadurch, dass sie ihm, wie es die Sitte der damaligen Zeit in solchen Fällen gebot, den Wein zum Willkomm übersandten.

S. 47, Z. 19. für steht in der Bedeutung von: vorbei an, über hinaus.

S. 47, Z. 22. ins bischoffs von Bamberg canzley geben. Diese Ausgabe, an welche sich Dürer offenbar erst in Hassfurt wieder erinnerte, war durch die Ausstellung eines Zoll- und dreier Fürderbriefe in der bischöflichen Kanzlei entstanden.

S. 47, Z. 23. Theres war ein sehr wohlhabendes Benedictinerkloster.

S. 48, Z. 1. Rein ist das heutige Unter-Euerheim.

S. 48, Z. 2. Mayenburg ist Mainberg.

S. 48, Z. 4. doctor Rebart. Campe druckt Jorg Rebart, während im Manuscripte nur doctor Rebart steht. Diese Extravaganz scheint ihren Grund in einer Forschung Heller's über denselben zu haben; leider hat er keine Notizen über ihn hinterlassen.

S. 48, Z. 11. mondag, der 16. Juli.

S. 48, Z. 12. Kizing ist Kitzingen.

S. 48, Z. 14. Prait ist Marktbreit.

S. 48, Z. 17. Eufelstorff ist Eibelstadt.

S. 48, Z. 17. Haidensfeldt ist Heidingsfeld.

S. 48, Z. 21. Carstatt ist Carlstadt.

S. 48, Z. 23. Myna ist Gmünden.

S. 48, Z. 25. Höchstätt ist Hofstetten.

S. 48, Z. 28. Neuenstadt ist Neustadt.

S. 48, Z. 33. sandt Ecarig ist jedenfalls das alte Kloster Mattenstadt, von dem einige Ruinen unter Rothenfels gerade Hafenlohr gegenüber noch sichtbar sind. In der Pfarrkirche zu Hafenlohr befindet sich noch eine Statue des heiligen Eucharius, die dorther stammt. Der genannte Heilige war zweifelsohne Patron des alten Klosters. In den „Reliquien" ist Ecarig mit einem Fragezeichen versehen, was wol andeuten soll, dass sich Campe über diesen Namen nicht klar war.

S. 48, Z. 33. Heudenfeldt ist Markt Heidenfeld.

S. 49, Z. 2. Prozel ist Prozelten.

S. 49, Z. 4. Freudenwerg ist Freudenberg.

S. 49, Z. 9. Werdt ist Wörth.

S. 49, Z. 10. Oschenpurg ist Aschaffenburg.

S. 49, Z. 12. Steinheim. Campe druckt ohne Veranlassung Streinheim.

S. 49, Z. 15. freytag, der 20. Juli.

S. 49, Z. 20. herr. Dieses Wort fehlt bei Campe.

S. 49, Z. 21. Jacob Heller war ein reicher frankfurter Tuchhändler. Von wohlhabenden Aeltern, als das älteste von 16 Kindern um das Jahr 1460 geboren, ward er, wie sein Vater, Kaufmann und heirathete 1482 Kathrine von Melem, die Tochter Johannes von Melem oder Mülheim, einem adeligen Geschlechte des Hauses Limpurg angehörig. Mit ihm erlosch sein Geschlecht, denn diese Ehe blieb kinderlos. Dieser Umstand mag denn auch mit dazu beigetragen haben, Heller's Charakter jene ernste und in religiöse Anschauungen vertiefte Richtung zu geben, die aus all' dem, was über und von ihm erhalten ist, deutlich hervorleuchtet. Heller's Wohnung war der Nürnberger Hof, ein grosser Häusercomplex. Seiner Vaterstadt konnte er manchen Dienst erweisen, der seiner ungewöhnlichen Bildung ein beredtes Zeugniss ausstellt. Aengstlich für das Heil seiner Seele besorgt, machte er eine Reihe von milden Stiftungen, die theils den Armen, theils Kirchen und Klöstern zu gute kamen. Eine seiner Hauptstiftungen ist das von Dürer gemalte Altarwerk, welches er 1509 auf den Altar des St.-Thomas in der Dominicanerkirche stiftete, in welcher er für sich und seine Gattin die letzte Ruhestätte erkoren hatte. Dieses Altarwerk mag Heller bei seiner Anwesenheit in Nürnberg im Jahre 1507 bei Dürer bestellt haben, der sich verpflichtete, das grosse Werk für 130 Fl. rhein. auszuführen, schliesslich aber doch 200 Fl. erhielt. Die Briefe Dürer's an Heller, welche in dieser Angelegenheit geschrieben sind und über den Gang der Verhandlungen den besten Aufschluss geben, hat zuerst Campe in seinen „Reliquien", dann Cornill in seiner vortrefflichen Monographie: „Jakob Heller und Albrecht Dürer", ferner Thausing in seinen „Dürer's Briefe" u. s. w. und endlich Adolf Rosenberg in seinen „Künstlerbriefen" abgedruckt, beziehentlich übersetzt. Das Werk bestand aus einem Hauptbilde mit zwei Flügelbildern, welche vor ersterem nach damaligem Gebrauch schreinartig geschlossen werden konnten und deshalb auf beiden Seiten bemalt waren. Das Mittelbild stellte die Himmelfahrt und Krönung Maria's dar, unten waren die Apostel um das leere Grab versammelt, während oben die Himmelskönigin von Gottvater und Christus gekrönt wurde. Der unermüdlichen Kunstliebe des bairischen Kurfürsten Maximilian gelang es, das kostbare Bild von den Dominicanern gegen eine jährliche Rente von 400 Fl. zu erwerben. Zum Unglück ging dieses Kleinod im Brande der münchener Residenz 1674 zu Grunde; ein ganz unersetzlicher Verlust, da Dürer auf keins seiner andern Gemälde eine solche Sorgfalt verwandt hatte. Es ist uns nur noch in einer Copie von Jobst Harrich erhalten. — Cornill beschäftigt sich auch mit der Frage, wo die Herberge war, in der Dürer während seines frankfurter Aufenthalts wohnte, und findet für die Ermittelung derselben Anhaltspunkte, welche eine Vermuthung zulassen, die viel Wahrscheinliches für sich hat. Es ist nämlich eine Thatsache, dass die Localitäten des Nürnberger Hofs zu Messzeiten von Heller selbst vermiethet wurden und sonst auch hier, wie z. B. bei Anwesenheit des Kaisers Maximilian I., Beherbergungen stattfanden. Cornill findet es daher naheliegend, auch hier in dem grossen Häusercomplex eine Herberge anzunehmen, welche besonders von nürnberger Kaufleuten, wie ja auch schon der Name des Hofes andeutet, besucht wurde. Ist diese mehr wie wahrscheinliche Annahme richtig, dann dürfen wir auch voraussetzen, dass Dürer nur in diese Herberge gegangen sein wird. Jakob Heller, der in seinem Leben so ausgezeichnete Mann, starb am 28. Jan. 1522. Otto Cornill, Jakob Heller und Albrecht Dürer, Frankfurt 1871.

S. 49, Z. 25. sonntag, der 22. Juli.
S. 49, Z. 26. Menz ist Mainz.
S. 49, Z. 26. Höst ist Höchst.
S. 49, Z. 29. mehr 14 Franckfurther heller dem schiffknecht. Dieser Satz fehlt bei Campe.
S. 49, Z. 33. ihr warthein. Hauer hat hier falsch gelesen und schreibt: wartherin. Peter, der Goldschmied, war Wardein von Mainz; er hatte also die Pflicht, die Metalle auf ihren Gehalt zu untersuchen.
S. 49, Z. 34. Veith Farnpühler muss selbst ein Fremder in Mainz gewesen sein, da von seinem Wirthe die Rede ist. Vielleicht war er ein Verwandter des kaiserlichen Rathes und Kanzlers Ferdinand's I., Ulrich Varnbülers, des Freundes Dürer's.
S. 50, Z. 2. mondag, der 23. Juli.
S. 50, Z. 8. Erlfelt ist Elfeld.
S. 50, Z. 10. Ernfels ist Ehrenfels.
S. 50, Z. 12. ledigbrieff ist Freibrief.
S. 50, Z. 16. Kaw ist Kaub.
S. 50, Z. 17. mich fürtragen, mir nützen, dienen.
S. 50, Z. 18. Sanct Gewer ist St.-Goar.
S. 50, Z. 22. Papart ist Boppart.
S. 50, Z. 25. Lonstein ist Lahnstein.

S. 50, Z. 27. meinem gnädigsten herren von Menz versprach. Es ist damit der Kurfürst, Erzbischof Albrecht von Brandenburg gemeint, bei dem Dürer Fürsprache einlegen sollte.

S. 50, Z. 31. meinem herren von Bamberg, dem Bischof Georg III., Schenk von Limburg. S. Note für S. 47, Z. 7.

S. 50, Z. 34. Sct. Jacobstag, der 25. Juli.

S. 50, Z. 35. gen Linz. Sowol Campe als Murr haben diese Zwischenstation ausgelassen. Bei Campe ist es die zweite Auslassung.

S. 51, Z. 1. Pun an zoll ist Bonn an der Zollstation.

S. 51, Z. 4. den Niclasen, meinen vettern. Es ist dies der Goldschmied Niklas Dürer, Unger genannt, welcher bei Dürer's Vater in die Lehre ging.

S. 51, Z. 7. Hieronymus Focker (Fugger) war der Sohn des 1441 geborenen Ulrich Fugger, der zuerst durch geschickte Geld- und Creditoperationen in den Gang der Welthändel eingriff. Der Vater des Hieronymus erhielt für sich und seine Brüder das Wappen von der Lilie. Er war es auch, welcher die Schöpfungen Dürer's nach Italien versendete. Hieronymus war als jüngster Sohn desselben 1499 geboren und starb unverehelicht 1538 als letzter seines Stammes, nachdem er noch vorher die Söhne seines Oheims mit einem ergiebigen Fideicommiss bedacht hatte. Wie er aber bei seinen Lebzeiten fortwährend Beweise seiner Wohlthätigkeit gegeben, so hatte er auch in seinem Testamente bestimmt, dass sogleich nach seinem Tode 2000 Fl. unter die Armen vertheilt, eine ansehnliche Summe zur Errichtung eines Hospitals für arme Fugger'sche Unterthanen verwendet würde und überdies alljährlich eine Almosenvertheilung stattzufinden habe.

S. 51, Z. 9. eine collation. Ein echtes Wort der Klostersprache! Es wurde ihnen ein Imbiss, eine Erfrischung, gereicht. Collation bedeutete ursprünglich das frugale Abendessen der Mönche an Fasttagen, weil dann vor dem Essen je ein Kapitel aus des Kirchenlehrers Johannes Cassianus: „Collationes patrum Sceticorum" vorgelesen wurde.

S. 51, Z. 11. fazalet ist Taschentuch.

S. 51, Z. 16. St. Pantaleonistag, der 28. Juli.

S. 51, Z. 17. Postorff ist Büsdorf.

S. 51, Z. 18. Rüding ist Rödingen.

S. 51, Z. 20. Freyenaltenhofen ist Frei-Aldenhoven.

S. 51, Z. 22. Frelndorff ist Freelenberg.

S. 51, Z. 22. Gangolff ist Gangelt.

S. 51, Z. 23. Süsterhyln ist Süsterseel.
S. 51, Z. 25. Zita ist Sittard.
S. 51, Z. 26. Stocken ist Stockhem.
S. 51, Z. 30. erichtag, Dienstag, der 31. Juli.
S. 51, Z. 30. Merten ist vielleicht Mertenslind (?). Thausing übersetzt es in „Martin" um, und zwar in Bezug auf
S. 51, Z. 30. Lewbehen. Es ist dies vielleicht Leewe, „ein Städtlein in Brabant an den Lüttischen Grentzen", wie die Beschreibung desselben in Merian's „Topographia Germaniae Inferioris vel circuli Burgundici" beginnt. Campe druckt Lewbehrn, mit einem Fragezeichen versehen. Thausing übersetzt es in Kolveren, sodass es bei ihm also: „«Martin» Kolveren (?)" heisst.
S. 51, Z. 33. zum Stosser. Thausing macht „nach Schaffen" daraus.
S. 51, Z. 34. mittwoch, der 1. August.
S. 51, Z. 34. Merpeck ist West-Meerbeck.
S. 52, Z. 1. Brantenmühl ist Branthoek.
S. 52, Z. 2. Eulenberg ist Uylenberg.
S. 52, Z. 3. pfingstag, Donnerstag, der 2. August.
S. 52, Z. 4. Creuz ist Op ten Kruys, eine Stunde vor Antwerpen.
S. 52, Z. 4. und verzehr jj stüber. Campe druckt: „und verzehrten 3 Stüber 2 Pfen."
S. 52, Z. 6. Antorff ist Antwerpen.
S. 52, Z. 7. Jobst Planckfelt. Eine Federzeichnung, den Wirth darstellend, ist im Städel'schen Institute zu Frankfurt aufbewahrt. Plankfelt ist in Dreiviertels-Ansicht, unbärtig, mit breiter, aufgeworfener Nase und etwas dicker Lippe dargestellt. Die langen Haare bedeckt eine mit herabhängenden Lappen versehene Kappe. Das Bild trägt von Dürer's Hand die Ueberschrift: „Das jst mein wirt zu antorf Jobst Plankfelt 1520" und das Monogramm.
S. 52, Z. 7. der Focker faktor, Bernhart Stecher, war der Geschäftsführer des Hauses Fugger in Antwerpen. In der Rechnungskammer zu Lille erscheint er im Jahre 1519 als Bernard Sterker, porteur des Fouckers, résident en la ville d'Anvers u. s. w. Die Fugger bedurften in Antwerpen, welches ja damals die grösste Handelsstadt in den Niederlanden war, zur bequemen Führung des ostindischen Handels einer ständigen Vertretung und hatten deshalb dortselbst eine eigene Factorei gegründet. Im Jahre 1504 waren nämlich die augs-

burger Häuser der Fugger, Welser und Hochstetter zusammengetreten, um mit dem Consul oder, wie Dürer sagt, Factor des Königs von Portugal eine Unterhandlung anzuknüpfen, welche die Verleihung des Rechtes des unmittelbaren Verkehrs mit Ostindien bezweckte. Im Jahre 1505 rüsteten sie hierauf in Gemeinschaft mit nürnbergischen, florentinischen und genuesischen Kaufleuten drei Schiffe aus, welche mit der portugiesischen Flotte nach Calicut fuhren. Die Ausrüstung dieser Schiffe kostete zwar 66000 Dukaten, indess gestaltete sich das finanzielle Resultat dieses Unternehmens so günstig, dass, als die Schiffe im Jahre 1509 wohlbehalten zurückkehrten, den Betheiligten ein ganz ansehnlicher Reingewinn verblieb. von Stetten, „Geschichte der hl. r. Reichs freyen Stadt Augsburg" (1743). Vgl. Thausing's Anm. a. a. O.

S. 52, Z. 10. für unser 3 person. Die dritte Person war die Magd, Susanne. Siehe Anm. für S. 60, Z. 9.

S. 52, Z. 10. stüber. Hauer schreibt zwar Staber, es ist aber höchst wahrscheinlich, dass es hier stüber heissen muss. Campe druckt Staber, Thausing macht Staiber daraus und deutet das Fehlen des Objectes an.

S. 52, Z. 11. St. Peters kettenfeuer, der 4. August.

S. 52, Z. 12. des burgermeisters hauss zu Antorff. Zu jener Zeit war Arnold van Liere das Oberhaupt der Stadt; er starb im Jahre 1529. Das von ihm auf Kosten der Gemeinde gebaute Haus in der Prinsestrasse wurde einst der „Hof van Liere" oder „das englische Haus" genannt. Im Jahre 1544 kam es durch Erbschaft in den Besitz der Stadt, von welcher es 1558 den Kaufleuten der englischen Nation zur Benutzung überlassen wurde. Im Jahre 1607 räumte der Magistrat der Stadt den Liere'schen Palast den Jesuiten ein, welche ihr Collegium daselbst einrichteten. Nach der Vertreibung der Jesuiten gründete Maria Theresia in ihm eine neue Unterrichtsanstalt, welche bis 1794 existirte. In diesem Jahre wurde nämlich das einstige Prunkgebäude von den Franzosen in ein Militärhospital umgewandelt, was es heutzutage noch ist. Verschiedene Quellen sagen aus, der berühmte Artus de Liere habe deshalb das Haus „auf gemeine Unkosten" erbauen lassen, weil er es zu einem Palaste für Kaiser Karl V. bestimmt gehabt habe. Verachter, „Albrecht Dürer in de Nederlanden" (Antwerpen 1840).

S. 52, Z. 13. neugebauet. Bei Campe fehlt dies Wort.

S. 52, Z. 19. steuer ist in der Bedeutung von Beisteuer, Unterstützung.

S. 52, Z. 21. Sanct Oswaldttag, der 5. August.
S. 52, Z. 30. also bey verehrt. Sowol Murr als Campe haben diese Worte ausgelassen. „also bey verehrt" ist: also bei solcher Verehrung.
S. 52, Z. 31. rathspoth war meistens ein Rechtsgelehrter, eine besoldete Person, die mit dem Syndicus der deutschen Reichsstädte genau übereinstimmt. Der Rathspensionär oder Syndicus von Antwerpen war damals Adrian Horebouts. Verachter, a. a. O.
S. 52, Z. 35. Peter Frans, der geschworene Erbschichter der Stadt. Verachter, a. a. O.
S. 53, Z. 3. belaithen ist begleiten.
S. 53, Z. 7. meister Quintines ist der berühmte Maler Quentin Massys, der als würdiger Vermittler der ältern und neuern Schule einen bedeutenden Rang einnimmt. Er wurde im Jahre 1466 geboren und zwar — wie in neuester Zeit bis zur Evidenz nachgewiesen wurde — in der Malerstadt Antwerpen. Freilich stellt man von anderer Seite die Behauptung auf, er sei in Löwen geboren; ein entschiedener Verfechter der letztern Meinung ist van Even. Wichtiges Material, eine ganze Flut von Beweisstücken, förderte jedoch der antwerpener Archivar Génard zu Tage, womit er thatsächlich die Behauptungen des vorgenannten löwener Geschichtschreibers widerlegte. Die Sage machte Quentin zum Helden eines kleinen Romans: sie erzählt nämlich, er sei ursprünglich Grobschmied gewesen, habe sich dann aber, um die Neigung seiner Geliebten und die Einwilligung ihres Vaters zu gewinnen, der Malerei gewidmet, und verdanke mithin den grossen Erfolg, den er in dieser Kunst erzielte, so recht eigentlich der — Liebe. An dieser Erzählung ist wol alles Erfindung ausser der Behauptung: Massys sei, ehe er Maler wurde, Schmied gewesen; denn mehr als ein Umstand seines Lebens ist von der Art, dieser Sage eine Stütze zu verleihen. Im Jahre 1480 hatte er sich zum ersten mal mit Alcidis van Tuylt vermählt, welche ihm vier Kinder schenkte. Im Jahre 1491 wurde Quentin als Meister in die St.-Lukasgilde aufgenommen. Nach dem Tode seiner ersten Gattin heirathete er 1508 oder in den ersten Tagen von 1509 Catharina Heyns, welche einer angesehenen antwerpener Familie entstammte. Aus dieser Ehe entsprossen zehn Kinder. Quentin war ein wohlhabender Mann und bewohnte zuerst ein Haus „den Aap (zum Affen) in Huidevetterstraat", dann kaufte er 1519 daselbst ein Haus mit grossem Garten. Ausser-

dem hatte er noch zwei schöne Häuser mit Gärten in Schutterhofstraat und siedelte in den letzten Jahren seines Lebens in eins derselben über. Quentin Massys, der in Antwerpen und in der Fremde als grosser Maler und vollentwickelter Mensch sich bedeutenden Ansehens erfreute, starb in der zweiten Hälfte des Jahres 1530. Er wurde auf dem kleinen Friedhofe von „Unser Lieben Frau", dem nunmehrigen Handschoemarkt, begraben. Das Hauptwerk des Meisters, welches schon für sich genügen würde, seinen Ruhm zu begründen und seine hervorragende künstlerische Bedeutung darzuthun, ist der Flügelaltar, welchen er 1508 um den Preis von 300 Fl. im Auftrage der antwerpener Tischlerzunft für ihren Altar in der Kirche zu „Unser Lieben Frauen" ausführte. Philipp II. von Spanien, der grosse Summen dafür bot, gelang es nicht, das Werk Antwerpen zu entführen. Im Jahre 1577 war der Rath der Stadt so glücklich, den Flügelaltar um 1500 Fl. zu erwerben, der ihn noch ferner in der Kirche aufbewahrte, bis er an das Museum zu Antwerpen überging, wo er sich heute noch befindet. Das Mittelbild stellt die Grablegung oder Beweinung Christi dar, die Flügel sind an beiden Seiten bemalt. Max Roose's, „Geschiedenis der Antwerpsche Schilderschool" (Gent 1879), aus dem Vlämischen übersetzt von Reber (München 1881, S. 34—60). Oskar Eisenmann, „Quentin Massys" (Dohme's „Kunst und Künstler"), No. 15 u. 16, S. 23—40. P. Génard, „Nasporingen over den geboortplaats en de familie van Quinten Massis" (Antwerpen 1870).

S. 53, Z. 8. drey schüsspläze, zwei derselben waren da gelegen, wo sich heute der brabantsche Kornmarkt und das neue Theater befinden, einer unweit der alten Tapezierer- und der Schützenstrasse. Diese Schiessgärten wurden 1552 durch Gillibert van Schoonbeke umgebaut, der selbst noch einen Theil der Gebäude an dieser Stätte aufführen liess. Verachter, a. a. O.

S. 53, Z. 9. Staiber, Lorenz, welchen Dürer auf seinem Wappen (Holzschnitt) „R. kaiserlichen u. hispan. königl. Majest. Diener" nennt. Er ist nicht zu verwechseln mit dem Fuhrmann Hans Staber. Joh. Neudörfer nennt den Lorenz Staiber einen grossen Künstler im Orgelschlagen und erwähnt seine Freundschaft mit dem Illuministen Jakob Elsner. Staiber gehörte einer ehrbaren, aber nicht rathsfähigen Familie an und war der Sohn des Hans Staiber, eines reichen Kaufmanns, in dessen Besitz schon 1506 und noch 1517 das grosse, vorher Paumgärtner'sche Haus am Markt war. Als Inhaber werden 1519 seine Söhne, Sebald und Lorenz, genannt. Während der ältere Sebald das väterliche Geschäft übernahm, begab sich Lorenz, den dieser Wirkungskreis nicht befriedigte, auf Reisen. Im Jahre 1509 hatte er bereits Magdalena, die Tochter des Patriciers Hanns Rumel, geheirathet. K. Heinrich VIII. schlug ihn zum Ritter und betraute ihn, als er von England nach Nürnberg zurückkehrte, mit einer Botschaft an den Rath der Stadt. Mit Wolf Stromer hielt er 1528 ein Gesellenstechen ab. In Nürnberg waren verschiedene Häuser im Besitze Staiber's; bei Besitzveränderungen wird sein Name öfters genannt. Gegen das Ende seines Lebens zu trat er als Amtmann von Camerstein in markgräfliche Dienste. Sein Todtenschild ist noch heute in der sogenannten Ritterkapelle zu Kloster Heilsbronn zu sehen. Vgl. unsere Anm. für S. 66, Z. 12. Lochner, „Joh. Neudörfer's Nachrichten von Künstlern und Werkleuten", 1878, S. 140.

S. 53, Z. 9. factor von Portugal, also der officielle Vertreter oder Consul des Königs, war der Portugiese Francisco Brandan. Die portugiesische Factorei gehörte zu den bedeutendsten ausländischen Handelsgeschäften. Sie bestand seit 1503. Die Stellung dieser Factore, welche ohne Unterbrechung einander bis zur Eroberung Portugals durch Philipp II. folgten, scheint der ähnlich gewesen zu sein, welche die Consuln unserer Tage einnehmen.

S. 53, Z. 12. ein zincken weiss corelln, d. i. eine Zacke, ein Zweig weisser Korallen.

S. 53, Z. 16. könig Carl ist Kaiser Karl V., dessen feierlicher Einzug am 23. September 1520 in Antwerpen gehalten wurde. Man traf eine Reihe von grossartigen Vorbereitungen zu diesem Feste; unter anderm hielt man auch Rath, um den Kaiser ein Geschenk von 20000 Kronen zu überweisen. Verachter, a. a. O.

S. 53, Z. 18. gaden sind Stockwerke.

S. 53, Z. 19. kammerspiehl ist Schauspiel. (S. Anm. für S. 62, Z. 18.)

S. 53, Z. 20. Auch wird man das als vol darzu brennen. Murr und Campe haben diesen Satz ausgelassen. Dürer wollte wol damit sagen: Auch wird man das alles voll dazu brennen, d. i. ein Feuerwerk anzünden. „Als" steht nicht selten für alles und so auch hier. (Das Weitere siehe Anm. für S. 62, Z. 18.)

S. 53, Z. 22. Portugales nennt Dürer den Factor von Portugal, Francisco Brandan.

S. 53, Z. 23. **Alexander Imhoff** war der Sohn des Veit Imhof und der Catharina Starckin von Reckenhof, stammte also aus dem alten adeligen nürnberger Geschlechte. Er war 1501 in Nürnberg geboren und starb unvermählt am 8. August 1546. Biedermann, a. a. O.

S. 53, Z. 24. **kleine passion** ist die sogenannte kleine Holzschnittpassion in 37 Blättern. Bartsch 16—52. Im Jahre 1511 ist sie als Büchlein erschienen. Es könnten diese Darstellungen aus der Heilsgeschichte von der Erschaffung des ersten Menschenpaares bis zum allgemeinen Weltgericht ohne alle Anmassung die Dürerbibel heissen. Der Preis, um welchen Dürer die Passion verkaufte, ist augenscheinlich ein sehr geringer.

S. 53, Z. 25. **grosse bücher.** Damit bezeichnet Dürer die Apokalypse, die grosse Passion in 12 Blättern, Bartsch 4—5, und das Leben Mariae.

S. 53, Z. 25. **gestochene passion** oder Kupferstich-Passion ist die Folge von 16 Blättern, welche in den Jahren 1508—13 entstand. Bartsch 3—18. Sie ist ohne Text erschienen und scheint überhaupt niemals in Buchform ausgegeben worden zu sein.

S. 53, Z. 26. **halb bogen, viertel bögenle, grosse bogen.** Diese Grössenangaben beziehen sich auf die Kupferstiche. Der Bogen, auf welchem Dürer seine Platte druckte, kam in der Grösse nahezu unserm heutigen Kanzleiformate gleich. Die breiten weissen Ränder, mit welchen ursprünglich alle Dürer'schen Kupferstiche versehen waren, wurden in der Folge meistens abgeschnitten. Es ist daher nicht zu verwundern, wenn sich dieselben nur an sehr wenigen Exemplaren erhalten haben. Aber diese wenigen Exemplare sind auch hochgeschätzt und werden theuer bezahlt. Vgl. Thausing, a. a. O.

S. 53, Z. 27. **orth** ist der vierte Theil eines Guldens.

S. 53, Z. 28. **für ein ort und 5 ℔** Murr und Campe haben diese Worte weggelassen.

S. 53, Z. 30. **auf ein tüchlein ein gemahlt Marienbild.** Es war dasselbe in Wasser- oder Leimfarben auf feine ungrundirte Leinwand gemalt. Ueber diese Maltechnik spricht sich Moriz Thausing eingehender aus a. a. O., S. 206.

S. 53, Z. 32. **Felix Lautenschlager.** Es ist dies Felix Hungersberg, der kaiserliche Hauptmann, welcher nach Dürer's Ausspruch einer der besten Lautenschläger war. Nach einer Conjectur Thausing's ist uns dies Porträt in einer Federzeichnung in der Albertina erhalten. Hungersberg ist als ein hagerer bärtiger Mann mit langem Halse und einem erblindeten Auge dargestellt, er trägt ein Baret mit weiter, geschlitzter Krempe über dem Haarnetze. Auf der einen Seite der Zeichnung befindet sich die Aufschrift von Dürer's Hand: „Das ist hawbtman Felix der köstlich lawten schlaher", zur andern die Jahreszahl 1520 und das Monogramm Dürer's.

S. 53, Z. 34. zu waisen, darvon zu bereiten. Diese Ausgabe entstand dadurch, dass Dürer die gekauften Tafeln auch grundiren und zubereiten lassen musste.

S. 53, Z. 35. Alexander, goldschmiedt. Nach der Vermuthung M. Thausing's ist es der Goldschmied Alexander van Brugsal (von Bruchsal), dessen Name zuerst 1505 in den antwerpischen Bürgerbüchern vorkommt. Von ihm wissen wir, dass er nicht allein seiner Kunst emsig oblag, sondern auch nebenbei Sinn für die Betreibung von Geldgeschäften hatte. Der einzige Goldschmied seines Namens um diese Zeit war er übrigens nicht, denn 1516 wurde ein anderer Goldschmied Alexander in die St.-Lukasgilde eingetragen. Thausing, a. a. O. Pinchart, „Les historiens de la peinture Flamande, Annotations à Crowe et Cavalcaselle, Les peintres Flamands", 1862, S. 297.

S. 54, Z. 1. meister Joachim ist Joachim de Patinir, welcher — wie meistens angenommen wird — zu Dinant im Bisthum Lüttich das Licht der Welt erblickte. Er wurde 1515 in Antwerpen als Freimeister der St.-Lukasgilde eingetragen. Derselbe vermählte sich daselbst in erster Ehe mit Franziska Buyst und kaufte gemeinschaftlich mit ihr am 31. März 1520 ein in Gasthuisstraat gelegenes Haus. Am 5. Mai 1521 heirathete er in zweiter Ehe Johanna Noyts, welche ihm zu den zwei Töchtern erster Ehe noch eine dritte schenkte. De Patinir starb im Jahre 1524. Von der leichtsinnigen Verleumdung eines übeln Trunkenboldes und sorglosen Verschwenders, welche ihm im ausgedehntesten Maasse zutheil ward, sprach ihn in unserm Jahrhundert hauptsächlich die Thatsache frei, dass Dürer mit keinem andern Künstler in Antwerpen einen so geselligen Verkehr hatte, als gerade mit dem übelverleumdeten Patinir. Nie und nimmer aber wäre anzunehmen, dass der nüchterne Dürer einem Trunkenbolde sich angeschlossen hätte. Patinir und Henri met de Bles, beide von den malerischen Ufern der Maas herstammend, waren die ersten Niederländer, welche der Landschaft das Uebergewicht in ihren Arbeiten einräumten. Henri de Bles, auch Civetta genannt, zeigt in seinen Werken eine auffallende Verwandtschaft mit Patinir. Man vermuthet, dass auch eine familiäre Verwandtschaft die beiden Meister aneinanderknüpfte, doch fehlen zur Begründung einer solchen Behauptung die vollgültigen Beweise. Ein Bildniss Patinir's aus dem Jahre 1521 — indess nicht das von Dürer erwähnte — befindet sich im grossherzoglichen Museum zu Weimar. Dürer hat den Meister fast lebensgross mit Naturkreide gezeichnet. Max Roose's, „Geschiedenis der Antwerpsche Schilderschool" (Gent 1879). Woltmann und Woermann, „Geschichte der Malerei", S. 520—522.

S. 54, Z. 2. ein viesirung mit halben farben. Wahrscheinlich ein Entwurf zu dem Triumphbogen in leicht colorirter Federzeichnung.

S. 54, Z. 4. die vier neuen stücklein. Damit bezeichnet Dürer die 4 damals neuesten, d. h. zuletzt vollendeten Kupferstiche. Nach seiner Angabe sind folgende 5 Stiche als neue Stücke anzusehen: Die säugende Maria, 1519, Bartsch, Nr. 36; Heller, Nr. 576; Maria von einem Engel gekrönt, 1520. B., Nr. 37; H., Nr. 537; Maria mit dem gewickelten Kinde, 1520. B., Nr. 38; H., Nr. 585; der hl. Antonius, 1519. B., Nr. 58; H., Nr. 695; der zu Markt gehende Bauer, 1519. B., Nr. 89.; H., Nr. 931.

S. 54, Z. 10. Tomasin Florianus Romanus ist der Genuese Tomaso Bombelli. Er stammte eigentlich aus Lucca. Einer der reichsten Seidenhändler Antwerpens, scheint er über bedeutende Mittel geboten zu haben. Er stand auch in den Diensten der Statthalterin, der Erzherzogin Margaretha von Oesterreich, und fungirte als deren Zahlmeister. Thausing, a. a. O. A. Henne, „Histoire du Règne de Charles-Quint en Belgique", II.

S. 54, Z. 13. der rentmeister ist, wie Dürer später selbst sagt, Lorenz Sterk, der Rentmeister von Brabant im Bezirke Antwerpen. In den Urkunden ist er von 1514—25 Obersteuereinnehmer der Domänen von Antwerpen, Herenthals und Lierre genannt. Gachard „Rapport sur les archives et la chambre de compte de Flandre à Lille." Verachter, „Albrecht Dürer in de Nederlanden" (Antwerpen 1840).

S. 54, Z. 14. ein leinen kindsköpffel ist ein auf Leinwand gemalter Kopf eines Kindes.

S. 54, Z. 15. der rören leichten hölzer eines. Zweifelsohne ist darunter ein spanisches Rohr zu verstehen.
S. 54, Z. 16. von holderkernen, Hollunderbast.
S. 54, Z. 19. herr Erasmus ist der berühmte Gelehrte, der Humanist Desiderius Erasmus von Rotterdam. Geboren am 28. October 1467, starb er am 12. Juli 1536 zu Basel, wo er im Münster begraben liegt. Erasmus wusste mit ausgebreiteter und gründlicher Gelehrsamkeit ebenso viel geläuterten Geschmack und treffenden Witz zu vereinen. Er schätzte Dürer und seine Kunst hoch und verlieh diesen Gesinnungen nicht selten Ausdruck. Erasmus war am 27. August 1520 nach Brüssel gekommen und spricht sich in einem Schreiben vom 19. Juli 1522 an seinen Freund Pirkheimer über Dürer in den wärmsten Worten aus. Er hatte den nürnberger Meister nicht nur in seinen Freundeskreis einbezogen, sondern pflegte auch ferner dieses Verhältniss. Vermittler war Wilibald Pirkheimer, mit welchem bekanntlich Erasmus häufig correspondirte. Seit 1522 wird in diesen Briefen sehr oft Dürer's aufs wärmste gedacht. (Ueber das von Dürer gezeichnete Porträt und den Kupferstich siehe eine spätere Anmerkung.) Erasmus' Verehrung für Dürer erhielt sich nicht nur bis zu dem Tode Dürer's, sie erstreckte sich auch über denselben hinaus. Als Pirkheimer des gemeinschaftlichen Freundes Hinscheiden Erasmus berichtete, erwiderte er: „Was sollen wir Dürer's Tod beweinen, da wir alle sterblich sind? Sein Epitaph gibt mein Büchlein." Das auf Dürer bezügliche ἐπικήδιον findet sich in dem 1528 bei Froben gedruckten Buche: Dialogus de recta latini graecique sermonis pronuntiatione, auctore Desiderio Erasmo Roterodamo. Vgl. Nachtrag zum Verzeichniss der Bücher-Ornamentik-Ausstellung des graner Domherrn Josef Dankó. Budapest 1882.
S. 54, Z. 19. ein spanioleins mentelle ist ein spanisches Mäntelchen.
S. 54, Z. 20. 3 conterfettisch man. Er beschenkte ihn mit drei Männerbildnissen.
S. 54, Z. 22. meister Augustin Lumbarth. Ein „maistre Augustin" erscheint von 1517—20 in der „Escuierie" des Kaisers Karl V. Vielleicht war der von Dürer Genannte ein Maler, etwa Augustin von Mailand, welcher den Bartolomeo Suardi, genannt Bramantino zum Lehrer hatte und scheinbar mit dem Agostino delle Prospettive identisch ist. Thausing, a. a. O. Nach dem Geschenke

Dürer's sollte man allerdings meinen, Augustin Lumbarth gehörte der gelehrten Welt an.

S. 54, Z. 23. die 2 thail imaginis. Murr setzt coeli hinzu; in den „Reliquien" ist coeli mit Parenthese versehen. Dürer bezeichnet damit die beiden Holzschnitte: Imagines coeli septentrionalis und meridionalis. Bartsch, Nr. 151 u. 152; Heller, Nr. 1924 u. 1925. Die Holzschnitte waren dem Cardinal Matthias Lang, Coadjutor des Bisthums Salzburg, gewidmet. Johann Stabius und Conrad Heinfogel hatten dazu die nöthigen Angaben geliefert. Die „Imagines" waren mit dem Privilegium des Kaisers Maximilian vom Jahre 1515 versehen.

S. 54, Z. 23. den wahlen, den Wälschen, den Italiener.

S. 54, Z. 24. Opitius. War vermuthlich ein Kaufmann aus Italien, der in Antwerpen seine Handelsgeschäfte betrieb. Murr scheint Näheres über diesen Mann gewusst zu haben, denn er hatte ihn mit einer Anmerkung bedacht.

S. 54, Z. 26. Das sind 4 mal, i. e. das sind vier Mahlzeiten. Zwei für Mittag nämlich und zwei für Abends.

S. 54, Z. 26. unser frauen kirchen zu Antorff u. s. w., die Kathedrale, ein grosser gothischer Bau, wurde im Jahre 1352 zu bauen begonnen mit einem Thurm „von zierlich gehauenen Steinen", wie Guicciardini sagt, von welchem aus sich nicht nur eine Rundschau über die Stadt darbietet, sondern der auch einen Blick auf ferner gelegene Städte gewährt. In dem Thurme befanden sich an grossen und kleinen Glocken nicht weniger als 33. In der Albertina befindet sich eine Darstellung dieser Kirche mit der Inschrift: „Grosskirch zu Antorff 1514", es ist jedoch nichts von der Hand Dürer's, an derselben.

S. 54, Z. 31. abtei zu St. Michael, ein Prämonstratenserorden, war in der That sehr reich und grossartig. In der Grahl'schen Kunstsammlung in Dresden befindet sich eine Zeichnung Dürer's, eine Ansicht von Antwerpen, auf welcher auch die Abtei zu St.-Michael dargestellt ist. Darüber steht von Dürer's Hand: „St. Michells Abdey". Eine andere, im Besitze des Herzogs von Aumale befindliche Handzeichnung aus dem Skizzenbuche Dürer's lässt den Thurm von St.-Michael hoch aus der Häusermasse hervorragen; oben stehen die Worte: „Sant Michell zu antorff". Daneben befindet sich das Bildniss eines jungen Mannes mit der Anzeige seines Alters: „1520. XXIIII."

S. 54, Z. 33. kostung, Kosten.

S. 54, Z. 34. Nicolaum, ein astronomus. Es ist dies Nikolaus Kratzer, Mathematiker und Astronom Heinrich's VIII., lehrte 1517 zu Oxford und wurde auch von Hans Holbein 1528 gemalt. Dieses sehr gute Bildniss befindet sich gegenwärtig im Louvre, dagegen ist die Zeichnung Dürer's scheinbar verloren gegangen. Kratzer war mit Erasmus von Rotterdam gut befreundet und befand sich oft in der Gesellschaft desselben. Hausman sah in der Wolff'schen Sammlung zu Bonn ein Exemplar des Kupferstiches Dürer's, Erasmus darstellend, auf welchem Kratzer in lateinischer Beischrift angemerkt hatte, er sei gegenwärtig gewesen, als Dürer Erasmus gezeichnet habe. Für das freundschaftliche Verhältniss zwischen Kratzer und Dürer sprechen die von Thausing (a. a. O., S. 463) veröffentlichten Briefe.

S. 55, Z. 3. jungfrau Juten. Im Manuscripte steht „Suten". Dieser Name muss aber offenbar verschrieben sein. Murr und Campe drucken es stillschweigend nach; Thausing tauft sie in „Zutta" um. Wir haben diese Aenderung deshalb schon im Texte vorgenommen, weil hier zweifelsohne eine falsche Lesung von Seite Hauer's vorliegt. Nach der Ansicht Thausing's gebrauchte Dürer den Accusativ Suten, der nur auf eine abgekürzte genuesische oder venetianische Namensform schliessen liesse. Doch mag darüber noch ein Zweifel erlaubt sein. Denn Jute, Jutta ist Johanna, und eine Verwechselung der Buchstaben J und S ist gewiss bei Hauer nicht so undenkbar. Uebrigens mag ihm, dem Nürnberger, „Sute" auch bekannt geklungen haben. In dem mühlhauser Fastnachtsspiel von 1480 nennt der Verfasser, der Messpfaff Theodor Schernbergk, die Päpstin Johanna mit dem Namen „Frau Jutte". Vgl. Kinkel, „Zeitschrift für bildende Kunst", XIV, 385. Thausing, a. a. O.

S. 55, Z. 3. Hans Pfaffroth. Vermuthlich war er ein Kriegsmann. Ein Bildniss desselben, jedoch Federzeichnung, besitzt Maler Bendemann in Düsseldorf, welches von Dürer's Hand die Aufschrift führt: 1520. Hans Pfaffrot van Dantzgen ein Starkmann.

S. 55, Z. 10. am sondag nach unser liben frauentag himmelfarth, der 19. August.

S. 55, Z. 15. gross köstlich stangkirzen sind Stangenkerzen, d. h. ziemlich dicke, oft reich verzierte Holzstäbe, an welchen oben eine Kerze befestigt ist.

S. 55, Z. 18. dis ward als hart geplasen, soll heissen: Dies ward alles kräftig geblasen.

S. 55, Z. 19. zeilweiss. Sie gingen also in geraden Reihen oder Linien, d. i. zeilenweise. Der Gebrauch von Zeile für Reihe ist im 16. Jahrhundert häufig.

S. 55, Z. 24. nahrung, Ernährung.

S. 55, Z. 28. ein ganze roth, d. i. eine ganze Rotte. Murr und Campe drucken rott.

S. 55, Z. 33. sehnlich, rührend.

S. 56, Z. 2. Jhu ist Abbreviatur für Jesu.

S. 56, Z. 8. reident. Bei Campe fehlt dies Wort, dagegen steht es bei Murr. Thausing hat es, der Ausgabe Campe's folgend, weggelassen.

S. 56, Z. 12. forder hübsch. Murr druckt es nach dem Texte, Campe modelt es in sonder um, Thausing übersetzt es in besonders. Forder hübsch ist vorzüglich hübsch.

S. 56, Z. 13. rit. Murr und Campe setzen: „ritten".

S. 56, Z. 19. Fockernhauss steht heute noch auf der Steenhouwers-rest, w. 4. Nr. 794, es ist indess ganz verändert. Die augsburger Fugger waren im Jahre 1505 nach Antwerpen gekommen. Verachter, a. a. O., S. 44.

S. 56, Z. 23. harass. Murr übersetzt es ohne weiteres in „Damast". Der Harrass ist ein Gewebe aus Seide, Wolle und leinenem Garn. Es hat dasselbe seinen Namen von der Stadt Arras in der Grafschaft Artois.

S. 56, Z. 23. höcken. Hauer hat, wol irrthümlich, hölly geschrieben. Höcke ist Mantel. Siehe Anm. für S. 60, Z. 9.

S. 56, Z. 25. frauenkopffpüntlein. Darunter versteht Dürer Frauenkopfbinden, also Stirnbänder.

S. 56, Z. 27. signor Ruderisco. Murr druckt Ruderigo, Campe Ruderico, Thausing Roderigo. Rodrigo Fernandez war ein sehr reicher Kaufmann und versah im Jahre 1528 die Stelle eines Factors der portugiesischen Nation. Am 8. Januar des nämlichen Jahres erwarb er das prächtige Haus van Immerseele, später das Vetkot genannt, welches in der Lange-Nieuwstraet (w. 2. Nr. 1468) stand. Es war damals im Besitze des Jan van Immerseele und seiner Gemahlin Maria Delannoy. Die vom Markgrafen 1496 erbaute Kapelle ist heute noch erhalten. Verachter, a. a. O., S. 44.

S. 56, Z. 29. zuckerkanden ist Zuckerkand, Candiszucker.

S. 56, Z. 30. zuckerpenet ist Penidzucker, Gerstenzucker.

S. 57, Z. 1. Gillgen i. e. Gilge oder Gilgen, ein aus Aegidius verunstalteter Eigenname.

S. 57, Z. 2. **meister Conrad** ist Conrad Meyt, der unstreitig zu den tüchtigsten Bildhauern seiner Zeit zu zählen ist. Geboren in der Schweiz, kam er schon frühzeitig nach den Niederlanden, wo er sich 1514 verheirathete. Er war am Hofe der Statthalterin Margaretha bedienstet und wird 1525 als „maistre tailleur de pierre de ma dicte dame" angeführt. In den Registern der St.-Lukasgilde von Antwerpen erscheint er 1536 als „Meister Konrad, Bildhauer". Zu seinen vorzüglichsten Werken gehören die Statuen, mit welchen Margaretha 1526 ihr in der Kirche zu Brou befindliches Grabmal schmücken liess. Bei diesem gestaltet sich die Arkade aufs prachtvollste zu einem vollständigen Baldachin, welcher nämlich nicht blos die architektonischen Formen des ausschweifendsten Flamboyantstils zeigt, sondern auch mit mancherlei Statuetten von Meister Conrad's Künstlerhand und mit wappenhaltenden mittelalterlichen Engeln im Stil der flandrischen Schule geziert ist. Für Philiberte von Luxemburg, die Witwe Johann's II. von Chalon, fertigte er die Grabmäler des Gatten und des Sohnes an: sie befinden sich in der Franziskanerkirche von Lons-le-Saulnier in Burgund. Die tongerloo'er Abteikirche besitzt drei Sibyllenstatuen Meyt's, welche an dem prächtigen Tabernakel der Kirche angebracht sind. Thausing, a. a. O. Quinsonas „Matériaux", III, 289, 410. Pinchart, a. a. O. Lübke, „Geschichte der Plastik", II, 784.

S. 57, Z. 3. **des kaisers tochter, frau Margareth** (Campe druckt: „des Kaisers Maximilian" u. s. w.) Erzherzogin von Oesterreich, Tochter Maximilian's I. und der Maria von Burgund. Sie war am 10. Januar 1479 zu Gent geboren, kam sogleich nach dem Tode ihrer Mutter als Kind an den französischen Hof, um dort erzogen zu werden, weil sie zur Gattin des Dauphins, des nachherigen Königs von Frankreich, Karl VIII., vertragsmässig bestimmt war. Nachdem dieser sie durch schimpfliches Verschmähen tief gekränkt hatte, kehrte sie 1493 an den Hof ihres Vaters zurück und wurde 1497 mit dem Erben von Castilien, Don Juan, dem Prinzen von Asturien, vermählt. Während eines heftigen Sturmes auf der Fahrt nach Spanien fertigte sich die Prinzessin folgende Grabschrift:

> Cygist Margot, la gente demoiselle,
> Qu'eust deux marys et si morut pucelle.

> Hier ruht Marg'reth, die holde Maid,
> Noch Jungfrau, und doch zwier gefreit.

Diese sturmbewegte Fahrt war ein Bild ihres Lebens. Sechs Monate nach der mit aller Pracht gefeierten Hochzeit starb der Prinz von Asturien im Alter von 20 Jahren. Margaretha blieb nun nicht mehr lange am ernsten und strengen castilischen Hofe, sondern kehrte in ihre flandrische Heimat zurück. Im Jahre 1501 vermählte sie sich mit dem Herzog Philibert von Savoyen; sie verlor indess auch diesen Gemahl schon nach einer vierjährigen glücklichen, aber kinderlosen Ehe und ward so schon vor ihrem 25. Jahre zum zweiten mal Witwe. Nachher blieb sie unverheirathet. In gerechter Würdigung ihrer hohen Geistesgaben übertrug 1507 der Kaiser seiner Tochter die Regentschaft in den Niederlanden. Als Statthalterin erwarb sie sich durch politische Klugheit und durch weise Leitung der innern Staatsangelegenheiten den Namen einer hochbedeutenden und geistreichen Frau. Besonders bekannt ist sie durch den 1529 geschlossenen Frieden zu Cambray, welchen man den Damenfrieden zu nennen pflegt, weil er von der Mutter des Königs von Frankreich und der Margaretha von Oesterreich geschlossen wurde. In Mecheln residirte sie und erzog daselbst ihren Neffen Karl V. In ihren Mussestunden, frei von den drückenden Staatsgeschäften, gab sie sich den schönen Künsten hin und führte ebenso gewandt den Pinsel wie die dichtende Feder. Sie starb zu Mecheln am 1. December 1530 und wurde in der Kirche zu Brou an der Seite ihres zweiten Gemahls begraben. Im Jahre 1850 ward ihr in Mecheln ein Denkmal errichtet. Ihre geistreichen Reden und Gedichte sammelte Jean Lemaire in seiner „Couronne Margaritique", 1549.

S. 57, Z. 4. Hieronimus im gehaiss. Dürer meint damit seinen Kupferstich aus dem Jahre 1514: Hieronymus in der Zelle, Bartsch, Nr. 60; Heller, Nr. 756.

S. 57, Z. 4. Melancholj (Campe druckt: Melanckolj), ein Kupferstich des Meisters, ebenfalls aus dem Jahre 1514. Bartsch, Nr. 74; Heller, 846.

S. 57, Z. 4. die drei neuen Marien sind die Kupferstiche: Die säugende Maria, 1519, Bartsch, Nr. 36; Heller, Nr. 576; Maria von einem Engel gekrönt, 1520, Bartsch, Nr. 37; Heller, Nr. 537. Maria mit dem gewickelten Kinde, 1520, Bartsch, Nr. 38; Heller, Nr. 585.

S. 57, Z. 5. den Antonium, Kupferstich aus dem Jahre 1519; Bartsch, Nr. 58; Heller, Nr. 695.

S. 57, Z. 5. die Veronicam ist der Kupferstich aus dem Jahre 1513. Bartsch, Nr. 25; Heller, Nr. 467.

S. 57, Z. 6. ein Eustachium, der umfangreichste unter den Dürer'schen Stichen. Bartsch, Nr. 57; Heller, Nr. 727.

S. 57, Z. 6. ein Nemesin, gewöhnlich das „grosse Glück", die „grosse Fortuna" genannt. Bartsch, Nr. 77; Heller, Nr. 893. Vgl. Hausmann, „Welcher Kupferstich von Albrecht Dürer ist die Nemesis? Archiv für die zeichnenden Künste", 1856. Kinkel, „Zeitschrift für bildende Kunst", XVI, 335.

S. 57, Z. 7. sonntag vor Bartholomaej, der 19. August.

S. 57, Z. 10. am 20 tag .... am mondag vor Bartholomaej. Hauer schreibt wol aus Versehen „27 tag" und: „nach" Bartholomaej.

S. 57, Z. 15. Adam und Eva. Ein Dürer'scher Kupferstich aus dem Jahre 1504. Bartsch, Nr. 1; Heller, Nr. 116.

S. 57, Z. 16. Herculem. Campe druckt Herculum. Dieser Kupferstich wird gewöhnlich mit dem Namen „die Eifersucht", oder „der grosse Satyr" bezeichnet. Ein Zweifel darüber, ob Dürer wirklich diesen Stich meint, kann nach einer Vergleichung des Kupferstiches, Bartsch 73, Heller 815, mit dem Holzschnitt, Bartsch 127, Heller 1893, nicht obwalten, da ja der letztere oben in der Mitte das Wort: „Ercules" trägt. Die mythologische Deutung dieses Blattes liegt freilich noch im Argen. Thausing erklärt es für eine freie Darstellung der Geschichte von Hercules, Nessus und Dejanira, nach irgendeiner mittelalterlichen Auffassung.

S. 57, Z. 18. die weynachten. Bei Campe steht Weyhnachten. Es ist dies der Kupferstich, die Geburt Christi, aus dem Jahre 1504. Bartsch, Nr. 2; Heller, Nr. 127.

S. 57, Z. 18. das creuz. So bezeichnet Dürer den Kupferstich vom Jahre 1508, welcher „der am Kreuze sterbende Christus" genannt wird. Bartsch, Nr. 24; Heller, Nr. 426.

S. 57, Z. 21. und den passion in kupffer. Dürer schenkte ihm also sowol die grosse und die kleine Holzschnittpassion, als auch die dritte, in Kupfer gestochene Passion. Thausing hat die obigen Worte „und den passion" unbeachtet gelassen.

S. 57, Z. 25. am sontag nach Bartolomaej, der 26. August.

S. 57, Z. 29. Wilsswort ist Vilvorde.

S. 57, Z. 31. mit meinen herren. Die Rathsherren Hans Ebner, Leonhard Groland und Niklas Haller von der nürnberger Krönungsdeputation, welche abgesandt war, um die Reichsinsignien zur Krönung Karl's V. nach Aachen zu bringen. Es war ihr auch der Auftrag zutheil, der Krönung des Kaisers beizuwohnen; sie brachte auch die Kleinodien wieder nach Nürnberg zurück. Es könnte fast fraglich erscheinen, ob die Krönungsdeputation nur aus diesen drei Mitgliedern bestand: denn der ältere geheime Rath der Stadt Nürnberg pflegte, wenn die Reichskleinodien an den Ort der Krönung überliefert werden sollten, zwei Glieder aus seinem Collegium — bisweilen freilich auch nur einen Septemvir und einen alten Bürgermeister — als Krongesandte, dann einen denselben zugeordneten Losungsrath, einen Cavalier, dem die Oberaufsicht über das Gefolge anvertraut war, acht Kroncavaliere und einen Gesandtschaftsschreiber zu ernennen. von Murr, „Beschreibung der sämmtlichen Reichskleinodien" (Nürnberg 1790).

S. 57, 32. herr Bonysius. Campe macht aus ihm ohne allen Grund den Besitzer eines reichen Handelshauses zu Mecheln. Es ist indess ohne Zweifel darunter der berühmte Jakob Bannisis, auch Bannissius, der königliche Rath, Kanonikus und Secretär Maximilian's I. zu verstehen, der ein grosses Ansehen genoss und zur Uebergabe und Befürwortung einer Bittschrift gewiss die geeignetste Person war. Jakob Bannisis, ein Sohn Paul Bannisis', am 15. October 1466 auf der dalmatinischen Insel Curzola geboren, wurde im Jahre 1498 vom Papste Alexander VI. zum Kanonikus der beiden Kapitel zu Curzola und Lesina ernannt. Im Jahre 1501 war er Secretär des Cardinals Raimund Perault, 1504 in derselben Eigenschaft bei der kaiserlichen Gesandtschaft zu Rom. Zu dieser Zeit machte Maximilian ihn zu seinem lateinischen Sekretär. Im Jahre 1512 wurde er gegen den Willen des Domkapitels zu Trient Dekan desselben. Im December 1515 wurde ihm der Besitz der Pfarrpfründe zu Roveredo übergeben, und er am 4. September 1517 zur Pfarre zu Eppau präsentirt, 1526 auch Kanonikus genannt. In einer Bulle vom 18. October 1518 wurde er zum Bischof von Lesina (Pharia) ernannt, nahm aber diese Ernennung nicht an. Der Kaiser erhob durch ein Diplom vom 28. März 1513 ihn und seine Anverwandten in den Adelstand, fügte seinem Wappen das von Dalmatien bei und nahm ihn 1515 zum Reichstage nach Worms mit. Auch bei Karl V. stand er in grossem Ansehen und erfreute sich überhaupt der mächtigsten Protectionen und Verbindungen. Mit Wilibald Pirkheimer stand er in freundschaftlichem Verhältnisse.

Jakob Bannisis, ein durch Kopf und Herz ausgezeichneter Mann, starb am 19. November 1532 zu Trient und ruht daselbst in der Pfarrkirche zu Santa-Maria Maggiore, wo nach Bonelli's „Monum.", S. 294, eine Grabschrift, in der er auch Dekan von Antwerpen genannt wird, früher zu lesen war. Joseph Bergmann, „Medaillen auf berühmte und ausgezeichnete Männer des österreichischen Kaiserstaates" (Wien 1844), Bd. 1.

S. 57, Z. 33. margraffen Hansen. Kann nur Jan von Immerseele, der Markgraf des Landes von Ryen sein, welcher von 1500—20 Bürgermeister der Stadt Antwerpen war. Marie Delannoy war seine Gemahlin. Sein prachtvolles Haus verkaufte er 1528 an den Factor der portugiesischen Nation, Rodrigo Fernandez. Die in der Nähe dieses Hauses gelegene Strasse wird noch heute Markgrafenstrasse genannt. Thausing, a. a. O. Verachter, a. a. O., S. 44.

S. 58, Z. 3. die 4 gemalten materien, die der gross meister Rudier gemacht hat. Murr druckt: Rudiger. Rudier ist Roger van der Weyden, der Sohn eines Heinrich van der Weyden. Er wurde um 1400 in Tournai geboren. Den Unterricht in seiner Kunst empfing er unter dem Namen Rogelet de la Pasture seit 1426 in Tournai von einem sonst unbekannten Localmaler Robert Campin. Der Freispruch in der Zunft erfolgte 1432. Bald nachdem er dieses erlangt hatte, siedelte er nach Brüssel über, woselbst er das Bürgerrecht sich erwarb. Roger muss rasch zu nicht ungewöhnlichem Ansehen emporgestiegen sein, da er schon 1436 als Stadtmaler in Brüssel angestellt wurde. Er hatte als „portraiteur der Stad" den amtlichen Auftrag erhalten, in einem Saale des Rathhauses, der goldenen Kammer, vier Bilder auf Leinwand zu malen, welche, schon in den ältesten Reisebeschreibungen mit Lob überschüttet, auch das Interesse Dürer's in hohem Grade in Anspruch nahmen. Es ist tief zu beklagen, dass diese Rathhausbilder bei der Belagerung Brüssels durch französische Truppen 1695 ein Raub der Flammen wurden. Während die vor diesem Jahre copirten lateinischen Inschriften, welche unter den Bildern angebracht waren, uns über den Inhalt derselben im allgemeinen belehren, geben die Burgundertapeten in Bern eine weitere Auskunft über die ungefähre Beschaffenheit derselben. Das erste Bild schilderte Kaiser Trajan, wie er einen Act der Gerechtigkeit ausübt. Auf der zweiten Leinwand war Papst Gregor der Grosse dargestellt, welcher Gott um Gnade für den gerechten Heiden anfleht. Die dritte und vierte Tafel zeigte Erkenbald, einen sagenhaften Richter des 11. Jahrhunderts, wie er seinen schuldbefleckten Neffen mit eigener Hand tödtet. Wegen dieser That verweigert ihm der Bischof die Absolution, der Sterbende zeigt ihm aber im Munde die Hostie, welche er durch ein Wunder empfangen hat. Pinchart, „Roger van der Weyden et les Tapisseries de Berne" in den „Bulletins de l'Academie de Bruxelles". Serie 2, Tom. XVII, 1864. Kinkel, „Die brüsseler Rathhausbilder und deren Copien in den burgundischen Tapeten zu Bern" (Zürich 1867). Ueber Roger's Lebensverhältnisse können wir mittheilen, dass er sich frühzeitig mit Elisabeth Goffaert verheirathete, welche ihn mit vier Kindern beschenkte. Er bewohnte mit seiner Familie ein Haus in der Kaiserstrasse und hatte eine Liegenschaft an der Ecke der Montagne de la cour in Brüssel, woselbst er sich lange aufgehalten haben mag; doch sprechen auch verschiedene Umstände dafür, dass er in der Zeit zwischen 1440 und 1450 in Brügge lebte. Im Jahre 1449 trat Roger eine Reise nach Italien an; längere Zeit hielt, er sich in Ferrara auf. Mit dem Pilgerstrome, welcher 1450 von allen Theilen Italiens zum Jubiläum nach Rom zog, wanderte auch der flandrische Meister nach der ewigen Stadt. Es ist unbekannt, auf welchem Wege und zu welcher Zeit Roger den Rückweg nach Belgien antrat. Als Künstler wird er urkundlich zuletzt im Jahre 1461 genannt. Roger van der Weyden starb am 16. Juni 1464 in Brüssel und wurde im Schiffe der Kirche St.-Gudula „onder eenen blauwen steen" begraben, wo auch die Ruhestätte seiner Frau ist. G. F. Waagen, „Handbuch der deutschen und niederländischen Malerschulen", 1862, Band 1. Crowe und Cavalcaselle, „History of early flemish painters", 2. Auflage. Deutsche Ausgabe von Anton Springer (Leipzig 1875). Woltmann, „Geschichte der Malerei", II, S. 29. Eisenmann, „Die Nachfolger der Brüder van Eyck" in Dohme's „Kunst und Künstler", Nr. 12—14, S. 10. Wauters, „Roger van der Weyden, ses œuvres, ses élèves et ses descendants" (Bruxelles 1856).

S. 58, Z. 4. **Ich hab gesehen ins königs hauss zu Prüssel hindern hinaus die brunnen, labyrynth, thiergarten.** Eine augenscheinlich sehr rasch hingeworfene Federzeichnung mit der Jahreszahl 1520 und dem Monogramm Dürer's befindet sich in der kaiserlichen Akademie der schönen Künste zu Wien. Sie trägt die kostbare Inschrift: „Daz ist zw Prüssel der Dirgarten und die Lust hinten aus dem Schloss hinab zw sehn."

S. 58, Z. 7. **Erasmus, ein Schreiber bei Jakob Bannisis.** Er ist nicht zu verwechseln mit Erasmus von Rotterdam. Die Supplication war an Kaiser Karl V. gerichtet und bezweckte die fernere Gewährung des Jahrgehalts von 100 Gulden.

S. 58, Z. 14. auss dem neuen gulden land, d. i. Mexico.

S. 58, Z. 18. gar. Hauer hatte „wahr" geschrieben. Eine spätere Hand, indess nicht die Murr's, hat „wahr" durchstrichen und „gar" nebenan geschrieben. Da die letztere Schreibart offenbar die richtige ist, so haben wir dieselbe beibehalten.

S. 58, Z. 30. wie hie gemalt stehet. Zweifelsohne war hier eine Zeichnung des Knochens beigefügt. Doch scheint Hauer dieselbe zur Nachzeichnung weniger geeignet befunden zu haben, als die beiden Mantelzeichnungen am Schlusse des Tagebuchs. Es ist jedenfalls zu bedauern, dass Hauer, der doch selbst Maler war, sich nicht an die Herstellung einer Copie gewagt hat. Murr hat die Worte „und hat einen solchen furm, wie hie gemahlt stehet", mit Vorbedacht weggelassen.

S. 58, Z. 32. der von Nassau ist Heinrich VIII. Graf von Nassau, aus der ältern dillenburger Linie, Sohn des Grafen Johann V. und der Elisabeth, Tochter des Landgrafen Heinrich von Hessen. Er war am 12. Januar 1483 zu Siegen geboren; sein Oheim, Engelbert II. von Nassau, leitete seine Erziehung, welche sich sowol auf das militärische als auf das staatsmännische Gebiet erstreckte. Sein Leben ist eng mit der Geschichte des Hauses Habsburg verknüpft. Schon im zwanzigsten Jahre verwaltete Heinrich die Grafschaft Vianden. Kurz zuvor hatte er sich mit Franziska von Savoyen vermählt, welche nach neunjähriger Ehe kinderlos starb. Nach dem Tode Engelbert's sah sich Heinrich als alleiniger Erbe des ansehnlichen Ländercomplexes desselben in den Niederlanden. Im Jahre 1507 ward er Oberbefehlshaber der Kriegsvölker des Königs Maximilian und Karl's in den Niederlanden, 1509 Drost von Brabant, nachdem ihm schon 1505 das goldene Vliess verliehen war. Maximilian setzte sein ganzes Vertrauen in ihn: seiner Sorge war ganz besonders der junge Karl, der spätere Kaiser, empfohlen, und so nahm er denn auch besonders Antheil an dessen militärischer Erziehung, welche ihm von Margaretha gern übergeben worden war. Karl bewahrte seinem trefflichen Erzieher stete Freundschaft und Ergebenheit. Der erste Beweis hiervon war die Gesandtschaft nach Paris, welche er im Jahre 1515 ihm übertrug. Wol das günstige Resultat derselben verschaffte Heinrich bei der Rückkehr nach Brüssel die Würde eines Statthalters von Holland, Seeland und Friesland. In der Folge erwarb er sich noch so mannichfache Verdienste um das Haus Oesterreich und erntete auch 1516, 1517 und 1521 kriegerische Lorbeern. Seine thätigen Bemühungen für Karl's V. Kaiserwahl und seine fernern Dienstleistungen haben ihm einen Platz in der deutschen Geschichte gesichert. Im Jahre 1522 legte er die Statthalterschaft über Holland nieder, um den Kaiser nach Spanien zu begleiten. Der spanische Aufenthalt sollte auch besondere Folgen für seine Person nach sich ziehen. Claudia von Châlons, Prinzessin von Oranien, mit der er sich 1515 in zweiter Ehe vermählt hatte, war 1521 mit Tod abgegangen. Den dritten Ehebund schloss er nun mit Menzia von Mendoza, Markgräfin von Cenette. Wie die erste, blieb auch diese Ehe kinderlos. Heinrich ist von nun an der stete Begleiter seines kaiserlichen Herrn und der unermüdliche Verfechter der Interessen desselben. Im Jahre 1531 treffen wir ihn in den Niederlanden als Vollstrecker des letzten Willens der Erzherzogin Margaretha, 1532 auf dem Reichstage zu Regensburg, 1534 in Spanien und 1536 als Heerführer gegen die französischen Waffen. Die letzte politische That Heinrich's scheint seine Vermittelung bei Waffenstillstandsverhandlungen Christian's III. von Dänemark mit den Holländern gewesen zu sein. Am 14. September 1538 starb dieser hervorragende Mann zu Breda nach einem vielbewegten Leben. Er hinterliess einen Sohn aus zweiter Ehe, Renatus, welchem später die reichen, oranischen Besitzungen zufielen. E. Münch, „Geschichte des Hauses Nassau-Oranien", III, 162 fg. Joachim in der „Allgemeinen Deutschen Biographie", XI, 551.

S. 58, Z. 33. **Wieder hab ich jj gessen.** Murr druckt „zweimal", um des bessern Verständnisses willen. Campe setzt das Wort in Klammern.

S. 59, Z. 3. **Jan Marini.** Hauer hatte zuerst „Maximi" geschrieben, darüber aber schrieb die collationirende Feder Marini. Murr strich das erstere Wort aus. Der „pfenningmaister" der Frau Margareth war nach einer Mittheilung Pinchart's an Moriz Thausing Jan de Marnix, Herr von Marnix und Toulose, also der im Testamente Margarethens aufgeführte Rath, Schatzmeister und Generaleinnehmer der Finanzen. Marnix bekleidete diese Stellung bis zum Tode der Statthalterin und wurde dann einer ihrer Testamentsexecutoren. In der „Ordonnance de Charles" erscheint er 1515 als „secrétaire toujours compté à XII sols par jour". M. Gachard, Journal des voyages de Charles.

S. 59, Z. 5. **Sanct Lucas tafel.** Man ist darüber noch nicht einig, welches Gemälde Dürer darunter versteht. Crowe und Cavalcaselle vermuthen, dass das in der münchener Pinakothek befindliche Werk von Roger van der Weyden, den heiligen Lukas darstellend, damit gemeint ist. Dieses Lukasbild ist 1814 von den Brüdern Boisserée in Brüssel käuflich erworben worden und stammt angeblich aus einer Kapelle, in welcher die St.-Lukasgilde alljährlich einer Messe beiwohnte. Im Laufe der Jahre vergass man den richtigen Meister und taufte das Bild nach dem klangvollsten Schulnamen: Jan van Eyck. Doch ist dieses Bild anerkanntermassen eine würdige Schöpfung van der Weyden's. Ganz anderer Ansicht ist indess Thausing. Er führt aus, dass unter „St.-Lukas Altartafel" nicht etwa eine Darstellung des heiligen Lukas von dem eben genannten Meister zu verstehen ist, sondern ein Altarbild, dessen Urheberschaft man auf den Evangelisten Lukas selbst zurückführte. Solcher angeblichen Urbilder gab es damals allerdings die Menge. Die Erzherzogin Margaretha besass neben einem Bildnisse Christi, „nach dem Leben gemalt", auch eins der heiligen Jungfrau, „gemalt von Sanct-Lukas". Vielleicht war es dasselbe, welches Dürer betrachtete. Thausing, „A. Dürer", S. 420. Léon de Laborde, „Inventaire des tableaux etc. de Marguerite de Autriche" (Paris 1850). Diese Ansicht Thausing's verdient die vollste Würdigung und hat die Wahrscheinlichkeit weit mehr für sich, als die oben reproducirte Vermuthung Crowe's. Wir zweifeln auch nicht, dass, wenn Dürer das Sanct-Lukasgemälde des Roger van der Weyden gesehen, er auch diesmal des Meisters gedacht hätte. Ist auch dieser Punkt im Tagebuche noch nicht derart aufgeklärt, dass eine über jeden Zweifel erhabene Ansicht in seinem Betreff herrscht, so kann doch die Aufstellung Thausing's mit gutem Rechte Anspruch auf Beachtung erheben.

S. 59, Z. 6. **in des von Nassau hauss, do hab ich gesehen das gut gemähl in der capellen, das meister Hugo gemacht hat.** Hauer hatte hier wie S. 58, Z. 32 „des von Nassen hauss" geschrieben; die Correctur stammt von der Hand Böhmer's. Meister Hugo ist Hugo van der Goes, entstammt aus einer alten Malerfamilie. Es bleibt ungewiss, ob er in Gent, oder ob er in Brügge, oder in Antwerpen geboren ist — jede dieser Städte hat ein Zeugniss für sich. Doch wird die erstgenannte gewöhnlich als der Geburtsort des Meisters genannt. Auch wird die vielfach ausgesprochene Meinung, er sei ein Schüler des Jan van Eyck, durch keine Thatsache gestützt. Gewiss ist indess, dass er sowol in Brügge als in Gent seine künstlerische Thätigkeit entfaltete. In letzterer Stadt erwarb er sich 1465 das Meisterrecht und bekleidete auch in der dortigen St.-Lukasgilde, als deren Mitglied er von 1465—75 erwähnt wird, verschiedene Ehrenämter. Mehrfach in Diensten seiner Vaterstadt thätig, wird er 1468 auch von der Stadt Brügge beim Einzuge Karl's des Kühnen und Margaretha's von York zu decorativen Arbeiten beigezogen. Gegen das Ende seines Lebens trat van der Goes in das Augustinerkloster zu Roodendale (Rooden Clooster) bei Brüssel, mit welchem Schritte er aber keineswegs der Kunst Valet sagte. Er starb im Jahre 1482 in dem erwähnten Asyle. Das einzige historisch beglaubigte Bild dieses hervorragenden Meisters ist noch gegenwärtig auf seiner ursprünglichen Stelle, im Hospitale St.-Maria nuova in Florenz, aufbewahrt. Es wurde im Auftrage von Tomaso Portinari, dem Agenten des Hauses Medici in Brügge, bestellt. „Das gut gemähl", welches Dürer sah, war sicher die Darstellung der sieben Sakramente von Hugo van der Goes. Das nassauer Haus wurde 1568 auf Alba's Befehl sequestrirt, bei diesem Anlass ein Inventar aufgenommen, in welchem es heisst: „quatre grandz tableaux de peinctures, contenant les sept saintz sacramens et ung crucifix." Im Inventare 1618, nach dem Tode des Grafen von Buren, des ältesten Sohnes des Prinzen von Oranien, aufgenommen, wird dasselbe Bild wieder bezeichnet; nun aber ist es verschollen. Pinchart, „Annot.", p. CCLXVII.

S. 59, Z. 12. leit hoch, d. i. liegt hoch.

S. 59, Z. 14. maister Bernhart ist der Maler Barend van Orley. Als Sohn des 1466 geborenen Malers Valentin van Orley zu Brüssel zwischen 1488 und 1490 zur Welt gekommen, wurde er 1518 zum Hofmaler Margaretha's von Oesterreich ernannt, 1527 wegen Ketzerei verurtheilt und aus dem Hofdienste entlassen, 1532 aber von Maria von Ungarn in Gnaden wieder angestellt. Er starb 1541. Die Statthalterin Margaretha setzte grosses Vertrauen in ihn und belohnte auch seine Leistungen königlich. Dass er auch für Karl V. thätig gewesen, berichtet Karel van Mander. Gänzlich unbegründet ist, dass er in Rom in Rafael's Schule gelernt habe, indess ist es nicht unwahrscheinlich, dass er sich zwischen 1527 und 1532, also nach seiner Absetzung und vor seiner Begnadigung, zu Rom aufhielt. In seiner ersten Stilperiode knüpft Orley an Gerhard David an, was jedoch ein Mitverwerthen seiner Erfahrungen in der italienischen Compositionsweise und Formengebung nicht ausschliesst. Viel entschiedener geht Orley während der mittlern Periode seines Schaffens auf die italienische Formensprache ein. In seiner letzten Epoche endlich ist die Absicht, den Stil der römischen Schule nachzuahmen, ganz unverkennbar. Pinchart, a. a. O. Woltmann und Woermann, „Geschichte der Malerei", S. 515. M. Rooses, a. a. O. Alex. Wauters, „Bernard van Orley, sa famille et ses œuvres" (Bruxelles 1881).

S. 59, Z. 19. de Meteni. Nach einer brieflichen Mittheilung Pinchart's an M. Thausing ist dies Jehan de Metenye oder Meteneye, früher Stallmeister, Oberbrotmeister und Rath Karl's V., Bürgermeister von Brügge 1517—20, damals und lange Zeit hindurch Obersthofmeister des Kaisers. Thausing, a. a. O.

S. 59, Z. 20. Puscleidis. Hauer schreibt Pusfladis, und Murr und Campe drucken es ihm stillschweigend nach. Thausing ist zuerst der Ansicht, dass dieser Name Busleyden, auch Buscleiden geschrieben, heissen soll. Aegidius oder Gillis de Busleyden war Rath und Vorstand der Rechnungskammer von Brabant. Es ist sehr wahrscheinlich, dass sich Thausing hier auf der richtigen Fährte befindet; wir nahmen deshalb keinen Anstand, seine offenbare Verbesserung in unsern Text aufzunehmen.

S. 59, 26. maister Bernhart mit dem kohln conterfeit. Vielleicht hat Dürer nach dieser Zeichnung das prächtige, von 1521. datirte Oelgemälde gefertigt, welches sich in der dresdener Galerie (Nr. 1725) befindet. Auf einem Briefe, den Bernhart in der linken Hand hält, liest man die Zeilenanfänge „Den Pernh zw...."'. Dass diese Worte sich auf Bernhart van Orley beziehen, wird augenblicklich klar, wenn man das Oelgemälde und den den brüsseler Maler darstellenden Kupferstich von Wierix vergleicht.

S. 59, Z. 27. Ich hab den Erasmum Roterodam noch einmahl conterfet. Campe druckt Erasmus. Heller meint, früherhin sei dies wahrscheinlich zu Nürnberg geschehen, da sich Erasmus dort 1518 aufhielt. Dies ist aber ein Irrthum; denn aus der Erasmus'schen Correspondenz von 1518 kann nachgewiesen werden, dass er sich fast das ganze Jahr in den Niederlanden aufhielt. Die von Dürer oben erwähnte Zeichnung aus dem Jahre 1520 kam glücklicherweise auf unsere Tage. Sie wird in der Gigoux'schen Sammlung zu Paris aufbewahrt. Ch. Ephrussi hat sie in seinem Werk über Dürer herausgegeben und beschrieben. Joseph Dankó gebührt das Verdienst, die Frage nach dem Ursprunge und der Ausführung des bekannten Kupferstichs von Dürer, Erasmus darstellend, eingehend behandelt, ja ziemlich erschöpft zu haben. Nach diesen interessanten Ausführungen wurde 1525 von Erasmus an Pirkheimer die Bitte gestellt, Dürer, der grosse Künstler, möge mit Hülfe der in Brüssel aufgenommenen Kohlenzeichnung und einer Bronzemünze aus dem Gedächtniss sein Porträt in Kupfer stechen. (Bartsch Nr. 107; Heller Nr. 1047.) Nachtrag zum Verzeichnisse der Bücher-Ornamentik-Ausstellung des graner Domherrn Josef Dankó.

S. 59, Z. 29. **ein sizenden Hieronymum.** Damit meint Dürer zweifelsohne den Kupferstich aus dem Jahre 1514, „Hieronimus in der Zelle", welchen er sonst „Hieronimus im gehaiss", oder „einen gestochnen" nennt. Bartsch 60; Heller 756.

S. 59, Z. 31. **haben mir nichts geben.** Im Manuscripte steht deutlich: „hab ich mir nichts geben". Murr und Campe stellten diesen offenbaren Lesefehler Hauer's sogleich richtig.

S. 59, Z. 32. **zween Eulenspigel.** Darunter ist durchaus nicht der Kupferstich des Lukas von Leyden zu verstehen, sondern zwei Exemplare des „Die Eulenspiegel", dessen strassburger Ausgabe von 1519 Thomas Murner besorgt hatte. In einer hauptsächlich gegen den letztern gerichteten Satire heisst es nämlich in Bezug auf ihn: „dann er hat es vor wol bewert, besunder da er für sich nam und auss seiner hochen scharpfen sinnigen speculaz der welt zu schöner andacht und underweisung herfür gebracht hat die hoch ergründten leer mit namen die narrenbeschwerung, die schelmen zunft, der Gret millerin jartag auch den Ulenspiegel und andre schöne büchle mer, darin er freilich wenig auss der bibel alligiert. so hat er auch nit vil weder kriechisch noch kalleischer sprach darzu gebraucht." Dürer hätte gewiss bemerkt, wenn es der Kupferstich Lukas von Leyden's gewesen wäre, auch wäre der Preis dieses Folioblattes — 1 stüber für zwei Exemplare — unverhältnissmässig gering. Heller, Handschriftliche Mittheilungen.

S. 59, Z. 34. **am sondtag nach S. Gilgentag,** der 2. September.

S. 59, Z. 35. **Hans Ebner,** entsprossen aus einem der ältesten rathsfähigen adeligen Geschlechter, war einer der nürnbergischen Krongesandten. Er kam 1512 in den Rath, ward 1526 alter Bürgermeister, 1536 Septemvir, 1544 oberster Waagherr und endlich 1550 dritter oberster Hauptmann, Ritter des heiligen römischen Reichs und Rath des Kaisers. Am 3. März 1553 starb er. Seine Gemahlin Ursula war eine geborene Harssdörfferin. Geboren am 18. März 1487, vermählte sie sich am 17. Januar 1508 und starb im Jahre 1531. Biedermann, „Geschlechtsregister des Patriciats zu Nürnberg".

S. 60, Z. 2. Hans Geuder war der erstgeborene Sohn des hochangesehenen Martin III. Geuder. Dieser war 1455 geboren und starb am 31. December 1532. Die Mutter des Hans war die Schwester Wilibald Pirkheimer's, Juliana, mit welcher sich Martin Geuder als Witwer am 13. Juli 1495 vermählt hatte. Hans Geuder kam in den Rath zu Nürnberg und erhielt in demselben verschiedene ansehnliche Aemter. Seine Gemahlin Brigitta war eine geborene Hirschvogelin. Biedermann, a. a. O.

S. 60, Z. 5. am mondag, 3. September.

S. 60, Z. 6. Portugales. Dürer meint damit wol den Consul Brandan, welcher in dem Hause von Portugal, gelegen im Kindorp, w. 2. nro 1668, seine Wohnung hatte. Die Stadt hatte es gekauft von Gillis de Schermere und am 20. November 1511 dem Factor oder Consul der vereinten Kaufmannschaft von Portugal überlassen. Im Jahre 1817 wurde das nämliche Haus zu einer Pompierskaserne eingerichtet. Verachter, a. a. O., S. 44.

S. 60, Z. 7. drey porcolona; es sind dies entweder chinesische Porzellanschalen, oder italienische Nachahmungen in Mojolica. Erstere Ansicht dürfte die wahrscheinlichere sein, denn die Portugiesen hatten damals zuerst Porzellan aus Indien mitgebracht. Vgl. Thausing, a. a. O. Campe druckt: Porzelona.

S. 60, Z. 9. Susanna, die Magd Dürer's, jedenfalls dieselbe, welche 1524 den Knecht (d. i. Gehülfen) des Meisters, Jorg, heirathete, hinter welchem man mit Grund den Gehülfen Dürer's, Georg Penz, vermuthet. Diese Ehe scheint reich an Kümmerniss und häuslichen Leiden gewesen zu sein. Schon kurz nach der Hochzeit wurde Penz als einer der „gottlosen Maler" vor Gericht gestellt und dann der Stadt verwiesen. Doch erhielt er später wieder die Erlaubniss zur Rückkehr, aber die Sorge um das tägliche Brot verliess ihn auch jetzt nicht. Wahrscheinlich starb Susanne schon nach wenigen Jahren, und Penz wählte sich eine zweite Hausfrau, Margaretha, von welcher er wahrscheinlich seinen Sohn, Egidius, hatte. Vgl. Bader,

„Beiträge zur Kunstgeschichte Nürnbergs", I, 39; II, 53. Lochner, „Neudörfer's Nachrichten", S. 137.

S. 60, Z. 9. ein höcken, d. i. ein Mantel, der auch zugleich Kopfputz der Frauenzimmer war.

S. 60, Z. 15. am mondag nach Aegydy, 3. September.

S. 60, Z. 19. indianische nuss. Hauer schreibt „uns"; Campe druckt es nach. Es ist offenbar, dass sich Hauer hier verschrieben hat, an anderer Stelle hat er ganz correct „nuss" geschrieben. Indianische Nuss ist Kokosnuss.

S. 60, Z. 20. türkische gaisel. Hauer hatte „türische" geschrieben; Murr setzte ein k hinzu und gab wol auf diese Weise dem Worte seinen ursprünglichen Laut.

S. 60, Z. 20. aber ich von neuen u. s. w. Campe druckt „hab von neuem".

S. 60, Z. 21. herrn von Rogendorff, die Söhne des Kaspar Rogendorf und der Margaretha, Tochter des Erasmus von Wildhaus, Wilhelm und Wolfgang. Wilhelm von Rogendorf, das hervorragendste Mitglied des Geschlechts, war am 20. November 1481 geboren, kam mit 13 Jahren 1494 zu Erzherzog Philipp I. als Edelknabe in die Niederlande, ward am 13. October 1504 Rath und Kämmerer und am 8. December 1507 Rath Kaiser Maximilian's I. Rogendorf fand auch Gelegenheit, seinen kriegerischen Muth und seine Talente im Felde zu erproben. Er befehligte ein Corps bei dem Schlosse Calliano gegen die Venetianer und ihre Verbündeten und überwältigte sie. Auch wurde er vom Kaiser mit verschiedenen Sendungen betraut. Am 10. December 1511 wurde er zum obersten Feldhauptmann in Italien ernannt. Wilhelm und Wolfgang waren bei Gelegenheit der im Juli 1515 zu Wien gefeierten Doppelhochzeit in Missionen und bei den Festlichkeiten thätig und theilnehmend. Im Jahre 1517 wurde Wilhelm Statthalter des Königs Karl V. in Friesland, 1518 geheimer Rath und oberster Hofmeister des Erzherzogs und Infanten Ferdinand I. Nach des Kaisers Maximilian Tod ernannten ihn dessen Enkel und Erben neben andern zu einem der Commissäre, welchen die provisorische Führung der Statthalterschaft in den österreichischen Landen anvertraut wurde. Im Jahre 1521 wurden die Brüder Wilhelm, Wolfgang und Georg von Kaiser Karl V. mit dem Titel Freiherren zu Rogendorf und Mollenburg in des heiligen römischen Reichs Freiherrnstand erhoben. Als der Kaiser nach Spanien zog, ging Wilhelm als

„oberster Feldhauptmann über alles deutsche Fussvolk" mit und focht siegreich gegen die Mauren und Franzosen. Weitere Auszeichnungen wurden ihm hierauf zutheil. Alternd zog sich Wilhelm vom Hofe zurück, um den Rest seiner Tage auf seinem Schlosse zu Gundersdorf zu verleben, wurde aber dennoch 1541 zum Generalobersten in Ungarn ernannt und ihm die Uebernahme des Oberbefehls aufgedrungen. Der unglückliche Ausgang dieses Feldzugs, in welchem er selbst tödlich verwundet wurde, war ganz geeignet, das Gestirn des schnell emporstrahlenden Hauses von Rogendorf erbleichen zu lassen. Wilhelm verfiel in ein Zehrfieber und starb im August des Jahres 1541 zu Somerein auf der Insel Schütt. Sein Leichnam ruht in der St.-Aegidienkirche zu Poeckstall. Wilhelm war seit dem 17. September 1505 mit Elisabeth, Tochter des Grafen Hans von Oettingen, vermählt. Sie starb am 31. März 1518 zu Antwerpen. Aus ihrer Ehe wären drei Söhne und eine Tochter entsprossen. Der oben erwähnte Bruder des Wilhelm, Wolfgang, war im Jahre 1483 geboren. Nach seines ältesten Bruders Siegmund Tod (angeblich noch im Jahre 1507) bis zum Jahre 1514 war er Kaiser Maximilian's Burggraf zu Steyer. Am 27. October 1527 ward er Landmarschall in Oesterreich unter der Enns. In dieser Stellung betheiligte er sich bei der Vertheidigung Wiens im Herbste 1529. Er nahm auch Antheil am Bergbau in Böhmen. Wie sein Vater, war auch er auf den Wohlstand seines Hauses bedacht. Wolfgang, der um das Jahr 1540 starb, war dreimal vermählt: mit Elisabeth von Liechtenstein, Rosina von Hohenfeld und Anna von Kreyg, welche ihn mit sechs Kindern beschenkten. Bergmann, „Ueber die Freiherren und Grafen zu Rogendorf, Freiherren auf Mollenburg". (Wiener Sitzungsbericht d. phil.-hist. Klasse, VII. Bd., III. Heft, 1851.)

S. 60, Z. 23. und ich hab sein wappen. Im Manuscript stand: „und ich hab ich sein Wappen." Murr strich die Worte „ich sein" durch und setzte dafür „ihr" ein. In seinem „Journal" und in Campe's „Reliquien" hat diese Verbesserung Anwendung gefunden. Wir lassen nur das augenscheinlich aus Versehen nochmals geschriebene Wörtchen „ich" bei Seite und setzen das allerdings nicht so passende „sein" wieder an seine einstige Stelle. — Es ist das Verdienst A. von Eye's, dieses lange Zeit gänzlich unbekannte Wappen wieder an das Tageslicht gezogen zu haben. Der in vier Felder getheilte Schild ist nach rechts gesenkt; im ersten und vierten Felde sieht man einen sechsstrahligen Stern auf einer Mauer mit drei Zinnen, im zweiten und dritten einen aufrechten gekrönten Löwen. Auf dem Schilde steht ein Spangenhelm mit zwei getheilten, mit Pfauenfedern besteckten Büffelhörnern, dazwischen der Löwe wachsend. Die Zeichnung übertrifft an Grossartigkeit alles, was sonst in diesem Fache geleistet wurde. Das einzig vorhandene, leider um eine Ecke verstümmelte Blatt, wird in dem Germanischen Museum aufbewahrt. von Eye, a. a. O. (Anhang), S. 531. von Rettberg, „Dürer's Kupferstiche und Holzschnitte" (München 1871), Nr. 239.

S. 60, Z. 28. Jakob Rehlinger war der Sprosse einer alten angesehenen Patricierfamilie zu Augsburg. Von seiner Mutter Ursula, einer geborenen Gossenbrotin, erhielt er 1547 das Gut Pfersheim, welches er indess 1549 wieder an Hieronymus Sailer verkaufte.

S. 60, Z. 30. herzog Friederich ist zweifelsohne Friedrich II., Kurfürst und Pfalzgraf bei Rhein, Erzschatzmeister und Erztruchsess des heiligen römischen Reichs. Geboren am 9. December 1482 zog er schon 1501 an den österreichischen Hof in den Niederlanden. Seit 1521 durfte er in Nürnberg als College des Reichsstatthalters Erzherzogs Ferdinand residiren, musste es aber 1525 wieder verlassen und heimkehren. Nach dem Tode seines Bruders wurde er 1544 Kurfürst. Friedrich starb am 23. Februar 1556 nach einem sehr bewegten Leben — reich an Erfahrungen und Enttäuschungen.

S. 60, Z. 31. einen gestochnen Hieronymum. Damit ist wol das Blatt gemeint, welches Dürer sonst „Hieronimus im gehaiss" nennt. Dieser Kupferstich stammt aus dem Jahre 1514. Bartsch 60; Heller 756.

S. 61, Z. 1. den neuen bauren. So nennt Dürer den Kupferstich aus dem Jahre 1519: Die Marktbauern. Bartsch, Nr. 89; Heller 931.

S. 61, Z. 1. geschenckt. Murr und Campe haben dieses Wort (Hauer schreibt, wie häufig, so auch hier: „geschenck") als unnöthig weggelassen. Es dürfte aber vielleicht doch von Dürer an dieser Stelle gebraucht worden sein. Jedenfalls ist unsere Rehabilitation des fraglichen Wortes am Platze; denn man kann sehr wohl einem etwas „geschenkt schicken".

S. 61, Z. 5. meister Marx ist, wie es Thausing zu eruiren gelang, der brügger Goldschmied Marc de Glasere. Seine Blütezeit fällt in die Jahre 1516—36. Wol zu Brügge geboren, ward er 1524 oder 1525 Goldschmied am Hofe Margaretha's von Oesterreich, was eine Uebersiedelung nach Mecheln zur Folge hatte. Die Statthalterin bedachte ihn ständig mit grossartigen Aufträgen: an ihrem Hofe fand er reichlich Gelegenheit, sein Talent zu entfalten. Zu den bedeutendern Arbeiten Glasere's dürften ein reichverzierter, silberner Schrein und mehrere Reliquienbehälter zählen, welche Margaretha für die Kirche zu Brou als ihre, ihres Gemahls und ihrer Schwiegermutter Begräbnissstätte, ausführen liess. Thausing, a. a. O. Pinchart, „Recherches sur la vie et les travaux des graveurs de medailles,. de sceaux et de monnaies de Pays-Bas", I, 108. De Quinsonas, „Matériaux" etc.

S. 61, Z. 7. Hönigin, glaser. Campe druckt Hönigen. Thausing vermuthet, dass es Heinrich oder Hennen Doghens, der Schüler des Dirk Jacobszone ist, welcher in den Registern der St.-Lukasgilde im Jahre 1514 erscheint.

S. 61, Z. 8. mit herr Bonisius gessen: jjj. Murr druckt: „dreymal"; Campe: „jjj mal". Da es wahrscheinlich ist, dass Dürer blos die drei Striche machte und es dem Verständniss nicht gerade hemmend in den Weg tritt, liessen wir die Hauer'sche Schreibweise unverändert.

S. 61, Z. 10. Diemahl hab ich gessen. Murr und Campe ziehen die Zahl der Striche zusammen und drucken sogleich: „Zehnmahl hab ich gessen".

S. 61, Z. 12. maister Dietrich. Nach Thausing ist dies der Glasmaler Dirk Jacobszone, welcher 1511 in die St.-Lukasgilde aufgenommen, 1518 und 1526 als Dekan derselben aufgeführt wird. Der Dirick Jacobs Felart des Guicciardini, welcher ihn als einen vortrefflichen, kunstreichen und erfinderischen Glasmaler schildert, ist wol mit Dirk Jacobszone identisch. Vielleicht dürfte auch das Nämliche von Dierick Jacobsz, einem Sohne des Jacob Cornelissen von Oostsanen (Rathgeber, „Annalen", S. 147), dem tüchtigen Bildnissmaler und Dirk Jacobszen (Riegel, „Abhandlungen und Forschungen zur niederländischen Kunstgeschichte", S. 119) zu behaupten sein, von dem aus den Jahren 1554, 1559 und 1563 drei „Schütterstücke" im Rathhause zu Amsterdam vorhanden sind. Freilich sind die angeführten Jahreszahlen wenig geeignet, diese Vermuthung in günstigem Lichte erscheinen zu lassen.

S. 61, Z. 14. maister Jacob von Lübeck, der Maler des Herrn von Rogendorf, wie ihn Dürer später selbst nennt. Er stammte zweifelsohne aus Lübeck. Vielleicht ist von ihm das auf Holz gemalte Porträt Wilhelm von Rogendorf's, welches sich gegenwärtig in der k. k. Ambraser-Sammlung befindet. Rogendorf erscheint uns mit ernster Miene, länglicher Nase und überragender Unterlippe, kurzen weissen Haaren und langem, ziemlich grauem Barte. Auf dem weissen Rande stehen die Worte: WILHELM. VON. ROGENDORF.

S. 61, Z. 14. geconterfeyet. Bei Campe: conterfeyet.

S. 61, Z. 28. Georg Schlauterspach, aus einer alten, rittermässigen Adelsfamilie. Sein Vater, Georg Schlaudersbach, war erst 1493 aus Steiermark eingewandert und erhielt 1495 das Bürgerrecht in Nürnberg, wurde 1497 Genannter des grössern Rathes und verschied 1512. Seine Gemahlin war in erster Ehe Apollonia Würssnerin aus Steyer, in zweiter: Apollonia Voitin von Wendelstein. Der mit Dürer befreundete Georg Schlaudersbach, der Sohn des ebengenannten, war am 30. October 1496 geboren, ward 1522 Genannter und Schöpfe am Land- und Bauerngerichte. Er kaufte eine Reihe liegender Güter zu Nürnberg und wohnte auf St.-Egidien-Hof. Eins seiner Güter, den Gleisshammer, brannte 1552 Markgraf Albrecht ab, weil Schlaudersbach nicht sogleich in der Lage war, 1200 Fl. Brandschatzung zu zahlen. Georg starb am 28. Juli 1552 und ruht bei St.-Johannes in Nürnberg. Sein Todtenschild hing zu St.-Egidien und führte die Umschrift: „Anno Dni. MDLII. d. XX Jul. starb der Erbar und Vest, Georg Schlaudersbacher, der Elter, dem Gott genad." Seine Gemahlin war Helena, die Tochter des Senators Hans Imhoff und der Katharina Muffelin, und Witwe des Senators Sebald Reich. Sie war am 7. Mai 1490 geboren, vermählte sich am 26. November 1521 mit Schlaudersbach und starb am 5. November 1554. Aus dieser Ehe waren sieben Kinder entsprossen. Das erstgeborene, Georg, hob Albrecht Dürer aus der Taufe, es starb indess schon nach acht Tagen. Georg Andr. Will, „Geschlechtsregister der nürnbergischen adeligen Familien der Herren von Praun, von Wälckern und der ausgestorbenen Herren Schlaudersbach" (Altdorf 1772).

S. 61, Z. 30. Wolff Haller. Es ist dies Wolff II., der Sohn des Stifters der Haller'schen Linie in den Niederlanden, aus dem nürnberger Patriciergeschlechte, welcher früher das Haus Fugger vertrat. Er war am 1. December 1492 geboren, ward Ritter, Rath des Kaisers Karl's V., Syndicus in Spanien, und Rath der Königin Maria in Ungarn und Böhmen, der Statthalterin der Niederlande. Wolff Haller ist in Antwerpen ständig ansässig gewesen; am 21. August 1529 hatte er sich mit Luise von Lougenhagen daselbst vermählt. Als oberster Schatzmeister am Hofe zu Brüssel starb er im Anfange des Jahres 1559. Seine Gemahlin folgte ihm erst im Jahre 1586 in die Ewigkeit nach. Biedermann, a. a. O.

S. 61, Z. 30. der Focker diener gewest. Murr und Campe drucken: „Fugger". „gewest" fehlt bei Campe.

S. 61, Z. 33. hab ich..... geben. Bei Campe heisst es: „gab".

S. 62, Z. 1. davor hat er mir geschenckt. Murr und Campe drucken „dafür".

S. 62, Z. 3. Aber hab ich diemahl...... gessen. Campe setzt sogleich ein: „einmal   gessen".

S. 62, Z. 4. Jan Prost von Prück. So soll zweifelsohne der ganz räthselhafte Name „Jararott Prück" heissen, welchen Campe und Murr getreu dem Manuscripte nachdrucken. Es ist erklärlich, wie Hauer zu „Jararott" kam, wenn wir uns ein Dürerisch geschriebenes „Jan Prost" vorstellen. Jedenfalls auffallend ist es auch, dass Hauer nach „Jararott". eine fingerbreite Lücke liess; er konnte offenbar das Wörtchen „von" nicht entziffern. Jan Prost — Jean Prevost — mit dem wir es offenbar hier zu thun haben, war aus Mons im Hennegau gebürtig, liess sich zwischen 1493 und 1494 in Brügge nieder und starb dort 1529 als angesehener Meister. Von ihm befindet sich in der brügger Akademie ein beglaubigtes Bild: „Das jüngste Gericht" darstellend. Das brügger Bild, sagt Alfred Woltmann in seiner Geschichte der Malerei, zeigt zwar keinen Meister ersten Ranges, wol aber einen Künstler, welcher nur mit Widerstreben von einigen Freiheiten der neuen Zeit Gebrauch macht und auch durch das innige religiöse Gefühl im Ausdrucke seiner Köpfe den Anhänger der guten alten Zeit verräth. James Weale, „Catalogue de l'académie de Bruges", 1861, S. 27.

S. 62, Z. 5. ein küllrücken kürschen, ein Rückentheil von feinem Pelzwerk.

S. 62, Z. 6. Hans Schwarz, ein Maler. Er war zu Oettingen in Schwaben geboren und heirathete 1540 die Witwe Hans Schäufelein's, Afra Tucherin. Schwarz bezeichnete noch seine Werke mit dem Monogramm Schäufelein's; es ist daher sehr leicht möglich, dass mit des letztern Initialen versehene, für ihn zu schwache Bilder von Hans Schwarz herrühren.

S. 62, Z. 8. rothwillen — soll heissen: rothwollen.

S. 62, Z. 11. Aber hab ich gessen   diese mahl. Murr und Campe vereinfachen: „Hab gessen   einmahl".

S. 62, Z. 14. fledrene schälein sind entweder Schälchen von Flandern oder — was wahrscheinlicher ist — von Flader.

S. 62, Z. 18. **das gedruckt einreiten zu Antorff.** Dürer meint damit wol die wirkliche Beschreibung der Festspiele, welche sich in einer uns noch erhaltenen Druckschrift, die bei der Aufführung selbst als Programm ausgegeben wurde, findet. Ihr Verfasser ist Petrus Aegidius. (Siehe Anm. für S. 75, Z. 21.) Der Erfinder der „Kammerspiele" (siehe S. 53, Z. 19) war Thomas Morus. Dieselben bestanden in einer Reihe von allegorischen Bildern, welche von antiken Vorstellungen hergenommen waren. Nach diesem Programm wurden auf den in den Strassen Antwerpens errichteten Bühnen dreizehn Vorstellungen gegeben. Am Schluss des lateinischen Programms nennt sich Petrus Aegidius als Verfasser, Cornelius Grapheus (siehe Anm. für S. 76, Z. 35) als Dichter der Inschriften. Ferner ist zu lesen: 250 Maler von den Bürgern haben gemalt, 300 Zimmerleute von den Bürgern haben gebaut; Michael Hillen hat dies gedruckt; Treue und Liebe haben alle getrieben. Freher, Rerum Germanicarum Scriptores cur. Struvio (Argentor. 1717) 3. 205—216. C. Hegel, Der Einzug Kaiser Karl's V. in Antwerpen in „Historische Zeitschrift", 44 Bd., S. 446—459.

S. 62, Z. 21. **schöne jungfrauenbilder.** Die schönsten Mädchen der Stadt, nur mit dünnem Flor bekleidet, pflegte man bei solch' feierlichen Gelegenheiten öffentlich aufzustellen. Es galt als eine hohe Ehre und Auszeichnung, zu solchen Schaustellungen erwählt zu werden. Als sich Melanchthon 1526 in Nürnberg aufhielt, gedachte ihm gegenüber Dürer dieser „jungfrauenbilder" und gab zu, dass er diese Mädchen sehr aufmerksam und etwas dreist in der Nähe betrachtet habe, weil er eben ein Maler sei. Campe, a. a. O. Manlius, „Collectanea locor. communium", 1563 und „Kuriositäten", I, 206.

S. 62, Z. 25. **weder ein starck man über rück,** soll heissen: als ein starker Mann über dem Rücken.

S. 62, Z. 28. **in einen alten buch.** Dieses Buch, eine Handschrift aus dem 15. Jahrhundert, wird noch heute im Stadtarchive zu Antwerpen aufbewahrt. Es ist in Folio, in weissen hörnernen Einband gebunden und führt den Titel: „Het oud register van diversche mandementen." Auf Blatt 33 sind unter anderm die wunderlichen Thaten von dem fabelhaften Brabo und von andern Riesen verzeichnet. Verachter, a. a. O., S. 54.

S. 62, Z. 29. **des Raphaels von Urbins ding:** die Werkstatt Rafael's löste sich thatsächlich nach dem am 6. April 1520 erfolgten Tode Santi's auf.

S. 62, Z. 31. **Thomas Polonier** ist Tommaso Vincidor von Bologna, welcher 1520 im Auftrage Leo's X. nach Flandern kam, um die Ausführung der gewirkten Tapeten mit den Darstellungen aus dem Leben Jesu, den sog. jüngeren Arazzi, welche nicht wie die älteren nach Rafael'schen Cartons gearbeitet sind, zu überwachen. Wir müssen es dahingestellt sein lassen, ob der Bolognese je wieder nach Italien zurückkehrte, denn in den Niederlanden fand er eine zweite Heimat, die er gewiss nicht minder lieb gewann als sein südliches Vaterland. Vincidor lebte in Breda, wo er in den Diensten des Grafen Heinrich von Nassau stand und den Titel „peintre de l'empereur" führte. Als der Graf von Nassau um 1531 sein Schloss erbaute, war es natürlich der Bolognese, welcher bei der Schmückung desselben lohnende Beschäftigung fand. Sein Todesjahr ist noch nicht genau ermittelt, doch muss er Mitte der dreissiger Jahre verstorben sein, weil 1536 seiner Erben in Breda Erwähnung gethan wird. Thausing, a. a. O. Pinchart in „Bulletins de l'académie royale de Belgique".

S. 63, Z. 1. **für ein calacut geben.** Vermuthlich hat Dürer ein Stück ostindischen, aus Calcutta herrührenden Baumwollenstoff gekauft.

S. 63, Z. 2. **Item hab der frau Margareth u. s. w.** Während Murr bisher sich genau an den Text hielt, beginnt er nun eine vollständige Modernisierung und kürzt denselben in einer ganz bedenklichen Weise. Charakteristisch sind die in den Dürer'schen Text hineingeflickten Worte Murr's: „Der Leser wird nun hinlängliche Probe von Albrecht Dürer's Reisejournal haben" u. s. w.

S. 63, Z. 3. **des kaysers tochter.** Hauer schreibt irrthümlich „schwester." Vgl. S. 57, Z. 3.

S. 63, Z. 6. **ihrem arzt, dem docter.** Thausing vermuthet, dass es der Arzt der Erzherzogin Margaretha Jehan Marie de Bonisiis war, dessen noch im Testamente der Statthalterin gedacht ist.

S. 63, Z. 9. **Niclaus Ziegler**, das vornehmste Glied eines alten nördlinger Geschlechts: er war Herr zu Baar, kaiserlicher Rath, römisch kaiserlicher und hispanisch königl. Vicekanzler Karl's V. Für seine Vaterstadt muss er stets ein warmfühlendes Herz bewahrt haben, indess scheint dieselbe ihm gegenüber weniger zuvorkommend gewesen zu sein. Nicolaus Ziegler hatte sich nämlich zu dem von seinem Vater, Friedrich Ziegler, ererbten Hause noch ein anderes, nebenangebautes gekauft und gedachte in dem Hofe des einen Gebäudes seiner ersten Gemahlin ein in den Niederlanden verfertigtes prächtiges Grabdenkmal errichten und um das Jahr 1521 eine eigene Grabkapelle darüber erbauen zu lassen. Der Rath der Stadt Nördlingen verweigerte ihm aber „aus guten Gründen" die Erlaubniss zu diesem Bau. In einer Kapelle der Hauptkirche zu Nördlingen zeigt der Schlussstein des Gewölbes das Wappen der Familie Ziegler. Nicolaus liess in den Jahren 1511—19 den Bau dieser Kapelle ausführen und gab 1521 Hans Schäufelein den Auftrag zur Ausführung des Altars derselben. Ziegler belohnte den Maler für seine herrliche Arbeit mit 175 Goldgulden. Und in der That ist der Flügelaltar, die Beweinung Christi darstellend, das schönste und bedeutendste Werk des Meisters. Es befindet sich gegenwärtig am kleinen Altar der Hauptkirche zu Nördlingen. Man sagt, es sei in Nürnberg unter den Augen Dürer's entstanden. In jedem Fall ist es von den Einflüssen Dürer's durchzogen und nähert sich augenfällig den verwandten Compositionen unsers grossen Meisters. Nicolaus Ziegler starb im Jahre 1534. Beischlag, „Beiträge zur Nördlingischen Geschlechtshistorie", 1801, S. 26, 64, 93. Christ. Mayer, „Die Stadt Nördlingen", 1877, S. 190, 205.

S. 63, Z. 10. $\overline{X\varrho\mu}$. Diese Abbreviatur hatte ursprünglich Dürer angewendet. Hauer gibt diese Abkürzung in deutlicher Weise wieder; eine spätere Hand (Murr) strich die Buchstaben Hauer's aus und setzte „Christum" darüber. Campe druckt „Christum".

S. 63, Z. 14. maister Adrian ist zweifelsohne Meister Adrian Horebouts. Dürer nennt ihn später wieder „maister Adrian" und zwar mit der Bemerkung „Sekretary von Antorff". Siehe Anm. für S. 75, Z. 3.

S. 63, Z. 15. die condemnatzen. Condemnatio doctrinae librorum Martini Lutheri, per quosdam magistros Lovanienses et Colonienses facta, cum responsione Lutheri. Selestadii, Lazarus Schurer, 1520. Im nämlichen Jahre erschien die „Condemnatio" auch in Wittenberg im Drucke. Thausing, a. a. O.

S. 63, Z. 15. dialogus. Nach einem annehmbaren Vorschlage Ludwig Geiger's ist das die satirische Schrift: „Ayn schöner dialogus von zwayen gutten gesellen genant Hanns Tholl. vnnd Claus Lamp. sagendt vom Antechrist vnd seynen jungern. Sytzendt beym weyn guts muts vnuerholen aus der Epistel pauli." Ohne Jahreszahl und Ort. 4 Blatt in 4°. Auf der Rückseite des Titelblattes die Vorrede. Auf dem zweiten Blatte oben beginnt das Gespräch, welches gerade zwei Blätter füllt. Das letzte Blatt ist leer. Das Stück stammt noch aus dem Jahre 1520, aber aus der zweiten Hälfte desselben, passt also der Zeit nach und enthält auch, was wohl zu beachten ist, eine Hindeutung auf Antdorf (Antwerpen). Oskar Schade hat den Dialog im 2. Bande seiner „Satiren und Pasquillen" (S. 128—134, 325—327), Baur in „Deutschland in den Jahren 1517—25" (S. 113—128) mitgetheilt und behandelt.

S. 63, Z. 20. den Nicolao. Allem Anscheine nach ist dies der Diener des Thomas Bombelli: Nicolaus — aber nicht Nicolaus Ziegler.

S. 63, Z. 20. und die zween neuen u. s. w. Hauer hatte falsch gelesen und statt „und" „sind" geschrieben. Murr nahm die Correctur vor.

S. 63, Z. 22. durch ihn ein an der mahler . geschickt wurde. So hatte Hauer geschrieben. Es soll offenbar heissen: „durch ihn einem andren mahler." Campe druckt: „durch ein ander mahler". Diesem folgt natürlich auch Thausing.

S. 63, Z. 23. des Raphaels ding. Darunter versteht Dürer die nach Rafael's Vorlagen und unter dessen Aufsicht gestochenen Blätter des Marcantonio Raimondi von Bologna, der seit 1510 in Rom lebte und bald darauf zu Rafael's Werkstätte in engere Beziehungen trat. Thausing, a. a. O. Fiorillo, „Geschichte der zeichnenden Künste".

S. 63, Z. 24. am montag nach Michaelis 1520, also am 1. October. Die Jahreszahl „1520" ignorirt Campe, wol in Anbetracht, dass sie als überflüssig erscheint.

S. 63, Z. 25. die tractetlein sind Flugschriften theologischen Inhaltes, welche vornehmlich Luther und seine Lehre behandelten.

S. 63, Z. 25. Der Polonius hat mich conterfet. Zweifelsohne wurde Dürer von dem Schüler Rafael's in Oel gemalt. Ein Kupferstich And. Stock's aus dem Jahre 1629 zeigt uns Dürer im Brustbilde, mit dem damals üblichen breiten Hute, langen bis auf die Schultern wallenden Haaren, starkem Barte und mit Pelz ausgeschlagenem Ueberkleide. Unten auf einem Zettel befindet sich folgende Inschrift: „Effigies Alberti Dureri Norici, Pictoris et Sculptoris hactenus excellentissimi, delineata ad imaginem eius quam Thomas vincidor de Boloignia, ad vivum depinxit Antverpiae 1520. And. Stock, sculpsit. F. de Wit, excudit. 1629." Vgl. Jos. Heller's „Leben und Werke Dürer's", S. 324.

S. 63, Z. 29. Auss gessen. Campe hat diese Worte hier und in der nächsten Zeile weggelassen. Dürer wollte damit sagen, dass er auswärts gegessen hat.

S. 63, Z. 32. mein kufer dem Meyding ist: meinen Koffer dem Meyding. . Hauer hatte „kaifer" geschrieben. Campe druckt Weyding. Dieser Meyding, welchen Dürer später Utz Hanolt Meyding nennt, stammt zweifelsohne aus einer der angesehensten Familien Augsburgs. Paul von Stetten erzählt in seiner Geschichte der adeligen Geschlechter von Augsburg, dass anno 1682 ein Nicolaus Meuting zu Antorf gelebt hat, welcher das Geschlechtswappen der Meuting führte, allein selbst nicht wusste, wie er von denselben abstamme. Vielleicht stammte er von Utz Hanolt Meyding.

S. 63, Z. 35. zirnöss sind Zirbelnüsse. Campe druckt: firnöss.

S. 64, Z. 5. pfingstag nach Michaelis, der 4. October.

S. 64, Z. 6. nobel, d. i. Rosennobel, eine alte niederländische Goldmünze. Sie hat den Werth von 8 niederländischen Gulden und trägt auf der einen Seite eine Rose. Eduard III. soll sie 1343 zuerst haben prägen lassen.

S. 64, Z. 8. sondag, der 7. October.

S. 64, Z. 9. die proportionirten seulen mit ihren guten capitelen von porfit grün und rot und gassenstein u. s. w. Das sind die berühmten Monolithen-Spoliensäulen aus Ravenna, welche heute wieder die Empore des Octogons im Münster schmücken. Unter „Porfit" versteht Dürer den Porphir, von welchem ausserordentlich seltenen und kostbaren Gestein zwei kleinere Säulenschäfte sind, welche gleichwol die grössten in der Welt vorhandenen Monolithen dieses Materials sein sollen und erst jüngst bei dem neuen Ciborium-Altar des Münsters zum Tragen der Decke verwendet wurden. Kinkel, a. a. O.

S. 64, Z. 12. Vitruvius. Hauer hatte „Fiternfius" geschrieben. Die Correctur stammt von der collationirenden Hand. — Der berühmte Architekt Marcus Vitruvius Pollio aus Verona ist bekanntlich der Verfasser eines Werkes „De architectura".

S. 64, Z. 14. herr herr. So schreibt Hauer. Möglicherweise hatte Dürer seinen Grund dieses Prädicat doppelt zu setzen, denn er spricht ja von zweien, von dem Hans Ebner und dem Georg Schlauderspach.

S. 64, Z. 21. in spiegel verspielt. Man könnte vielleicht annehmen, „spiegel" sei hier figürlich für ein Buch zu nehmen. Dürer sagt auch S. 65, Z. 18: „2 stüber in ein   konig verspilt."

S. 64, Z. 21. Christoph Groland, der erstgeborene Sohn des Leonhard Groland. Geboren im Jahre 1508, ward er 1549 Senator und starb am 22. Mai 1561. Seine erste Gemahlin war eine geborene Oelhafin. Er vermählte sich mit ihr 1536, sie starb 1547. Noch im nämlichen Jahre verheirathete er sich mit Catharina Tucherin, welche ihn mit neun Kindern beschenkte.

S. 64, Z. 24. Paulus Topler stammte aus dem adeligen Geschlechte der Topler, welche im 13. und 14. Jahrhundert zu Mainbernheim und zu Rothenburg an der Tauber ansässig waren. Im Jahre 1408 kamen sie nach Nürnberg, wo ihnen das Bürgerrecht verliehen wurde. Später erlangten sie auch die Rathsfähigkeit. Der von Dürer erwähnte Paul Topler, der Aeltere, war der Sohn des Nikolaus Topler und der Clara, einer geborenen Hallerin. Paul I. war im Jahre 1455 geboren, bekleidete von 1505—17 das Amt eines Pflegers zu Lauf und verheirathete sich 1500 mit Ursula, Georg Fütterer's und Apollonia Ulstättin Tochter. Sie starb am 31. August 1505 an der Pest. Dieser Ehe waren vier Kinder entsprossen. Paul Topler nahm in zweiter Ehe die Witwe des Sebald Köler, Ursula, die Tochter des Bartholomäus Groland und seiner Gemahlin Barbara von Plauen, zur Frau, mit welcher er sich am 18. September 1516 vermählte. Topler starb am 1. Februar 1544 im Alter von 88 Jahren; in dem nämlichen Jahre starb auch seine Gattin. Die Begräbnissstätte dieses Paul Topler war in der St.-Catharinenkirche zu Nürnberg. Würfel, „Nachrichten der nürnberger Stadt- und Adelsgeschichte", Bd. II.

S. 64, Z. 24. Merten Pfinzing. Martin I., geboren im Jahre 1490, wurde er 1523 in den Rath zu Nürnberg gewählt. Das Vertrauen seiner Mitbürger sandte ihn als obersten Befehlshaber nebst andern 1532 in den Türkenkrieg. In seinen Farben ritten hinter ihm vier Trabanten. Kaiser Karl V. schlug ihn noch in dem nämlichen Jahre in Wien zum Ritter, nachdem Pfalzgraf Friedrich ihn zu diesem Gnadenacte aufgefordert und Conrad von Hattstein und der von Rennenberg gleichen Wunsch geäussert hatten. Im Jahre 1542 zog er als Kriegsoberster nochmals mit einer Anzahl von Reitern und Milizen in den Türkenkrieg. Diese beiden Feldzüge hat Martin Pfinzing ausführlich und eingehend beschrieben. Er starb am 7. August 1552. Seine erste Gemahlin war eine Löffelholzin, mit welcher er sich 1515 vermählt hatte. Zum zweiten mal verehelichte er sich 1543 mit Barbara Tezlin. Biedermann, a. a. O.

S. 64, Z. 24. Paulus Topler und Merten Pfinzing in mein büchlein conterfet. Diese beiden Bildnisse sind uns auf einem Blatte des Dürer'schen Skizzenbuches erhalten, welches sich in der Collection Holford in London befindet. Von Dürer's Hand stehen bei dem Porträt Topler's oben die Worte: „pawel Topler 1520. LXI jor Allt"; bei dem Pfinzing's: „Merten pfinzig XXX jor allt". Das Monogramm ist jedesmal beigefügt. An der Seite Pfinzing's steht noch: „zu ach gemacht". Paulus Topler erscheint uns als ein Mann mit langem Barte, hoher Stirn und länglichen Ohren. Sein Haupt ist mit einer Mütze bedeckt. Martin Pfinzing ist mit einem breiten, aber kurzen Gesichte, unbärtig, mit grossem, rundem Hute und entblösstem Halse dargestellt. Er ist mit einem pelzbesetzten Mantel bekleidet.

S. 64, Z. 25. kaiser Heinrichs arm. Es ist dies der Arm Kaiser Heinrich's II. Namentlich die Reliquien dieses Heiligen, dessen Leichnam nach der Heiligsprechung den kostbarsten Theil des bamberger Domschatzes bildete, wurden an andere Gotteshäuser verschenkt; denn der bamberger Chronist Kluger erzählt uns, dass „von den heiligen Reliquien des Kaisers in mancherlei Kirche verehrt worden seien". Auf diese Weise kam wol auch Aachen in den Besitz des heiligen Armes.

S. 64, Z. 26. unser frauen gürtel. Vielleicht stammt auch diese Relique aus dem bamberger Domschatze; denn wir finden sie in einem Verzeichniss der Domheiligthümer vom Jahre 1493 erwähnt und später, wol weil nicht mehr vorhanden, unberücksichtigt gelassen.

S. 64, Z. 26. and ding. Campe hat die offenbare Abkürzung „and" in „ander" verbessert.

S. 64, Z. 26. unser frauen hembd, gürtel — Jch hab (incl.) ist ein Textnachtrag der collationirenden Feder.

S. 64, Z. 26. hailthum, das Heiligthum, hier Heiligenreliquie.

S. 64, Z. 28. den Sturm. Das Porträt desselben befindet sich heute in der Sammlung des Herzogs von Aumale; es ist die Büste eines bartlosen kräftigen Mannes mit schiefsitzender Kappe und Schurzfell. Oben steht von Dürer's Hand: „1520 CASPER STURM ALT 45 IOR zw ach gemacht." Vielleicht ist dieser Caspar Sturm der Oettinger Familie dieses Namens verwandt. Stich bei Narrey, „Albert Dürer" (Paris 1866), und Gazette des Beaux-Arts, 1re période, t. XIX, S. 350.

S. 64, Z. 31. Und ich hab aber. Campe hat „aber" weggelassen.

S. 65, Z. 10. **Steffan, cämmerling bey frau Margareth ist** — wie M. Thausing eruirt hat — Etienne Luillier, welcher bei der Erzherzogin die Stelle eines Kammerdieners bekleidete. Er scheint sich das Vertrauen seiner Herrin in besonders hohem Grade erworben zu haben; denn sie bedachte ihn auch in ihrem Testamente mit Pension und Geschenken. Die Aufsicht über die kostbare Büchersammlung der Erzherzogin, welche im Palaste zu Mecheln aufbewahrt wurde, war ihm anvertraut. Léon de Laborde, Inventaire. Thausing, a. a. O., S. 220.

S. 65, Z. 12. **zeterpaumpaternoster.** Ein sogenannter Rosenkranz von Cedernholz.

S. 65, Z. 16. **Gülch** ist Jülich.

S. 65, Z. 17. **von dann.** Campe druckt von „dannen".

S. 65, Z. 17. **gen** Hauer hat hier entweder den Namen des Ortes, welchen Dürer berührte, nicht entziffern können oder war er dem Gedächtnisse des Meisters selbst. entfallen.

S. 65, Z. 18. **in ein silbern gestempften konig,** d. i. ein in Silber getriebener König. Hauer hatte statt gestempften „gestein tofften" geschrieben. Die Correctur stammt ansichtlich von der collationirenden Hand.

S. 65, Z. 19. **am freytag vor Simon und Judae,** der 26. October.

S. 65, Z. 20. **Düren.** Hauer hat „Löwen" geschrieben, indess ist es bewiesen, dass er hier falsch gelesen hat, denn in der St.-Annakirche zu Düren wurde das Haupt der Heiligen aufbewahrt. In dem Testamente Jakob Heller's, welches Cornill theilweise mittheilt, befindet sich in der Aufzählung der kleinern Wallfahrten, welche nach seinem Tode für ihn gethan werden sollten, die Stelle: „Auch soll der pilger nach Düren zu S. Anna dazu ich alwegen ein besunder Andacht gehabt."

S. 65, Z. 22. **am sontag war Simon und Judaetag.** Campe druckt „vor" statt „war". Es war der 28. October.

S. 65, Z. 24. **mein herren von Nürnberg.** Es sind dies die Rathsherren, welche als Krongesandte dem festlichen Acte beizuwohnen hatten.

S. 65, Z. 28. **contemnation Lutheri.** S. Anm. für S. 63, Z. 15.

S. 65, Z. 31. **Leohnhart Groland,** Mitglied der Krönungsdeputation. Die Grolande gehörten zu den ältesten Geschlechtern

Nürnbergs. Der von Dürer erwähnte Leonhart ist der Sohn des Bartholomäus Groland, also der nämliche, welcher durch sein Liebesverhältniss zur Katharina Harsdörfferin bekannt ist. Nachdem die sich einer ehelichen Verbindung beider entgegenstellenden Hindernisse überwunden waren, konnte der Ehebund am 9. Februar 1507 geschlossen werden. Am Ostermontag des nämlichen Jahres wurde Leonhard als junger Burgermeister in den Rath gewählt, im nächsten Jahre 1508 als alter Genannter, dann aber wieder als Burgermeister, und nun stieg er, als ein anerkannt brauchbarer und thätiger Mann, rasch empor. Bei dem Tode Herzog Albrecht's zu München 1508 ordnete der Rath Wilibald Pirkheimer und Leonhard Groland ab. Im Jahre 1514 wurde Groland Rath beim Bund zu Schwaben, welche Stelle er bis 1519 bekleidete. Im Jahre 1514 wurde er alter Burgermeister und 1519 in den Rath der ältern Herren gewählt. Mit Wilibald Pirkheimer war er 1512 auf dem Reichstage zu Köln und auch auf dem nächstfolgenden Reichstage zu Worms 1521 wurde die Stadt Nürnberg durch ihn, Caspar Nützel und den Rathsschreiber Lazarus Spengler vertreten. Aber schon am 17. November 1521 starb er, etwa 40 Jahre alt. Leonhard Groland hinterliess drei Söhne. Schon zwei Jahre nach ihres Ehegatten Tod vermählte sich die Witwe Katharina wieder. Sie starb 1540. Dr. G. W. K. Lochner, „Eine Neigungsheirath" oder „Leonhard Groland und Katharina Harsdörfferin" (32. Jahresbericht des histor. Vereins in Mittelfranken, 1864).

S. 66, Z. 1. ein pertele, ein Börtchen. Hauer schreibt euspertele und Campe druckt „ensspertele".

S. 66, Z. 2. Ich 2 weiss ♃. Campe hat das bei Hauer fehlende „hab" hinzugesetzt.

S. 66, Z. 2. des Niclasen tochter. Es ist dies die Tochter des bereits erwähnten Vetters Dürer's.

S. 66, Z. 2. weckspizlein. Campe druckt: Werckspitzlein. Weckspitze ist ein Spitzweck, Eierweck.

S. 66, Z. 5. Ich hab 3 weiss ♃. Campe hat diese Worte ausgelassen. Vielleicht hat Hauer hier eine Auslassung begangen. Wahrscheinlich ist aber dieser Satz mit dem nächsten zu vereinigen, wodurch doch einigermassen Sinn in die ausserdem wirklich nichtssagenden Worte käme. Diese Deutung dürfte kaum als gewagt erscheinen; denn Dürer mag wol 5 weiss ♃ für „auffzusperren" gegeben haben.

S. 66, Z. 6. von der taffel, die maister Steffan zu Cöln gemacht hat: das Hauptwerk der Kölner Schule, das sogenannte Dombild, ehemals Hochaltar der Rathhauskapelle. Den Namen des Meisters ersah man nur aus dieser Stelle in Dürer's Tagebuch. Dass diese Stelle auf den Altar der Rathhauskapelle Bezug hat, wird dadurch wahrscheinlich, dass derselbe in alter Zeit hochberühmt war. Aus den kölner Schreinsbüchern hat sich die Persönlichkeit dieses Meisters ermitteln lassen. Wir haben es nämlich mit dem Maler Stephan Lochener aus Constanz zu thun, der 1442 das Haus Roggendorp zur Hälfte erwarb und 1444, nach Verkauf dieses Anwesens, zwei Häuser bei St.-Alban an sich brachte. Lochener muss in der kölner Malerzunft ein besonderes Ansehen genossen haben; denn in den Jahren 1448 und 1451 wurde er von derselben in den Rath gewählt. Im Jahre 1451, während seiner Amtsführung, starb er. Die Aussenseiten der Flügel seines obenerwähnten prächtigen Gemäldes enthalten die Verkündigung Mariae. Das Innere zeigt in der Mitte die Madonna mit dem Kinde, von den anbetenden heiligen drei Königen und deren Gefolge umgeben. Auf dem innern Flügel sehen wir andere Schutzpatrone von Köln, die heilige Ursula mit ihren Jungfrauen und St.-Gereon an der Spitze der thebaischen Legion. J. J. Merlo, „Die Meister der altkölnischen Malerschule" (Köln 1852), S. 108, 200. Woltmann, „Geschichte der Malerei", S. 87.

S. 66, Z. 11. am sontag nach allerheiligentag, der 4. November.

S. 66, Z. 12. dem Staiber sein wappen auff ein holz gerissen. Von diesem Wappen gibt es drei verschiedene Vorkommen. Im zweiten Zustand trägt ein Schriftband die Inschrift: „Römischer Mayestät Dienner Laurentz Staiber." Unten links die Majuskelschrift: „Omnia. ex. deo. veniunt" und rechts: „Alle ding kummen auss Gott." Bartsch, Nr. 167, 168. Heller, Nr. 1946. In der ehemaligen Klosterkirche zu Heilsbronn liegt Staiber begraben. Um den Rand eines fast centnerschweren Rundstücks von Messing an dem Monumente Staiber's standen die Worte: „Des erbarn und vesten Lorenz Staibers Wappen und Begräbnuss." Das völlig aufgegossene Wappen ist mit einer goldenen Ordenskette umgeben, an deren Ende eine Rose hängt. Der Schild ist quer getheilt, hat in dem obern blauen Felde einen goldenen Löwen und ist am Rande mit 22 Steinen roth und schwarz besetzt. Das untere Feld ist aus der Linken querab getheilt in Schwarz und Gold, worauf ein in Gold und Schwarz getheilter Staiberhund steht. Der offene Helm hat eine goldene Krone über sich, auf welcher ein goldener Löwe mit aufgesperrtem Rachen zwischen zwei zugespitzten schwarzen Büffelhörnern steht. Unten ist ein kleines Schild angefügt, welches zwei schwarze Hähne im goldenen Felde führt. Ueber dem Rundstücke ist eine vergoldete leere Tafel. Hocker, „Heilsbronn'scher Antiquitätenschatz", 1731, S. 49.

S. 66, Z. 14. herzog Friedrich ist gewiss Friedrich II., Kurfürst und Pfalzgraf bei Rhein, welcher sich bei Karl V. damals befand. Im Jahre 1521 aber siedelte er nach Nürnberg über, um dort als Collega des Reichsstatthalters Ferdinand zu residiren. S. Anm. für S. 60, Z. 30.

S. 66, Z. 15. Niclas Haller, Mitglied der Krönungsdeputation, der Sohn des Ulrich Haller. Geboren 1481, kam er 1509 in den Rath zu Nürnberg, wurde 1526 alter Burgermeister, Oberster Vormund der Witwen und Waisen und starb, nach dem Todtenschilde bei St.-Sebald, am 15. Juni 1528. Nikolaus war dreimal verheirathet: mit Katharina von Wolkenstein, Helena Dörrerin und Katharina Holzschuherin. Biedermann, a. a. O., Tab. CIX. C.

S. 66, Z. 19. heulig. Campe druckt „heiligen".

S. 66, Z. 20. Förherwerger. Vielleicht liegt hier ein Lapsus Hauer's vor und soll dieser Name vermuthlich „Herr Fernberger" lauten. Johann Fernberger war königl. Rath, oberster Secretär, Vicedom und Erbkämmerer im Lande ob der Enns. Er starb um das Jahr 1553. Vgl. Bergmann, „Medaillen auf berühmte Männer u. s. w." (Wien 1844), S. 180.

S. 66, Z. 24. Niclas Groland. Murr strich das Hauer'sche „Niclas" im Manuscripte ganz willkürlich und ohne jede Veranlassung aus und setzte Leonhard dafür ein. Campe nahm auch diese „Verbesserung" in seine Ausgabe auf. Der von Dürer erwähnte Niclas Groland ward 1502 Senator und starb am 2. Februar 1551. Seine Gemahlin war Barbara, die Tochter des Senators Matthäus Ebner und seiner Frau Margaretha, mit welcher er sich am 20. October 1500 vermählt hatte. Sie starb im Jahre 1528. Biedermann, a. a. O.

S. 66, Z. 26. die nun ist offenbar „die Nonne".

S. 66, Z. 27. mein confirmacia. Es ist dies die kaiserliche Bestätigung seines Leibgedings, welche nach dem Originale, das sich im nürnberger Archiv befindet, also lautet:

„Den Ersamen unserer vnd des Reichs lieben getrewen Burgermaister vnd Rat der Stat Nürnberg.

„Albrechten Dürer sein lebenlang von d. Statt Steur 100 ℔ zu geben. Karl von gots gnaden Römischer Kayser zu allen zeiten, merer des Reichs etc.

„Ersamen lieben getrewen Nachdem weiland der Allerdurchleuchtigest Furst kaiser Maximilian vnnser lieber Herr vnd Anherr löblicher gedechnus vnnserem vnd des Reichs lieben getrewen Albrechten Dürer alle jar sein lebtag hundert guldin Reinisch von vnd aus vnnser vnd des Reichs gewondlichen Statsteur, so jerlich in vnnser kaiserlich Camer zu raichen, schuldig seit, zugestellt vnd verschrieben hat, vnd wir als Römischer kaiser darein gnedigelich bewilligt vnd jm sell leibgeding von newem verschriben haben, Innhalt der brief darüber aussgegangen, befehlen wir Euch ernstlich vnd wollen, das Ir dem genannten Albrechten Durer die berurten hundert guldin Reinisch leibgeding souil in der seit kaiser Maximilians verschreibung vnbezalt aussteet, vnd hiefür alle jar sein lebtag von vnd aus der obbestimbten Statsteur auf sein ziemlich quittanntzen reichet vnd gebet vnd Euch daran nichts Irrn oder verhindern lasset. Davon thut Ir unser ernstliche Meinung. Geben in vnnser vnd des heiligen Reichs Rat Colln am vierdten tag des Monats Nouembris Anno etc. im zweintzigsten vnnser Reiche des Römische im andern, vnd der anndern aller im fünften Jare.   Karl.   Albert cardin. mogunt. arch.
cancellarius."

S. 66, Z. 29. am montag nach Martinj, der 12. November.

S. 66, Z. 33. dorfor. Dieses Wort ist nicht etwa, wie Campe meint, ein Eigenname, sondern bedeutet „davor, zuvor".

S. 67, Z. 6. am mittwoch nach Martiny, der 14. November.

S. 67, Z. 7. bis geng   Dürer scheint hier wieder in einer Weise geschrieben zu haben, die Hauern das Entziffern geradezu unmöglich machte.

S. 67, Z. 9.   Suns ist Zons.
S. 67, Z. 9.   Nays ist Neuss.
S. 67, Z. 9.   zum Stain ist die Ueberfahrt bei Neuss.
S. 67, Z. 12. Dasperg ist Duisburg.
S. 67, Z. 13. Angrur ist Angerort.
S. 67, Z. 13. Rüror ist Ruhrort.

S. 67, Z. 14. Arschey ist Orsoy.
S. 67, Z. 14. Riberg ist Rheinberg. Campe druckt „Gebirg".
S. 67, Z. 16. zu diesen städlein. Bei Campe steht: „in dieses Stättlein". Hauer hat ganz richtig geschrieben, denn es folgt ja jetzt eine Aufzählung der Städtchen.
S. 67, Z. 16. Wisell ist Wesel.
S. 67, Z. 16. Ress ist Rees.
S. 67, Z. 18. Neumeg ist Nymwegen. Murr hat im Manuscripte das Hauer'sche „Neumweg" in „Nümeg" corrigirt. Campe hat Nümweg.
S. 67, Z. 19. Thül ist Tiel.
S. 67, Z. 19. Pusch ist Herzogenbusch. Campe druckt Pust.
S. 67, Z. 19. etc. So druckt Campe, indem er das allerdings von Hauer recht zweideutig geschriebene „h" bei Busch falsch liest. Ein „etc.", wie es auch in die Ausgabe Thausing's übergegangen ist, kann offenbar an dieser Stelle Dürer nicht im Sinne gehabt haben.
S. 67, Z. 22. her. Im Manuscripte steht: „hier". Das Wörtchen ist von Murr, dem es wahrscheinlich unbequem war, durchstrichen. Campe hat es unbeachtet gelassen.
S. 67, Z. 23. begrieff ist ergriff, überfiel.
S. 67, Z. 25. sondag, der 18. November.
S. 67, Z. 27. eine schöne kirchen. Dürer meint damit wahrscheinlich das Domstift zu St.-Stephan.
S. 67, Z. 27. ein wohlgelegen schloss. Dieses Schloss, angeblich von Julius Cäsar gebaut, lag nämlich auf einem hohen Hügel.
S. 67, Z. 29. den Rin, soll heissen die Waal.
S. 67, Z. 29. Terawada ist Heerewarden.
S. 67, Z. 30. stahn. Campe druckt „statt", indem er die Correctur der collationirenden Hand ignorirt.
S. 67, Z. 31. am erichtag, Dienstag, 20. November.
S. 67, Z. 33. ohn sattel. Hauer hatte „an Sattel" geschrieben. Von der erwähnten gleichzeitigen collationirenden Hand ist es richtig gestellt.
S. 67, Z. 33. Herzogpusch ist Herzogenbusch.
S. 67, Z. 34. verrieth. Dürer gab für das Reiten, also für das ihm zu diesem Zwecke geliehene Pferd, 1 ℔
S. 67, Z. 35. schöne kirchen. Die St.-Johanniskirche zu Herzogenbusch übertrifft in der That, besonders in der äussern Er-

scheinung, alle andern Kirchen der gesammten Niederlande. Sie ist im französischen Kathedralenstil und in ziemlich grossen Dimensionen angelegt, fünfschiffig, mit Kreuzarmen und langgestrecktem Chor nebst einem Kranze von sieben Kapellen, im Aeussern mit Prachtportalen der Kreuzschiffe und mit vollständigem Strebewerk. Der gewöhnlichen Annahme nach ist sie in den Jahren 1280—1330 erbaut worden, während die Ausführung des Innern und Aeussern, also die ganze Ornamentik, das Gepräge des 15. Jahrhunderts trägt und wahrscheinlich aus einer, bald nach einem Brande von 1419 begonnenen, einem völligen Neubau gleichkommenden Ueberarbeitung herrührt. Dr. Hermanus im „Organ für christl. Kunst", IV, 17 fg. Schnaase, „Geschichte der bild. Künste", VI, 148.

S. 67, Z. 35. und überfest. Campe druckt „aber". Herzogenbusch war in der That gewaltig befestigt.

S. 68, Z. 1. maister Arnolt. Pinchart bemerkt, dass es entweder ein Künstler von Herzogenbusch oder Arnold van Ort aus Nymwegen war. Im erstern Falle müsste es der Bildhauer Van Oerschot oder der Maler Van Campen sein. Vgl. auch Thausing, a. a. O.

S. 68, Z. 2. unser frauentag, 21. November.

S. 68, Z. 4. Oestreich ist Oosterwyck. Murr hat hier wieder im Manuscript seine Verbesserungen angebracht.

S. 68, Z. 4. Tilwerg ist Tilborg.

S. 68, Z. 5. Barell ist Baarle.

S. 68, Z. 7. Hochstrat ist Hoogstraten.

S. 68, Z. 8. Harscht. Campe druckt: „Harsht", diesem folgt Thausing.

S. 68, Z. 11. am pfingstag nach unser frauentag assumtionis, der 22. November, Darstellung im Tempel. „Assumtionis" ist ein offenbarer Irrthum Dürer's; denn die Himmelfahrt Mariä fällt ja auf den 15. August. Murr hat in seinem „Journal" dieses Versehen Dürer's nicht erkannt.

S. 68, Z. 12. schwagers. Wir haben zwar diese Lesart im Texte beibehalten, indess ist das Hauer'sche Wort an dieser Stelle durch die Murr'sche Ueberschreibung gänzlich unleserlich geworden.

S. 68, Z. 13. Sopalis. So stand ursprünglich im Manuscripte. Murr veränderte diesen Eigennamen in: „Sombalis". Campe, der sich überhaupt stricte an die Verbesserungen Murr's in der Handschrift hält, adoptirte natürlich auch diese. Da wir jedoch bestimmt wissen, dass Murr keine Nachricht weder über einen „Sopalis" noch einen „Sombalis" hatte, es also den Anschein hat, als ob er hier willkürlich zu Werk gegangen sei, fanden wir als das Richtigste, Hauer's Schreibweise beizubehalten.

S. 68, Z. 14. assumtionis, vgl. unsere Anm. für S. 68, Z. 11.

S. 68, Z. 16. das mein weib. „das" gebraucht Dürer hier im Sinne von „diesemal".

S. 68, Z. 20. Die mahl hab ich gesen. Campe zieht die Zahl der Mahlzeiten wieder zusammen und druckt: „6mal hab.... gessen".

S. 68, Z. 21. S. Mertenstag, der 11. November.

S. 68, Z. 22. beuttel. Hauer schreibt sowol „beuttel" als „peutel". Campe druckt an beiden Stellen „peutel".

S. 68, Z. 24. S. Catharinen abend, der 24. November.

S. 68, Z. 26. uf ein rechnung. Campe druckt uf mein Rechnung.

S. 68, Z. 30. ein mehrwunder. Dürer bezeichnet damit den Kupferstich, Bartsch 71, Heller 801, welcher um das Jahr 1509 entstanden ist. Er wird gewöhnlich „Raub der Amymone", „Glaukas" u. dgl. genannt.

S. 68, Z. 31. reuther. So nennt Dürer den Kupferstich: Ritter, Tod und Teufel aus dem Jahre 1513 (Bartsch 98, Heller 1013).

S. 68, Z. 31. ganz stuck, also ein Stich auf einem ganzen Bogen, zum Unterschied von den nachher genannten „viertel pögen".

S. 68, Z. 32. geätzte stuck. So bezeichnet Dürer seine radirten Blätter, welche sämmtlich in den Jahren 1515—18 entstanden, da er später dieser Technik entsagte. Dürer's Eisenradirungen sind: Christus auf dem Oelberge (Bartsch 19, Heller 425); der sitzende dornengekrönte Heiland (Schmerzensmann) (B. 22, H. 459); das Schweisstuch der Veronica (B. 26, H. 466); Entwurf von 5 Figuren (B. 70, H. 882); die Entführung (B. 72, H. 813); die Kanone (B. 99, H. 1017).

S. 68, Z. 32. holzwerk ist Holzschnitzwerk. Unter „schlechtes holzwerk" versteht Dürer jene Blätter, welche hauptsächlich den Bedürfnissen des Marktes dienen sollten. Auf ihre Herstellung war daher weder in der Zeichnung noch im Schnitte jene Sorgfalt verwendet, wie auf die Apocalypse und die ersten grossen Formschnitte. Zum „schlechten holzwerk" gehörten wol der hl. Georg, den Drachen tödtend (Bartsch 111, Heller 1832); die hl. Familie mit den zwei Engeln (B. 100, H. 1806); der hl. Christoph mit den Vögeln (B. 104, H. 1823); der hl. Franz von Assisi (B. 110, H. 1829) und noch einige andere Holzschnitte aus dieser Zeit. Thausing, „Dürer", S. 226.

S. 68, Z. 34. schamloth. Hauer schreibt wol irrthümlicherweise „schonloth". Kinkel ist der Meinung, das „schon loth" dürfe man nicht in Camelot umdeuten, weil ein Stück festes Wollenzeug, nur eine Unze schwer, niemand kaufte. Niederländisch „schoon lood" ist allerdings entweder feines Bleiweiss oder eine feine Löthmasse. Allein — wir können uns ebenso wenig wie Thausing entschliessen, eine solche Uebersetzung vorzunehmen.

S. 68, Z. 35. Philipper ist Philippsgulden.

S. 68, Z. 35. aber steht hier in der Bedeutung von „abermals", „wiederum".

S. 69, Z. 1. Zürche. So hatte Hauer geschrieben. Murr, der scheinbare „Corrector" des Manuscripts, machte „Zirkzee" daraus; Campe druckte „Zirkgen". Zürche ist Zieriksee.

S. 69, Z. 2. mit einer grossen Fortuna i. e. durch einen Zufall. Dieser etwas eigenthümlichen Redewendung begegnen wir später nochmals. Murr hat in der Handschrift, Campe in den „Reliquien" zu Fortuna „(Fluth)" gesetzt. Schmeller theilt in seinem Wörterbuch (S. 762) 2 Beispiele für die Anwendung dieses Wortes im nämlichen Sinne mit.

S. 69, Z. 7. gar. Dieses Wörtchen hat Campe ausgelassen.

S. 69, Z. 8. Steffan Capello, ein Juwelier und Goldschmied. Er arbeitete vorzüglich für die kunstsinnige Erzherzogin Margaretha von Oesterreich, welche ihn in ganz hervorragender Weise mit ehrenvollen Aufträgen beglückte. Der bedeutendste unter den vielen mag wol der gewesen sein, welcher ihm 1529 zutheil wurde, als Margaretha einen prachtvollen Silberpokal bei ihm anfertigen liess, welcher über 253 Livres kostete. Dieser Pokal war nämlich zu einem Geschenke für die Mutter des Königs von Frankreich, Luise von Savoyen, bestimmt, mit welcher Margaretha bekanntlich den Damenfrieden von Cambray schloss. Henne, a. a. O. Thausing, a. a. O.

S. 69, Z. 11. Felix knieent in sein buch mit der feder conterfet. Diese Zeichnung, oder doch die Skizze dazu, ist uns erhalten. Sie wird in der Albertina zu Wien aufbewahrt. Hungersberg kniet rechtshin gewandt, die Hände sind über einem Schilde gefaltet, der den kaiserlichen Doppeladler trägt. Von Dürer's Hand befinden sich auf der Zeichnung die Worte: „Felix Hungersperg, der köstlich und übergerad Lawtenschlaher", ferner seitwärts: „Das sind die pesten: Felix, Adolff, Samario", die besten Lautenschläger nämlich. Thausing, a. a. O.

S. 69, Z. 13. ostria, Auster. Böhmer hat im Manuscripte „Austern" hinzugesetzt. Ebenso Campe in den „Reliquien".

S. 69, Z. 13. herrn Lasarus Ravensburger, wie ihn Dürer später nennt. Es ist dies kaum ein Mitglied des edeln Geschlechtes derer von Ravensberg, sondern einfach ein Mann aus der Stadt Ravensberg. Ein Graf von Ravensberg kann Lazarus schon deshalb nicht sein, weil die von Ravensberg 1346 ausstarben. Vgl. Lamey, „Geschichte der alten Grafen von R." (Mannheim 1779). Die Existenz eines gleichnamigen Rittergeschlechtes ist uns übrigens bekannt und lässt sich dasselbe sogar bis in spätere Zeiten (17. Jahrh.) verfolgen, doch ist ein Lazarus von Ravensberger auch in diesem Geschlechte nicht nachweisbar. Ueber sein Porträt siehe Anm. für S. 72, Z. 8.

S. 69, Z. 21. an S. Barbaraabend, also dem Vorabende, 3. December.

S. 69, Z. 22. Pereng oder Pergn, wie Hauer weiter unten schreibt, ist Bergen op Zoom. Campe druckt immer „Pergn".

S. 69, Z. 22. hab von pferd geben, d. i. für den Reitgebrauch des Pferdes.

S. 69, Z. 24. meinem weib gekaufft ein niederländisch dün duch auff den kopff. Aus der Sammlung Posonyi-Hullot besitzt das berliner Kupferstichcabinet ein sehr interessantes Blatt: es stellt Frau Agnes Dürerin in dieser niederländischen Kopftracht dar. Das Blatt führt die Aufschrift: „Das hat Albrecht Dürer noch seiner hawsfrawen conterfet zw Antorff in der niderländischen kleidung im Jor 1521, do sy einander zw der e gehabt hetten XXVII Jor." Die Zeichnung ist mit dem Metallstifte auf grau grundirtem Papier, in dreiviertel Lebensgrösse ausgeführt.

S. 69, Z. 29. die magdt und die alt frau mit dem stefft in mein büchlein. Diese Zeichnung befindet sich auf einem Blatte der Sammlung des Herzogs von Aumale, früher Reiset (Nr. 315). Die Ausführung derselben ist überraschend schön. Das Blatt zeigt zur einen Seite den Kopf einer jüngern, also der Magd des Hauses, und zur andern den einer ältern Frau. Es trägt von Dürer's Hand die Inschrift: „zw pergen feuertag."

S. 69, Z. 30. des von Bergen hauss ist. Campe druckt „das". Den Sinn dieses Satzes hat Campe offenbar misverstanden, denn sonst könnte er wol nicht an die Stelle von „ist": „sind" gestellt wissen wollen.

S. 69, Z. 31. Pergn. Auf der Rückseite eines Blattes aus dem Skizzenbuche Dürer's in der Sammlung des Herzogs von Aumale ist die auf einem Hügel gelegene Stadt dargestellt. Dieser Zeichnung sind die Worte: „zw pergen" beigefügt.

S. 69, Z. 32. An unser frauen abendt, der 7. December.

S. 69, Z. 33. Bastian Imhoff, ein Sohn Peter's I. Imhof und der Magdalena Holzschuherin. Er verheirathete sich 1500 mit Catharina, der Tochter des Georg Fütterer und der Apollonia, einer geborenen Uhlstädtin, war also der Schwager von Paulus Topler. Mit Dürer muss er sehr befreundet gewesen sein; er erwähnt ihn zweimal in den Briefen aus Venedig an Pirkheimer. Sebastian Imhof scheint sich ausschliesslich der Handelsthätigkeit gewidmet zu haben. Er starb 1534. Lochner, a. a. O. Biedermann, a. a. O.

S. 70, Z. 1. Güs ist Goes. Thausing setzt „Stadt" hinzu.

S. 70, Z. 1. conterfet ich ein dirn ihrer manir: Dürer zeichnete eine Dirne in ihrer Tracht. Diese Zeichnung befindet sich auf der einen Seite des oben (S. 69, Z. 29) erwähnten Blattes aus dem Skizzenbuche Dürer's und wird gegenwärtig in der Sammlung des Herzogs von Aumale zu Chantilly aufbewahrt. Sie stellt ein junges Mädchen in niederländischer Tracht dar, welches eine ganz merkwürdige Haube auf dem Kopfe trägt. Darüber stehen die Worte: „zu der gus (Ter Goes) in selant." Die nämliche Seite des Blattes zeigt übrigens auch ein anderes Frauenbildniss mit der Inschrift: „zw pergen".

S. 70, Z. 2. Erma ist Arnemuiden.

S. 70, Z. 3. für die untergangene flecken. Campe druckt: „für den Untergang ein Flecken", indem er die Correctur der collationirenden Hand unbeachtet lässt.

S. 70, Z. 4. das inselein Wohlfärtig ist die Insel Wolfersdyk, nicht Walchern, wie Campe meint.

S. 70, Z. 5. Gunge ist Kortgene (?).

S. 70, Z. 6. Selant ist Zeeland.

S. 70, Z. 6. **Ernig** ist Arnemuiden. Oben nennt es Dürer „Erma".
S. 70, Z. 7. **Von dann.** Campe druckt: „von dannen".
S. 70, Z. 8. **Johann de Abus** ist der Maler Jan Gossart, genannt Mabuse. Er steht an der Spitze der Gruppe der romanischen Niederländer. Geboren um 1470 in der heute französischen Stadt Maubeuge im Hennegau — wovon sich sein Beiname ableitet — erwählte er 1503 Antwerpen zu seinem Aufenthalte. Fünf Jahre später begleitete er Philipp, den Bastard von Burgund, nach Italien, wo er die neue Formensprache aus der Quelle selbst schöpfte. Nach den Niederlanden zurückgekehrt, erhielt er in verschiedenen Städten lohnende Arbeit und befand sich auch im Dienste verschiedener niederländischer Fürsten. Schliesslich siedelte er jedoch wieder nach Antwerpen über, wo er erst 1541 starb. Unter allen Werken Jan Gossart's hatte den Zeitgenossen des Meisters seine grosse Kreuzesabnahme in der Kirche von Middelburg am besten gefallen. Leider wurde das Bild bei dem Brande der Prämonstratenserkirche schon am 24. Januar 1568 vernichtet. Jan Gossart zählt unstreitig zu den begabtesten nordischen Künstlern seiner Zeit. In seinen Jugendwerken ist einerseits eine Einwirkung G. David's, andererseits eine Beeinflussung durch Q. Massys bemerkbar. In seinen spätern italisirenden Werken tritt die Pracht der architektonischen Umgebung und die sorgfältige Plastik der Modellirung hervor. A. Woltmann und K. Woermann, „Geschichte der Malerei", S. 517. A. Woltmann, Dürer und Mabuse in Prag in „Aus vier Jahrhunderten" (Berlin 1878), S. 28—48.
S. 70, Z. 9. **nit so gut im hauptstreichen, als im gemähl,** d. i. schwächer in der Modellirung der Köpfe, als in der Farbenbehandlung. Erhard Schön gebraucht in seiner Unterweisung der Proportion (Nürnberg 1538) „habtstrychen" d. i. wol „hawbtstrychen" von der Eintheilung der Köpfe in rechteckige Cuben. Thausing, „Dürer, Geschichte seines Lebens und seiner Kunst" (Leipzig 1876), S. 426.
S. 70, Z. 9. **zu der Fahr,** d. i. zu der Veere.
S. 70, Z. 11. **Armuyd** ist Arnemuiden, welche Stadt Dürer bereits oben einmal „Erma" und „Ernig" genannt hat; weiter unten sagt er „Ernüg".
S. 70, Z. 12. **unrath,** Unheil.
S. 70, Z. 13. **was** steht hier für „war". Campe druckt: „war".
S. 70, Z. 15. **als.** Campe druckt: „also".

S. 70, Z. 15. **Görg Közler.** Die Kötzler erwarben um die Mitte des 14. Jahrhunderts in Nürnberg das Bürgerrecht. Wir müssen es unentschieden sein lassen, welchen der drei Kötzler, die diesen Namen gleichzeitig führten, Dürer meinte. Der eine derselben war 1471 geboren und seit 1495 mit Barbara, Wilhelm von Morn's Tochter verheirathet. Zum zweiten mal vermählte er sich 1503 mit Martha, Caspar Hofmann's Tochter, zum dritten mal am 14. November 1510 mit Barbara, der Tochter des Georg Imhof und seiner Gemahlin Veronika. Aus dieser Ehe entsprossen zehn Kinder. Kötzler starb 1529, in welchem Jahre auch seine Gattin das Zeitliche segnete. Von seinen drei Brüdern starben zwei in Frankreich, einer in Mailand. Der andere Georg Kötzler war mit Maria Theunerin von Emerich vermählt, welche ihn mit zwei Söhnen beschenkte. Er starb 1533. Der dritte endlich war 1497 geboren und hatte Margaretha, Albrecht Schrotter's und der Schlewizerin Tochter zur Hausfrau. Er starb 1544 am 1. Jan. Nach unserer Ansicht war es der älteste der drei Brüder, welcher von Dürer erwähnt wird. Würfel, a. a. O.

S. 70, Z. 19. **in selben.** Hier wäre etwa „Augenblick" zu ergänzen; doch ist anzunehmen, dass dieser Ausdruck bei Dürer gewissermassen eine Redensart war.

S. 70, Z. 20. **unser schiff.** So steht im Manuscripte, allerdings erst von zweiter Hand richtig gestellt. Campe druckt: „uns Schiff".

S. 70, Z. 26. **fahen,** fassen.

S. 70, Z. 28. **so wohlt er noch.** Hauer schreibt irrthümlicherweise: „so wohlt wir und" etc.

S. 70, Z. 29. **lechst,** vielleicht von leg, also sehr schwer übel, schlecht.

S. 70, Z. 30. **sich unser verwegen,** uns aufgeben.

S. 70, Z. 33. **ein überschön rathauss.** Dürern mochte es ganz besonderes Interesse gewähren; denn es war mit kostbaren Bildern und „sinnreichen Sachen" geziert.

S. 70, Z. 34. **viel kunst an.** Das letzte Wörtchen hat Campe, wol in Anbetracht, dass es hier unnöthig erscheint, weggelassen.

S. 70, Z. 34. **in der abtey.** Es war dies die Abtei zu St.-Nicolaus, ein Prämonstratenserorden, welche sich grossen Ansehens erfreute. Später wurden in der Abtei, die in ein Landhaus umgewandelt ward, die zeeländischen Landtagsversammlungen abgehalten, und befanden sich daselbst die Rentkammer, die Admiralität, die Münze und andere dergleichen Behörden.

S. 70, Z. 35. porkirch ist Emporkirche.

S. 71, Z. 3. Ernüg ist Arnemuiden. Campe druckt: „Ernü...", augenscheinlich das allerdings undeutlich geschriebene „g" nicht zu entziffern vermögend.

S. 71, Z. 4. Alexander Imhoff. Siehe Anm. für S. 53, Z. 23.

S. 71, Z. 4. die Hirschvogel trieben schon in den frühesten Zeiten Handel nach Italien und in die Niederlande und erwarben sich damit grossen Reichthum. Besonders die Gebrüder Leonhard und Bernhard Hirschvogel dehnten den Handel möglichst weit aus und errichteten auch in Antwerpen eine eigene Factorei. Mit Bernhard Hirschvogel war Dürer befreundet. Sein Vater Leonhard war der erste und einzige seines Geschlechts, der zu Rathe ging. Seitdem aber galt das ganze Geschlecht für rathsfähig. Eine Tochter Leonhard Hirschvogel's und der Barbara Imhofin, Brigitta, vermählte sich am 4. Juli 1519 mit Johann Geuder, dem Neffen Wilibald Pirkheimer's. Damals stand das Haus der Hirschvogel, die sich durchgehends den kaufmännischen Geschäften zuwandten, in der nürnberger Handelswelt noch in gutem Flor, sank aber bald darauf, wie auch ihr Stamm erlosch. Würfel, a. a. O. Lochner, a. a. O.

S. 71, Z. 5. ein jeglicher. Campe druckt: ein jeder.

S. 71, Z. 5. indianisch nuss. Hauer hat hier wieder „unz" geschrieben; Campe folgt ihm in seinen „Reliquien".

S. 71, Z. 6. ausswachsenden zwibel. Hauer hatte „auswechselten" geschrieben. Die Correctur ist von der collationirenden Hand besorgt.

S. 71, Z. 7. mondag, der 9. December. Hauer schreibt zweimal „Mondag".

S. 71, Z. 8. für die Fahr, d. i. vor die Veere.

S. 71, Z. 8. Zürchse ist Zierikzee. Bei Campe lesen wir: „Zürckse".

S. 71, Z. 9. die Fortuna. Dürer verstand unter „Fortuna" Zufall, Geschick, Glück. Freilich nimmt sich dieser Ausdruck hier etwas eigenthümlich aus. Siehe übrigens unsere Anmerk. für S. 69, Z. 2.

S. 71, Z. 10. ein kotzen. Campe druckt: „Kotzer". Kotze ist wol Kötze, Korb; es könnte übrigens auch unter „kotze" grobes zottiges Wollenzeug, dann eine Decke oder ein Kleid davon zu verstehen sein.

S. 71, Z. 12. zu tragen geben ist: für das Tragen gegeben.
S. 71, Z. 13. Perg ist Bergen.
S. 71, Z. 15. aiden ist Eidam.
S. 71, Z. 16. zihn ist Zinn.
S. 71, Z. 18. der jeglicher ist deren Jeglicher.
S. 71, Z. 19. eiden ist Eidam.
S. 71, Z. 19. hornissgulden ist hornischer Gulden. Der Graf von Horn hatte nämlich das Recht, solche prägen zu lassen.
S. 71, Z. 20. Kerpen ist sehr wahrscheinlich Bernard von Kerpen, nassauischer Hofmeister (1525—35). Er war der Sohn des Jacob von Kerpen, Herrn zu Warsberg und dessen Gemahlin Johanna Beyer von Boppart. Bernard war vermählt mit Elise von Wolfenstein. Fahne, A., „Geschichte der Koelnischen Juelichschen und Bergischen Geschlechter", II. Th. (Köln 1853). Humbracht, J. M., „Die hoechste Zierde Teutsch Landes und Vortrefflichkeit des Teutschen-Adels vorgestellt in der Reichs-Freyen Rheinischen Ritterschaft" (Frankfurt 1707).

S. 71, Z. 20. der Kerpen von Kohln. Kohln dürfte hier für Cöln stehen und nicht für Kohle.

S. 71, Z. 21. zichen sind Ziechen, Bettdecken, Kissenüberzüge.

S. 71, Z. 23. sither. Bei Campe steht: seither.
S. 71, Z. 25. am freytag nach Lucia, 14. December.
S. 71, Z. 28. und mein weib + ist bezahlt, soll heissen: für mein Weib ist gezahlt. Das + hat Campe unbeachtet gelassen. Dies Zeichen ist vielleicht ein Vermerk der richtig geleisteten Bezahlung, kann aber auch möglicherweise in der Urschrift von der Dürerin eingetragen gewesen sein.

S. 71, Z. 31. medoien, Halsgehänge, Medaillen.
S. 72, Z. 6. Ich hab dem Jobsten u. s. w. Dieser, von demjenigen, der die Handschrift collationirte, auf den Rand geschriebene Satz fehlt in Campe's „Reliquien". Jobst ist natürlich der Wirth Plankfelt.

S. 72, Z. 8. Lazarus von Rafespurg ein conterfet angesicht. Eine Zeichnung aus dem Skizzenbuche Dürer's, Lazarus darstellend, befindet sich heute im Kupferstichcabinet zu Berlin. Er trägt einen breiten Klappenhut und ist mit einem Pelzrock bekleidet; seine Züge, von sehr männlichem Ausdrucke, treten scharf hervor. Von Dürer's Hand ist die Aufschrift: „. . rus rovenspurger gemacht zw anttorff". Auf dem nämlichen Blatte, rechts, ist ein zierlich und schlankgeformtes Thürmchen; auf der Rückseite sind zwei Frauenbildnisse, halbe Figur, in niederländischer Tracht, die eine in Profil, die andere in drei Viertels-Ansicht dargestellt.

S. 72, Z. 12. ein goltgulden. Campe druckt: „ein Philippsgulden". Der ganze Satz ist von der collationirenden Hand eingeschoben.

S. 72, Z. 18. Gerhart. So steht deutlich im Manuscripte. Campe machte „Bernhart" daraus; Thausing stellte diesen Namen wieder richtig. Murr hat übrigens in seinem „Journal" auch „Gerhard" gedruckt.

S. 72, Z. 19. Pombelly. Hauer hatte „Pobelly" geschrieben. Die auch von uns adoptirte Correctur im Manuscripte stammt von Murr.

S. 72, Z. 21. übers mahl ist für ein Mahl.

S. 72, Z. 24. brabatisch, soll heissen brabantisch.

S. 72, Z. 27. den neuen factor. Es ist darunter zweifelsohne der Nachfolger des Consuls Brandan zu verstehen, den Dürer später den „klein factor von Portugal", Signor Francisco, nennt.

S. 72, Z. 28. Portugales. Vielleicht meint mit diesem Namen Dürer nicht immer den portugiesischen Factor, sondern auch den Schüler des Quentin Massys, Eduard Portugalois, welcher nach den Liggeren 1504 von dem genannten Maler als Lehrling aufgenommen worden war.

S. 72, Z. 29. rentmaister. Siehe Anm. für S. 54, Z. 13.

S. 72, Z. 32. Meyting. Siehe Anm. für S. 63, Z. 32.

S. 72, Z. 33. den ich conterfet hab. Aus dieser Mittheilung geht unzweideutig hervor, dass dieser Mann ihm als Modell gedient hat.

S. 73, Z. 7. zu kupffer gestochen. Campe druckt: „in kupffer".

S. 73, Z. 12. bisemknopff ist Bisamknopf; pisemthier ist Bisamthier.

S. 73, Z. 13. persin. Jedenfalls meint damit Dürer Persio, einen dunkelrothen Farbestoff aus Flechtenarten, also rothen Indigo. Persico, der hier allenfalls noch in Betracht kommen könnte, ist Pfirsichbranntwein.

S. 73, Z. 18. Mein weib u. s. w. Frau Agnes war also Pathin und zwar allem Anscheine nach bei einem Kinde Jobst Plankfelt's.

S. 73, Z. 20. zu zehrung gewechselt. Campe druckt: „gewechselt zu Zehrung".

S. 73, Z. 23. die 6 knodn, ein Holzschnitt Dürer's. Schwarze Scheiben je mit vier blattförmigen Ansätzen in den Winkeln des Blattes, beide mit mannichfaltigen weissen Knotenverschlingungen geziert. Bartsch 140—145; Heller 1926—32.

S. 73, Z. 23. umb flax. Ursprünglich stand im Manuscripte: „fleisch". Derjenige, welcher sich der Mühe unterzog, die oftmals berührte Collationirung vorzunehmen, strich „fleisch" aus und überschrieb dieses Wort mit „flax".

S. 73, Z. 25. Franzisco, signor. Murr vertauschte im Texte die Stellung des Nomen mit dem Prädicate, indem er das Prädicat mit 1, das Nomen mit 2 bezeichnete. Campe hat diesen Vorschlag acceptirt. Wir behielten die Hauer'sche Stellung bei, weil sie am Ende doch die Dürer'sche gewesen sein kann.

S. 73, Z. 25. mein tüchlein mit dem kindlein. Es war hier die bereits erwähnte beliebte Maltechnik angewendet: in Wasser- oder Leimfarben auf feine ungrundirte Leinwand.

S. 73, Z. 25. des Staibers wappen. Siehe Anm. für S. 66, Z. 12.

S. 73, Z. 32. calacutisch tücher. Hauer hat recht naiv gelesen: zwei calacutisch töchter. (!) Unser Gewährsmann hat aber keineswegs gedankenlos dieses Wort niedergeschrieben: zwei Töchter aus Calcut, zwei schwarze Dienerinnen, erschienen in seinen Augen gewiss als das passendste, das vornehmste Geschenk für den von ihm hochverehrten Malerfürsten. Indess waren es nur Tücher, wie Hauer bei der von unbekannter Seite vorgenommenen Collationirung belehrt wurde, nur zwei Tücher, welche Roderigo ihm aus dem schätzespendenden Lande darbrachte.

S. 73, Z. 33. piret ist Barett.

S. 73, Z. 34. krün krug mit mirabulon, d. i. ein grüner Krug mit Myrobalanen, ostindischen Früchten.

S. 74, Z. 1. dem Fockorischen, zweifelsohne dem Factor, dem Geschäftsführer des Hauses Fugger. Campe druckt: „den Fockerschen". Im Manuscripte hat Murr die günstige Gelegenheit, eine Verbesserung anzubringen, wiederum nicht vorübergehen lassen können: er schrieb nämlich „Fuggerischen" hinzu, wie er auch in seinem „Journal" drucken liess.

S. 74, Z. 2. angloten. Campe druckt: Angelot; eine englische Geldmünze. Der Erzengel Michael war auf dieselbe geprägt; daher der Name. Sie war schon 1340 im Gebrauche und stand in den Niederlanden um 1520 im Werthe von 2 Gulden 2 Stüber.

S. 74, Z. 6. mümerey. Hauer hatte ursprünglich „mümerly" geschrieben; dass hier ein einfacher Lesefehler, eine Verwechselung des Buchstabens e mit l vorliegt, ist wol klar. Schon die collationirende Hand deckte diesen Fehler auf — eine Correctur, die sich übrigens auch, nach einer Reproducirung der Hauer'schen Schreibart, Campe zu eigen macht.

S. 74, Z. 9. S. Vronica. Im Manuscripte ist dieses Wort etwas undeutlich und uncorrect geschrieben: an Stelle des V steht f, das e fehlt ganz, o und n ist zusammengeschrieben, sodass also a entstanden ist, endlich sieht das c einem o oder b ähnlich. Unter solchen Umständen ist es am Ende nicht zu verwundern, wenn Campe eine neue Heilige „S. Frauda" erstehen lässt, über die alle Quellen beharrlich schweigen. Murr geht übrigens noch einen Schritt weiter: er macht in seinem Journal „des Francisco Frau" daraus, indem er das S: auf den eine Zeile vorhergenannten Franzisco bezieht und es für eine Abbreviatur für „seine" hält, dann ebenso wie Campe a liest und den Punkt auf dem i für ein ü-Häubchen ansieht. — Thausing hat mit gewohntem Scharfsinne, obwol ihm kein Codex vorlag, das Richtige getroffen.

S. 74, Z. 13. zwey futrall. Hauer hatte geschrieben: „zwey portugalisch futrall". Das mittlere Wort ist indess von der collationirenden Feder wieder ausgestrichen.

S. 74, Z. 15. an der herren fasnacht, der 10. Februar.

S. 74, Z. 17. über cöstlichs. Hauer hat falsch gelesen und das Dürer'sche „s" für ein 6 gehalten. Murr sprach dieser scheinbaren Zahl durch einen Strich jede Berechtigung ab. Campe druckt: cöstlich.

S. 74, Z. 18. übermässig stand zweimal im Manuscripte. Einmal ist es von Murr's Feder durchstrichen.

S. 74, Z. 19. der alt aman von der statt ist der Amtmann, Ritter Gerhard van de Werve. Verachter, a. a. O., S. 67.

S. 74, Z. 20. mummer sind verkleidete Gestalten, also Masken.

S. 74, Z. 21. Flores, der frau Margareth organist ist Florent Nepotis. Im Jahre 1525 wird er unter den Kammerdienern der Erzherzogin als Fleurequin Nepotis aufgeführt. Es ist daran die Bemerkung geknüpft, dass ihn seine Gebieterin nach seiner Rückkehr wieder als Organisten in ihre Dienste aufnehmen werde. De Quinsonas, „Matériaux", III, 334. Vgl. Thausing, a. a. O. Campe druckt: Fraw Margarth.

S. 74, Z. 22. am montag, 11. Februar.

S. 74, Z. 22. herr Lupes. Im Manuscripte steht zwar „N. Lupes", indess glaubten wir ohne Bedenken an Stelle des „n" „h" (herr) treten lassen zu sollen. Campe druckt: „N. Lupes". Herr Lupes ist Thomas Lopez, Ritter und Gesandter des Königs von Portugal. Er war der erste portugiesische Factor in Antwerpen (1503). Verachter, a. a. O.

S. 74, Z. 26. Prandan. Hauer hat offenbar falsch gelesen und „Pranbell" geschrieben. Campe hat es getreulich nachgedruckt.

S. 74, Z. 27. Ich hab ein anglott u. s. w. Dieser von der collationirenden Feder auf den Rand geschriebene Satz fehlt bei Campe.

S. 74, Z. 28. Bernhart von Castell. Es ist dieser wol mit dem Bernhard identisch, welchen Dürer auch „von Breslau" nennt. Die Herren von Castell waren nämlich im Breslau'schen begütert. Vgl. Joh. Sinapius, „Des schlesischen Adels anderer Theil u. s. w.", 1728.

S. 74, Z. 29. angewann, Campe druckt abgewann, angewinnen ist von einem etwas gewinnen.

S. 74, Z. 32. citernat ist Citronat.

S. 74, Z. 34. zirnnüss sind Zirbelnüsse, welche Dürer als Geschenk an Caspar Nützel mit nach Hause brachte. Hauer hatte „firnüss" geschrieben, die collationirende Hand stellte dieses verschriebene Wort wieder richtig. Campe hat diese Correctur unbeachtet gelassen und druckt: „Firnüss". Vgl. Anm. für S. 63, Z. 35.

S. 75, Z. 1. maister Jan ist allem Anscheine nach Jean Mone, ein lothringer Bildhauer, welcher anfangs der dreissiger Jahre in den Dienst des Kaisers Karl V. trat. Sein bedeutendstes Werk ist der Hauptaltar der Kirche St.-Martin zu Hal, an welchem er im Auftrage seines Herrn seit 1533 arbeitete. Der Altar trägt die Inschrift: Jean Mone, maistre artiste de l'empereur a faict cest dict retable. Von seinen Lebensschicksalen wissen wir noch, dass er 1536 nach Mecheln übersiedelte, diese Stadt aber später wieder verliess, um die letzte Hand an den prachtvollen Hochaltar der kaiserlichen Kapelle in Brüssel anzulegen. Brachte ihm schon seine Kunst lohnenden Erwerb und Ehre, so sollte ihm doch noch ein angenehmeres Los beschieden sein: er gelangte durch Erbschaft in den Besitz der Herrschaft Lutange bei Diedenhofen und starb als ein angesehener und vermögender Mann. Pinchart, a. a. O. Thausing, a. a. O.

S. 75, Z. 1. Christopff Kohler ist Christoph Coler, aus einem alten nürnberger Patriciergeschlechte; geboren 1483, kam er 1520 in den Rath zu Nürnberg, ward junger Burgermeister 1528, Septemvir 1531 und starb im Jahre 1536. Biedermann, a. a. O., Tab. DCI. Siehe Anm. für S. 75, Z. 14.

S. 75, Z. 2. gelert steht hier für: gelernt.

S. 75, Z. 4. Jan Türcken. Wir vermuthen, dass wir es hier mit dem Maler und Händler Jacob Tierik zu thun haben, welcher 1513 das „Leiden Christi" in 64 Blättern herausgab: doch werden sie kaum von ihm geschnitten gewesen sein. Jacob Tierik starb 1567.

S. 75, Z. 7. Scheufleins kunst. Hauer hatte ursprünglich „Scheffeleins" geschrieben. Die collationirende Hand schrieb „Scheufleins" darüber, eine Feder des 19. Jahrhunderts strich beide Wörter aus und setzte „Scheufeleins" darunter. Campe hat sich an die letztere Schreibart gehalten. Schäufelein's Kunst sind die Holzschnitte des Malers Hans Leonhard Schäufelein, die Dürer keineswegs aus Gefälligkeit für seinen ehemaligen Schüler, sondern, wie Moriz Thausing ganz richtig bemerkt, einfach als Waare in seiner Eigenschaft als Verleger und Kunsthändler mit sich führte. Hans Leonhard Schäufelein war 1490 in Nürnberg geboren, lernte vermuthlich bei Michael Wohlgemuth und trat dann in die Werkstätte Albrecht Dürer's. Im Jahre 1512 war der Künstler in Augsburg thätig, 1515 siedelte er nach Nördlingen, der Geburtsstadt seines Vaters, über, führte für dieselbe und die umliegenden Ortschaften zahlreiche Gemälde aus und starb dort 1540. Wenn auch Hans Schäufelein in seinen Werken nicht selten handwerksmässigen Geist bekundet, so fesselt er doch oft genug durch wohldurchdachte Compositionen und eigene Motive. Sein schönstes und bedeutendstes Werk befindet sich in der Hauptkirche zu Nördlingen (siehe Anm. für S. 63, Z. 9). Als Holzschneider war er äusserst fruchtbar. Zu seinen schönsten Holzschnitten zählen die 35 Blätter des 1507 in Nürnberg gedruckten Passionswerks. Woltmann und Woermann, „Geschichte der Malerei", S. 401. Adolf Rosenberg „Die deutschen Kleinmeister" (Dohme's „Kunst und Künstler"), Nr. 8—11, S. 29.

S. 75, Z. 14. der Kolerin. Die Gemahlin des obenerwähnten, Christoph Coler. Sie hiess Margaretha und war die Tochter des Hans (nach Thausing: Paulus) Rieter, eines Bruders der Gattin Wilibald Pirkheimer's; Crescentia Margaretha Colerin vermählte sich am 3. August 1518 und starb 1543. Biedermann, „Geschlechtsregister der Ritterschaft an der Altmühl", Tab. LXXV.

S. 75, Z. 20. ein mahl. Campe druckt „einmal", ebenso „zweimal". Es bleibt sich allerdings der Hauptsache nach gleich, ob Dürer „einmal" oder „ein mahl" geschrieben hat, indess dürfte „mahl" bei Hauer doch nicht so ganz grundlos stehen.

S. 75, Z. 21. maister Peter, secretary, ist Peter Gillis, oder Peter Aegidius, der Secretär der Schöffen von Antwerpen, ein sehr geachteter Mann, Rechtsgelehrter und Literaturfreund, Schüler des Erasmus von Rotterdam und späterer Busenfreund seines ehemaligen Lehrers. Er war 1486 zu Antwerpen geboren und starb daselbst 1533. Aegidius stammte aus angesehener Familie; sein Vater, der 1518 im achtzigsten Lebensjahre starb, war städtischer Beamter. Seit 1510 war Aegidius Stadtschreiber von Antwerpen. Bereits 1516 verheirathete er sich; seine Ehe war mit Kindern gesegnet. Er war ein Mann von hoher Bildung und ein bedeutender Förderer des Humanismus: es bekundet dies vor allem die innige Freundschaft, welche ihn mit einem Morus und einem Erasmus verband. Bei mehrern Ausgaben gelehrter Werke wirkte er mit und machte sich um die römisch-rechtliche Quellenkunde verdient. Er verfasste unter andern auch eine Threnodie auf Maximilian's Tod und im darauffolgenden Jahre die Argumente zu 13 Schauspielen und Bildern, welche die Stadt Antwerpen zu Ehren Karl's V. veranstaltete. (Antwerpen, Hillen 1520.) Vgl. Anm. für S. 62, Z. 18. Rivier in „Allgemeine Deutsche Biographie", S. 126.

S. 75, Z. 23. auff den thurn. Derselbe ist 132 Meter hoch, wird aber kaum schon 1520 vollendet gewesen sein. Während die einen berichten, dieser Thurm sei im Jahre 1422 durch den Baumeister Jan Amelius von Bologna zu bauen angefangen worden, behaupten die andern, der prachtvolle Bau verdanke seine Ausführung dem am 15. Mai 1434 verstorbenen Steinmetzmeister Peter Smit, genannt Appelmans, welcher auch der Erbauer der St.-Georgenkirche ist. Letztere

Ansicht verdient jedenfalls die meiste Würdigung und dürfte auch die wahrscheinlichere sein. Verachter, a. a. O. Der Thurm des Münsters in Strassburg ist höher, dieser hat 143 Meter.

S. 75, Z. 25. für baden. Hauer hat zwar „aden" geschrieben, indess dürfte unsere Conjectur nicht die unrichtigste sein. Campe druckt: „ad"; Thausing hat „Essen" daraus gemacht.

S. 75, Z. 31. zwier ist zweimal. Hauer hatte zuerst „zierer" geschrieben; die Richtigstellung verdanken wir der collationirenden Hand.

S. 75, Z. 35. herr Lorenz Stercken. Campe hat „herr" ausgelassen. Statt „Stercken" druckt er „Starcken".

S. 76, Z. 3. herr Adrian, der statt Antorff orator. Im Manuscripte steht: „Arian", doch ist dies eben ein Lesefehler Hauer's, und zwar ein offen zu Tage liegender. Adrian Horebouts war zu Antwerpen geboren und starb daselbst am 10. Januar 1546. Er liegt in der Kirche der Clarissinnen begraben, wo ein Grabstein die Ruhestätte des gelehrten Mannes anzeigt. Adrian Horebouts war Doct. jur. utr. und seit dem Jahre 1506 Pensionär, also Syndicus oder Rechtsbeistand der Stadt. Verachter, a. a. O., S. 69. Siehe Anm. für S. 52, Z. 31.

S. 76, Z. 5. der grösten reichsten kauffleuthzunfft war die sogenannte „Meersche". Sie besass ein Haus, „Den schwarzen Adler", welches auf dem grossen Markte steht. (W. 1, Nr. 664.) Diese mächtige Zunft hatte in ihrem Besitze auch eine Kapelle, welche dem heiligen Nicolaus geweiht war. Sie existirt heute noch und steht in der Langenieuwstrasse. Verachter, a. a. O., S. 69.

S. 76, Z. 6. ein sizenden S. Niclas. Wie Moriz Thausing mittheilt, war dieser Entwurf Dürer's zu einem Messgewande für den St.-Niclasaltar der Frauenkirche bestimmt, welcher Eigenthum der Kaufmannsgilde war. Der Reichthum der Gilde sollte auch diesmal so recht zu Tage treten, es war deshalb der Wunsch der Besteller: die Casel möge alle andern an Schönheit übertreffen. Und in der That scheint es nicht so leicht gewesen zu sein, den Anforderungen der vornehmen Gilde gerecht zu werden, denn die Entwürfe zweier Künstler wurden als ungenügend ohne weiteres verworfen. Dagegen fand die eingereichte Zeichnung Dürer's Annahme, wie die von Léon de Burbure veröffentlichte Rechnung über das kostbare Messgewand bekundet. Vielleicht haben wir in einem Blatte des berliner Kupferstichcabinets eine Studie zu dem heiligen Nicolaus: die Zeichnung stellt nämlich einen Bischof, welcher auf einer Art von Thron sitzt, in seinem priesterlichen Prachtgewande dar. Auf dem nämlichen Blatt rechts ist das Bildniss eines Mannes mit Pelzmütze, kurzem Barte und langen Haupthaaren. Auf der Rückseite ein liegender Hund mit der Ueberschrift: „zw Antorff", ferner der Kopf einer Art Windhund, in der Ecke eine Skizze zu einem Löwenkopf.

S. 76, Z. 7. leisten sind Rahmen.

S. 76, Z. 8. von St. Hieronymus u. s. w. bis für die leisten ist ein auf dem Rand der Handschrift befindlicher Nachtrag, der wiederum dem scharfen Auge des Collationirenden zu verdanken ist.

S. 76, Z. 9. angesicht steht für Bildniss.

S. 76, Z. 11. neber d. i. neper: spitzes Eisengeräth zum Umdrehen, also Bohrer.

S. 76, Z. 12. pellein ist Ballen, Bällchen.

S. 76, Z. 14. Hans Imhoff, dem elter: Hans I. Imhoff, der Stammvater der nürnbergischen oder fränkischen Hauptlinie. Geboren am 24. Juli 1461 kam er 1513 in den Rath zu Nürnberg, ward 1519 junger Bürgermeister und noch in dem nämlichen Jahre alter Bürgermeister. Er starb am 11. August 1522. Seine Gemahlin war Catharina, die Tochter des Senators Gabriel Muffel und dessen Ehefrau Ursula, einer geborenen Löffelholzin. Er hatte sich mit ihr 1486 vermählt; sie starb am 23. September 1536. Aus ihrer Ehe waren 12 Kinder entsprossen. Biedermann, a. a. O. Handschriftliche Mittheilung.

S. 76, Z. 16. stübech ist Packfass. Von einer Hand unsers Jahrhunderts ist im Manuscripte versucht, aus dem Hauer'schen „stübech" ein „stübig" zu machen.

S. 76, Z. 16. am sontag vor Judicae, 10. März. Campe druckt „am Sontag Judicä." Das „vor" hat allerdings Murr im Manuscripte ausgestrichen.

S. 76, Z. 17. Item am samstag vor Judicae, 16. März. Diese Worte fehlen bei Campe, dem sie unbequem erschienen sein mochten.

S. 76, Z. 19. Portigales gross gulden, sind portugiesische grosse Gulden.

S. 76, Z. 22. 6 stüber. Hauer hatte „5" geschrieben; es soll jedoch nach der gleichzeitigen Correctur „6 stüber" heissen. Campe druckt nach der ursprünglichen Schreibweise.

S. 76, Z. 23. profidosteinlein ist Porphyrstein.

S. 76, Z. 32. tärtschlein, von Tartsche, ein kleinerer Schild.

S. 76, Z. 33. zu ihren fechten. Dürer will damit sagen: zu dem Fechten der dortigen Menschen.

S. 76, Z. 35. den Cornelius. Bei Campe fehlt „den". Cornelius Grapheus, auch Schryver oder Scribonius genannt, bekleidete die Stelle eines Secretärs der Stadt Antwerpen. Er war 1482 zu Aelst in Flandern geboren und stand im Rufe eines hochgelehrten und verständigen Mannes. Von ihm war auch ein lateinisches Gratulationsgedicht beim Einzuge Karl's V. in Antwerpen verfasst. Grapheus starb in Antwerpen am 19. December 1558 und ward in der Frauenkirche daselbst begraben. Verachter, a. a. O., S. 70. Für das freundschaftliche Verhältniss zwischen Dürer und Grapheus ist des letztern Brief sehr bezeichnend, welchen Thausing in seinem Werke: „Dürer's Briefe u. s. w.", S. 178 zum Abdruck gebracht hat. Vgl. J. F. Foppen's „Bibliotheka Belgica" (Bruxelles 1739, I, 201), wo auch sein charakteristisches, von N. Larmessin gestochenes Bildniss zu sehen ist.

S. 77, Z. 4. Caspar Nüzlin, Clara, die Tochter des Leonhard Held, aus einer ausgestorbenen Familie, die sich auch Hagelsheimer nannte. Clara hatte sich mit Nützel, dem angesehenen Patricier, am 29. Januar 1499 verheirathet. Der am 25. September 1529 erfolgte Tod ihres Gatten machte sie zur Witwe, als welche sie auch am 5. October 1546 starb. Frau Clara hatte ihrem Manne nicht weniger als 21 Kinder geboren. Lochner, a. a. O.

S. 77, Z. 4. Hensin Imhoff ist Felicitas, die Lieblingstochter Wilibald Pirkheimer's. Sie vermählte sich am 23. Januar 1515 mit Hans Imhoff, dem Jüngern. Zur Vermählungsfeier wurden das Rathhaus und die Stadtpfeifer vom Rathe überlassen. Durch den Tod ihres Mannes wurde sie am 2. Juli 1526 zur Witwe. Zum zweiten Manne ersah man für sie den Hans Derrer, des Burgamtmanns Wilhelm Derrer und der Martha Heldin Sohn, der aber vor der Hochzeit durch einen ungeschickten Sprung sich so verletzte, dass er nach wenigen Tagen starb. Felicitas schloss nun 1528 eine Ehe mit Hans Kleeberger, der sie jedoch wenige Tage nach der Hochzeit wieder verliess. Durch das Benehmen ihres Mannes tief gekränkt, siechte sie dahin und starb am 29. Mai 1530. Lochner, „Lebensläufe berühmter Nürnberger".

S. 77, Z. 4. Sträubin, Barbara, die dritte Tochter Wilibald Pirkheimer's, welche mit Hans Straub, dem Sohne des Bernhard Straub aus Leipzig, verheirathet war. Die Schwester des Straub, Katharina, hatte den Lorenz Tucher zum Manne. Zu der am 8. Februar 1518 gefeierten Hochzeit bewilligte der Rath das Rathhaus und was dazu gehört und den zu derselben geladenen fremden Gästen wurden von Rathswegen 12 Kannen Wein geschenkt. Barbara Straubin überlebte ihren Vater, dessen ansehnliche Hinterlassenschaft sie mit den Kindern der Hensin Imhof am 30. Juni 1531 theilte. Lochner, a. a. O. Hans Straub, welcher noch 1518 Genannter wurde, starb im Jahre 1544. Er gehörte, wie sein 1521 verstorbener Vater, zu den angesehensten Handelsleuten Nürnbergs.

S. 77, Z. 5. zwu Spenglerin. Im Manuscripte steht allerdings das Komma nach zwu, sodass es also den Anschein hat, als bezöge es sich auf Sträubin, indess stammt diese Interpunktion von der Hand Murr's — ein Umstand, der nicht gerade sehr für die von Campe adoptirte Interpunktion sprechen dürfte. Die zwei Spenglerinnen sind zweifelsohne die Frauen der Brüder Spengler. Die Frau des Lazarus Spengler, Ursula, war die Tochter des Hans Schulmeister, aus einem bürgerlichen, ehrbaren Geschlechte; die des Georg Spengler, Juliana, war die Tochter des Sebald Tucher und der Barbara Waldstromerin.

S. 77, Z. 5. Löffelhölzin. Dürer hat mit Weglassung des Vornamens der Löffelholzin Stoff zu Vermuthungen geboten. Abgesehen von den Frauen der Familien, welche in Rothenburg lebten, sind es noch drei, welche hier in Betracht zu ziehen wären. Schwerlich haben wir es mit der zwanzigjährigen Dorothea zu thun, deren Mann, der Patricier Wolfgang Löffelholz 1519, im Jahre ihrer Verehelichung, noch starb. Eher wäre noch anzunehmen, es sei die erste Frau des Martin Löffelholz, Anna, gemeint, deren Tod übrigens in das Jahr 1521 fällt. Ein wenn auch weitläufiges Verwandtschaftsverhältniss mit Dürer führt zu der Frau des Thomas Löffelholz, eines sehr angesehenen Mannes. Er war 1472 geboren, zog in jungen Jahren mit dem Herzog Heinrich von Sachsen zum heiligen Grabe und diente später verschiedenen Fürsten. Im Jahre 1491 wurde er nach der Eroberung der Feste Stuhlweissenburg von Maximilian zum Ritter geschlagen. Auch ward er kaiserlicher Rath. Herzog Albrecht in Baiern schenkte ihm 1507 das Schloss und den Sitz Colberg bei Altöttingen „mit aller Zugehörung, Ehre und Rechten", wie der Donationsbrief besagt. Löffelholz war aber nicht allein ein wackerer Kämpe, sondern hegte auch für das Heil seiner Seele Besorgniss, wofür manch' fromme Stiftung spricht. Am 10. Mai 1527 starb er zu Braunau. Die Katharina Löffelholzin war die Tochter des Wilhelm Rummel und der Kunigunda Hallerin, also eine Schwester von Dürer's Schwiegermutter, der Anna Freyin. Als sie sich 1503 mit Thomas Löffelholz vermählte, war sie Witwe des Bartholomäus Kuchel. Ihrer Ehe mit Thomas Löffelholz entspross ein Sohn, welcher sein Leben in einem Kloster zubrachte. Biedermann, a. a. O.

S. 77, Z. 6. Pirkhamer ist der berühmte nürnberger Rathsherr Wilibald Pirkheimer, der intime Freund Albrecht Dürer's. Sein Vater, Dr. Johannes Pirkheimer, war Rath des Bischofs von Eichstätt, auch Herzog Albrecht's von Baiern, Erzherzog Sigmund's von Oesterreich und seiner Vaterstadt Nürnberg. Seine Gattin war Barbara, des Burkard Löffelholz und der Margaretha Zollnerin aus Bamberg Tochter, welche ihn mit fünf Töchtern und einem Sohne beschenkte. Wilibald Pirkheimer ist am 5. December 1470 zu Eichstätt geboren. Seine Erziehung war eine vorzugsweise gelehrte. In Padua hielt er sich 3, zu Pavia 4 Jahre auf, wo er sich eine gelehrte philologische und juristische Bildung aneignete. Nachdem er sich am 13. October 1495 mit Crescentia Rieterin, des Paulus Rieter und der Katharina Volkamerin hinterlassenen Tochter vermählt hatte, wurde er an der Osterwahl 1496 in den Rath gewählt und erscheint noch in dem nämlichen Jahre als jüngerer Bürgermeister. Am 21. März 1497 wurde er Hauptmann, 1499 sandte ihn Nürnberg mit einer kleinen, aber wohlausgestatteten Schar als Hauptmann gegen die Schweizer. Nachdem man Pirkheimer sein Leben soviel als nur möglich zu verbittern und seine Thätigkeit im Rathe anzufeinden gesucht hatte, schied er 1523 gänzlich aus dem Rathe aus. Ohne Pirkheimer's Leistungen als Staatsmann und Feldherr unterschätzen zu wollen, wird man doch beistimmen müssen, dass seine literarische Wirksamkeit, sein ausgebreiteter Briefwechsel mit den bedeutendsten Gelehrten seiner Zeit, der gastliche Empfang derselben in seinem als Mittelpunkt der humanistischen Bestrebungen anzusehenden Hause, seine eigene schriftstellerische Thätigkeit, besonders die Herausgabe und Uebersetzung griechischer Schriften — schwerer ins Gewicht fällt als seine militärische und auch als seine staatsmännische Wirksamkeit. Pirkheimer legte eine wahrhaft begeisterte Verehrung für Luther und seine Lehre an den Tag und war deshalb in der von Dr. Eck ausgewirkten Bannbulle 1520 mit inbegriffen worden. Durch Familienereignisse tief ergriffen, nahm Pirkheimer merklich ab und entschlief unerwartet am 22. December 1530. Er wurde auf St.-Johannis-Kirchhof begraben, wie noch heute die Grabschrift besagt, als der letzte seines Stammes. Von seinen fünf Töchtern war ihm Felicitas bereits im Tode vorangegangen; Crescentia und Katharina waren im Clarenkloster, Charitas im Kloster Bergen, Barbara war an Straub verheirathet. (Siehe Anm. für S. 77, Z. 4.) Für das intime freundschaftliche Verhältniss, welches zwischen Pirkheimer und Dürer bestand, sind die Briefe Dürer's aus Venedig an Pirkheimer höchst charakteristisch. Diese Briefe hat zuerst Murr im 10. Bande seines „Journals", hierauf Campe in den „Reliquien", dann A. von Eye in den „Jahrbüchern für Kunstwissenschaft", II, 201 fg., ferner Thausing in „Dürer's Briefe, Tagebücher u. s. w.", endlich Rosenberg in Guhl's „Künstlerbriefen" publicirt.

S. 77, Z. 7. puffleinschreibzeug ist ein Schreibzeug aus Büffelhorn.

S. 77, Z. 7. pistacin. Hauer schreibt „Pensanin". Es ist offenbar, dass hier ein Lesefehler Hauer's vorliegt: denn pensanin ist ein Unsinn. Wir acceptiren desshalb Thausing's Vorschlag für den Text. Pistacie heisst die Nuss des Pistacienbaumes, welcher in Ostindien heimisch ist. Die Nuss wird bei uns gewöhnlich Pimpernuss genannt.

S. 77, Z. 8. Caspar Nützel, der Sohn des Gabriel Nützel und der Agnes Hirschvoglin, wol der bedeutendste Mann des alten, reichen und rathsfähigen Geschlechts. Geboren um 1471, vermählte er sich am 29. Januar 1499 mit Clara Heldin. Nach dem am 20. Mai 1501 erfolgten Tode seines Vaters, kam er an Ostern 1502 in den Rath, war zum ersten mal als junger Bürgermeister vom 17. August bis 13. September im Rathe, wurde 1502 Viertelmeister und stieg rasch zu den höhern Stellungen empor, wurde zu wichtigen Sendungen ausersehen und erscheint als die wirksamste Persönlichkeit des Rathes in der Reformationszeit. Nach dem Sturze Anton Tetzel's im Jahre 1514 wurde er Pfleger des Claraklosters und stand auch anfangs, wie aus dem von der Aebtissin Charitas Pirkheimer am 3. September 1518 an ihn, Lazarus Spengler und Albrecht Dürer gerichteten Brief (Thausing, S. 167) hervorgeht, mit derselben in freundschaftlichem Verkehr.

Das änderte sich freilich schon nach wenigen Jahren, als er, ein eifriger Anhänger der Reformation, auch gegen das Klosterleben feindlich auftrat. Im Jahre 1513 wurde er Landpfleger, 1521 oberster Hauptmann (Triumvir) und 1524 zweiter Losunger — er hatte also alle Macht in Händen, um der lutherischen Lehre Vorschub zu leisten. Der Tod raffte ihn mitten aus der wirksamsten Thätigkeit heraus; er starb in einem Alter von 58 Jahren, nach siebenundzwanzigjähriger Thätigkeit im Rathe, am 25. September 1529 und ist auf St.-Rochuskirchhof begraben, wo auch sein und seiner Frau Wappen mit der Umschrift: Casper Nützels begrebnus 1529, zu sehen ist. Lochner, „Lebensläufe", S. 21.

S. 77, Z. 9. Jakob Muffel, geboren 1471 als Sohn des Gabriel Muffel, studirte zu Ingolstadt und reiste hierauf im Jahre 1487 nach Venedig. Im Jahre 1502 kam er als Bürgermeister in den Rath zu Nürnberg, 1513 wurde er Landpfleger, 1514 alter Bürgermeister und 1519 Septemvir. Am 22. September 1501 vermählte er sich mit Agatha, der Tochter des Anton Schlüsselfelder und dessen Ehefrau Barbara, einer geborenen Landauerin. Im Jahre 1518 wurde ihm und seiner Frau vom Papste Leo X. auf Ansuchen eine Reihe von Freiheiten gewährt. Jakob Muffel starb am 19. April 1526 und liegt bei St.-Leonhard begraben; seine Gemahlin, welche ihn mit acht Kindern beschenkt hatte, folgte ihm am 19. September 1536 in die Ewigkeit nach und wurde ebenfalls zu St.-Leonhard bestattet. Der nürnberger Rathsherr war mit Dürer gut befreundet. Im Jahre 1526 malte er das Bildniss des Muffel in Oelfarben. Es befand sich vor einigen Jahren noch in der Gemäldegalerie zu Pommersfelden bei Bamberg, wurde indess von dem Besitzer derselben nach Paris verkauft. Bei der Versteigerung der Gemäldesammlung des Fürsten Narischkine in Paris wurde das nach einer im Besitze des H. Dumesnil befindlichen Schwarzstiftzeichnung vom Jahre 1517 ausgeführte Bild um 78000 Frs. für das berliner Museum erworben. Zwei Copien dieses Bildes befinden sich zu Nürnberg, die eine davon ist im Germanischen Museum. Biedermann, a. a. O. Muffel'sches Ehrengedächtniss. (Manuscript der königlichen Bibliothek Bamberg.)

S. 77, Z. 10. Hans Imhoff kind, der erstgeborene Sohn Hans Imhoff's des Jüngern und seiner Gemahlin Felicitas, geborenen Pirkheimerin, mit Namen Hieronymus. Derselbe war am 18. Juni 1518 geboren, ward Inhaber des Herrensitzes zu Malmspach und starb am 26. August 1571. Seine erste Gemahlin war Magdalena Tucherin, seine zweite Barbara Letscherin, seine dritte Dorothea Hegnerin.

S. 77, Z. 11. Kramerin. War vielleicht Barbara Kramerin, die Tochter des Michael Kramer. Seit dem 30. September 1505 war sie mit Leonhard I. Pömer verheirathet. Dieser war Waldamtmann in Nürnberg, wurde 1517 Genannter des grössern Rathes und starb am 7. Januar 1538. Seiner Ehe mit Barbara Kramerin entsprossen 10 Kinder. Möglicherweise kann aber auch Dürer Frau Ursula, die Gemahlin des Hans Kramer, gemeint haben.

S. 77, Z. 11. zendeldort ist Zindeltaffet, also Futtertaffet.

S. 77, Z. 12. Lochingerin, die Frau des Johann Lochinger, mit Namen Kunigunde. Sie ward als die Tochter des Gabriel Holzschuher, des Stifters der rothen jüngern, oder Gabrielischen Linie, und der Brigitta Volkamerin, 1484 geboren: unter 15 Kindern das zwölfte. Johann Lochinger — bisweilen auch Lochner genannt — der Sohn Georg Lochinger's des Aeltern, entstammte einem sehr alten, adeligen Geschlechte Nürnbergs und war der Arzneiwissenschaft Doctor. Am 8. Juli 1504 vermählte er sich mit der Kunigunde Holzschuherin, welche ihn mit fünf Kindern beschenkte. Die Begräbnissstätte der Lochinger war im Predigerkloster. Handschriftliche Notizen. Biedermann, a. a. O., Tab. CLXXVI.

S. 77, Z. 12. beeden Spengler. Der eine der Brüder, Lazarus, war der Stadt Nürnberg Syndicus und vorderster Stadtschreiber. Schon sein Vater verwaltete das Amt eines Rathsschreibers zu Nürnberg. Lazarus ward am 13. März 1479 als das neunte Kind unter 21 Geschwistern geboren. Nachdem er die Universität Leipzig, die er in seinem 17. Jahre bezogen, verlassen hatte, verheirathete er sich im Jahre 1501 mit Ursula, Hans Schulmeister's Tochter. Spengler wurde 1507 Rathsschreiber zu Nürnberg und 1516 Genannter des grössern Rathes. Im Jahre 1521 wohnte er als nürnbergischer Gesandter dem Reichstage zu Worms bei. Ein Hauptbeförderer der Reformation in seiner Vaterstadt, war er als Schriftsteller emsig thätig, ferner gehörte er auch zu den ersten deutschen geistlichen Liederdichtern. Der reichbegabte und kluge Mann starb am 7. September 1534. Der andere Spengler war der Bruder des Lazarus Georg; derselbe hatte 1516 Juliana, die Tochter Sebald Tucher's und der Barbara Waldstromerin, zur Frau genommen. Dieser Georg Spengler war im Dienste reicher Kaufleute Buchhalter in Venedig. Er starb am 21. März 1529 zu Damascus in Syrien an der Pest. Von den aus dieser Ehe entsprossenen fünf Kindern pflanzte Franz, der älteste Sohn, ebenfalls Kaufmann, das Spengler'sche Geschlecht fort.

S. 77, Z. 13. Hieronymus Holzschuher. Wir glauben nicht zu irren, wenn wir hinter diesem Hieronymus nicht den Sohn, sondern den Dürer befreundeten Vater vermuthen. Hieronymus Holzschuher, der Stifter der sogen. Karol.-Hieronymischen Linie, wurde als Sohn des Karl Holzschuher 1469 geboren, kam 1499 in den innern Rath, wurde 1500 zum jüngern Bürgermeister erwählt, 1509 zum ältern Bürgermeisteramt verordnet und gelangte 1514 zur Würde eines Septemvirn. Ausserdem bekleidete er noch verschiedene Ehrenämter und verwaltete kirchliche und andere Stiftungen. Er starb am 9. Mai 1529 und wurde in der Kapelle der Holzschuher bei St.-Johannis begraben. Er hatte sich 1498 vermählt mit Dorothea, der Tochter des bekannten nürnberger Arztes Hieronymus Münzer von Feldkirchen und dessen Ehefrau Dorethea, einer geborenen Kiffhaber. Aus dieser Ehe entsprossen drei Söhne. Joh. Chr. Gatterer, „Historia genealogica Holzschuherorum" (Norimbergae 1755), S. 239. Dürer malte 1526 sein Bildniss, welches bis zum heutigen Tage Eigenthum der Holzschuher'schen Familie verblieb; das Germanische Museum in Nürnberg hat es zur Ausstellung von derselben erhalten. Wenn wir von der äusserst sorgfältigen Ausführung dieses Bildes auf die Liebe und Verehrung des Meisters zu dem Patricier schliessen dürfen, dann mag Hieronymus Holzschuher zu denen gezählt haben, welche dem Herzen Dürer's am nächsten standen.

S. 77, Z. 15. Adrian. Hauer hatte „Arion" geschrieben; Murr strich das Wort aus und setzte das richtige Adrian darüber. Vgl. Anm. für S. 52, Z. 31.

S. 77, Z. 17. Loth. So eigenthümlich das „St." hier auch lauten mag, Hauer hat es keck zu Loth gesetzt. Campe und auch Murr haben es unbeachtet gelassen.

S. 77, Z. 18. Hans Grun (Hauer schreibt und Campe druckt: Grum) ist der Maler Hans Baldung, genannt Grien oder Grün. Sein Geburtsjahr ist nicht genau ermittelt, mag aber zwischen 1470—76 zu suchen sein. Als Heimat Baldung's wird Gmünd in Schwaben angenommen, ob er aber wirklich zu Gmünd geboren und nicht vielmehr zu Strassburg, ist zweifelhaft; denn während zwar bekannt ist, dass sich der Meister erst 1509 dauernd in Strassburg niederliess, kommt schon 1492 ein M. Johann Baldung zu Strassburg vor. Vielleicht ist dies der Vater oder ein Onkel Baldung's. Schon im Jahre 1511 hatte er aber Strassburg wieder verlassen und seinen Wohnsitz zu Freiburg im Breisgau genommen. Nachdem er hier den grossen Hochaltar für das Münster gemalt hatte, kehrte er wieder nach Strassburg zurück, wo er von nun an dauernd wohnte; seine Verbindungen mit der dortigen Zunft zur Stelzen, welcher die Maler angehörten, hatte er während seiner mehrjährigen Abwesenheit aufrecht erhalten, das Bürgerrecht aber musste er am 5. Mai 1517 von neuem erwerben. Unser Meister starb, laut den Rathsbüchern, im September 1545 als bischöflicher Hofmaler, Grossrathsherr und Mitglied der Zunft zur Stelzen. Seiner Ehe mit Margaretha Herlin (Härlerin), mit welcher er sich 1510 vermählt hatte, entspross, wie es scheint, nur eine einzige Tochter, mit deren Tod die Familie Baldung erlosch. Während des Meisters erste Werke den Einfluss der Schule Martin Schongauer's tragen, ist im ersten Jahrzehnt des 16. Jahrhunderts ein grosser Umschwung in Baldung's Kunstcharakter eingetreten, denn von da ab folgt er entschieden der Bahn Dürer's. Thausing meint zwar, Baldung sei vermuthlich ein Mitschüler Dürer's bei M. Wolgemuth gewesen, indess scheint es uns wahrscheinlicher, dass er von 1507—9 in Dürer's Werkstatt gearbeitet hat. Mag nun dem wie immer sein, so viel ist gewiss: unter denjenigen deutschen Meistern, welche von Dürer's Einfluss in ihrer Richtung wesentlich bestimmt wurden, nimmt Hans Baldung einen hervorragenden Platz ein. Woltmann hat vollkommen recht, wenn er sagt, dass Dürer derjenige Künstler war, dem Baldung am meisten verdankt: Ernst der Gesinnung, Gewissenhaftigkeit des Studiums, Strenge der Zeichnung, namentlich auch einen festen Halt in denjenigen Fällen, in welchen er sich der Phantastik, dem Streben nach Affect in die Arme wirft. Für das persönliche freundschaftliche Verhältniss der beiden Maler spricht die Thatsache, dass Baldung nach dem Tode Dürer's eine Locke von dessen Haupthaar erhielt, die sich später, nachdem sie durch die Hände einer Reihe von Künstlern und Kunstliebhabern gewandert war, im Besitze des Malers Eduard Steinle befand, nun aber Eigenthum der Wiener Akademie der Künste geworden ist. Alfred Grenser, „Hans Baldung" (Wien 1878). Eisenmann in „Allgemeine Deutsche Biographie", II, 17. Heller, „Kunstblatt", 1846, S. 122. Alfred Woltmann, „Hans Baldung Grien" in Dohme's „Kunst und Künstler".

S. 77, Z. 19. sandel ist entweder feines gelbes, oder rothes Holz aus Ostindien zum Färben u. s. w. Sandel nannte man übrigens auch Rohzucker, Puderzucker.

S. 77, Z. 20. Bernhart von Breslen. Wenn auch Hauer „Resten" geschrieben hat, so glauben wir doch als sicher annehmen zu dürfen, dass er hier falsch gelesen hat. Wer die Hauer'sche Schreibweise genau beobachtet und verfolgt, wird an einem solchen Fehler gerade nichts Auffälliges wahrnehmen. Campe druckt: Ressen; Thausing folgt zwar diesem, vermuthet aber schon, dass „Ressen" und „Breslau" eine Person sein könnte. Siehe Anmerk. für S. 74, Z. 28.

S. 77, Z. 26. 4 ℔ 10 st. Hauer hatte 10 „Crona" geschrieben. Die Correctur stammt von der gleichzeitigen Hand.

S. 77, Z. 28. franzosenholz, lignum guajacum, l. sanctum, ein Arzneimittel. Ueber das Guaiakholz hat 1517 der Professor und kaiserliche Physikus Nikolaus Poll einen Tractat verfasst. Ulrich von Hutten, der dem Holze seine Rettung zu verdanken glaubte, hielt es gewissermassen für Pflicht der Dankbarkeit, es durch eine Schrift zu verherrlichen und der leidenden Menschheit bekannt zu machen: Ulrichi de Hutten eq. de Guaiaci medicina et morbo Gallico liber unus. Moguntiae in aedibus Joannis Scheffer, mense Aprili, interregni vero quarto anni 1519. Cum Privilegio Caesareo sexennii. Dav. Frd. Strauss, „Ulrich von Hutten".

S. 77, Z. 29. Ambrosio Höchstätter und sein Bruder Hans, wohlhabende Kaufleute aus Augsburg, welche um 1485 nach Antwerpen kamen, woselbst sie am 22. November 1486 von dem Tuchscherer Jan Daneels ein grosses Grundstück mit ansehnlicher Wohnung und ausgedehnten Lagerräumen kauften. Die Hochstetter rüsteten mit ihren Mitbürgern Fugger und Welser im Jahre 1505 die ersten drei Schiffe aus, welche mit der Flotte des Königs von Portugal nach Ostindien fuhren. Im Jahre 1529 fallirte Ambrosius Hochstetter nebst seinem Sohne gleichen Namens und seines Bruders Sohn, Joseph, in Augsburg. Der ausserordentliche Reichthum dieser Familie war durch die Pracht und Ueppigkeit, welcher sich deren Glieder ergeben hatten, total geschwunden: Ambrosius, ehemals einer der vermögendsten Bürger Augsburgs, starb 1534 im Gefängniss. Verachter, a. a. O., S. 72. Stetten, a. a. O., S. 312.

S. 77, Z. 34. conterfet sein morin, die Negerin des portugiesischen Factors Brandan, Namens Katharina. Die kostbare Silberstiftzeichnung hat sich erhalten und befindet sich gegenwärtig in der Sammlung der Uffizien in Florenz. Sie trägt oben die Inschrift von Dürer's Hand: „1521, Katharina allt 20 Jar" und das Monogramm. Die junge Afrikanerin ist von vorn gesehen dargestellt, der Kopf ist leicht nach links geneigt, die gesenkten Augen sind zur Hälfte bedeckt durch die schweren Augenlider. Die platte Stumpfnase, die dicken, fleischigen Lippen sind mit einer überraschenden Naturtreue dargestellt. Thausing, a. a. O. Ephrussi, „A. Dürer et ses dessins", S. 295.

S. 78, Z. 1. eln. Im Manuscripte stand es abgekürzt: „el⌒", Böhmer hat es verbessert.

S. 78, Z. 5. samstag nach ostern, 6. April.

S. 78, Z. 5. Hanns Lüber (Lieber), aus einem alten und angesehenen augsburger Patriciergeschlechte, war der Sohn Conrad Lieber's. Hans begab sich wol mit seinem Vater im Jahre 1477, um der Schwarz'schen Tyrannei zu entfliehen, von Augsburg nach Ulm, woselbst er 1548 von Karl V. in den Rath geordnet wurde. In demselben verwaltete er eine Reihe von Aemtern, so war er Spital- und Baupfleger. Im Jahre 1552 wurde neben verschiedenen andern ulmer Patriciern auch der Familie der Lieber von Kaiser Karl V. der Adel bestätigt. Die ulmer Lieber besassen das Gut Balberzhofen. Hans Lieber starb hochbetagt im Jahre 1554, bis zu welchem Jahre er auch Mitglied des Rathes war. Haid, „Ulm" 1786; „Nachricht von der Stadt Ulm", 1768; Stetten, „Geschichte der adeligen Augsburger Geschlechter", 1762.

S. 78, Z. 6. Jan Prost, ein guter mahler von Prüg bürtig. Hauer hatte ursprünglich „Jobst" geschrieben; Murr strich dieses Wort aus und schrieb „Ploos" an den Rand. Aber auch dieses wurde dick mit Tinte ausgestrichen und dann das Hauer'sche „Jobst" mit Ploss überschrieben. Dass wir es hier mit Jan Prost zu thun haben, ist ganz unzweifelhaft; denn weiter unten lesen wir den auch für Prost gebräuchlichen Namen „Prevost". Nun aber ist Prost nicht, wie Hauer schreibt, in Prüg, wohl aber in Perg (Bergen) geboren. Eine Verwechselung von Berg mit Prüg ist zwar bei Hauer nichts Undenkbares — doch glauben wir um so weniger eine diesfallsige Richtigstellung im Texte vornehmen zu dürfen, als ja doch auch sehr leicht Dürer hier geirrt haben kann. Campe hält sich natürlich an den Hauer'schen Wortlaut. Siehe Anm. für S. 62, Z. 4 und S. 79, Z. 10.

S. 78, Z. 7.   Pefer ist Beveren.
S. 78, Z. 7.   von dannen u. s. w. bis ein gross dorff. Dieser Satz ist abermals eine Einschaltung der collationirenden Hand.
S. 78, Z. 8.   Prasten ist Vracene.
S. 78, Z. 11.   Pol ist St.-Paul.
S. 78, Z. 11.   Kaltprunnen ist Caudenborn.
S. 78, Z. 12.   Von dann. Campe druckt: von dannen.
S. 78, Z. 12.   Kahlb ist Kalve.
S. 78, Z. 13.   Erfehlt ist Ertvelde.
S. 78, Z. 14.   am sontag, 7. April.
S. 78, Z. 14.   Herfehlt ist Ertvelde.
S. 78, Z. 15.   Keolo ist Ecloo. Campe hat falsch gelesen und druckt: „Knolo".

S. 78, Z. 17.   Maldig ist Maldegem. Im Manuscripte hatte dieses Wort ursprünglich Hauer: „Maldingen" geschrieben. Die collationirende Hand machte „Maldig" daraus — wir nehmen an, mit Grund. Murr konnte es sich nicht versagen, das „verschriebene" Wort richtig zu stellen und fügte dem Hauer'schen „Mal" (das Wort ist nämlich getrennt) das „degem" hinzu. Wahrscheinlich darauf aufmerksam gemacht, dass sich solche „Verbesserungen" nicht recht schicken, strich Murr sein „degem" aus und setzte das Hauer'sche „dingen" durch Unterpunktiren wieder in seine Rechte ein. Wie überall, so haben wir auch hier die collationirende Hand die für uns maassgebende sein lassen, obwol die ehemalige Hauer'sche Schreibweise offenbar dem Richtigen näher steht. Campe druckt: „Valdegen". Hauer hatte nach Maldingen „Stein" geschrieben. Die collationirende Hand scheint in diesem Worte nichts weiter als eine Extravaganz Hauer's erblickt zu haben, denn es ist von derselben einfach durchstrichen. Murr musste natürlich auch sein Misfallen durch einige derbe, indess recht unnöthige Striche kundgeben. Campe nimmt von dem Worte „Stein" keine Notiz. Vielleicht hat doch Dürer im Original ein Dorf dieses Namens erwähnt, oder bezieht sich dasselbe auf Maldegem? Wenn wir im Texte auch hierin dem verdienstlichen Vergleicher des Manuscripts gefolgt sind, so bedarf dies bei der oft ganz scharf zu Tage tretenden Accuratesse desselben wol keiner Entschuldigung, freilich könnte auch hier ein Versehen unsers sonst zuverlässigen Gewährsmannes vorliegen.

S. 78, Z. 18.   Prüg ist Brügge.

S. 78, Z. 20. Jan Prost. Siehe Anm. für S. 62, Z. 4 und S. 79, Z. 10.

S. 78, Z. 20. richte. So hat Hauer geschrieben, Murr machte „richtete" daraus, was Campe auch nachdruckte.

S. 78, Z. 21. mal ist mahl. Campe hat es im Texte sogleich richtig gestellt.

S. 78, Z. 22. Marx, goldtschmiedt. Siehe Anm. für S. 61, Z. 5.

S. 78, Z. 24. kaisershauss, seit der Regierung Philipp des Guten der Wohnsitz der Herzoge von Burgund. Bedeutende Umgestaltungen dieser Gebäude wurden namentlich in den Jahren 1445—59 vorgenommen.

S. 78, Z. 24. Rudigers gemahlt cappeln. Darunter ist keineswegs ein wirkliches Bauwerk, sondern nur ein Oratorium, ein tragbarer Altar, von Roger van der Weyden gemalt, zu verstehen, der sich im „kaiserhauss" befand. Man vermuthet, dass es der sogenannte Reisealtar Karl's V. war, der sich gegenwärtig im berliner Museum befindet. Und in der That scheint der Umstand, dass Dürer hier Roger ausdrücklich nennt und das Werk als Kapelle bezeichnet, stark für die Wahrheit jener Tradition zu sprechen, dass Karl V. dies Altärchen auf seinen Reisen mitgeführt. Der Gebrauch solcher tragbaren, in Holzkasten verschliessbaren Altärchen ist erwiesen. Dieses als das Reisealtärchen des Kaisers berühmte Triptychon aus der Kartause Miraflores bei Burgos wurde 1445 durch König Johann II. dorthin gestiftet. Aus drei gleichen Tafeln bestehend, enthält es links die Geburt Christi, in der Mitte die Beweinung und rechts den Auferstandenen, der seiner Mutter erscheint. Kinkel, a. a. O.

S. 78, Z. 25. gemähl von ein grossen alten meister. Hauer hat nicht „von", sondern „und" geschrieben — ein offenbarer Lesefehler, den auch schon Campe erkannte. Campe glaubt, dass damit die Eyck'schen Gemälde gemeint seien, welche schon damals für die Werke eines alten, d. i. ältesten Meisters, galten. Dem kann aber nicht so sein, denn Dürer würde Jan van Eyck auch hier Johannes genannt haben. Es muss hier also ein anderer früherer Maler gemeint sein. Vgl. Thausing, a. a. O.

S. 78, Z. 29. Hugo. Dürer sah von Hugo van der Goes zweifelsohne in St.-Jakob zu Brügge die Altartafel, die Grablegung Christi darstellend, von welcher Karel van Mander sagt, sie sei, eines der besten Gemälde Hugo's, mit so ungewöhnlichem Fleisse ausgeführt gewesen, dass alle, namentlich aber die kunstverständigen Fremden dem Bilde ihre Bewunderung gezollt hätten. Mander gedenkt auch des fernern, der prächtigen Arbeit unwürdigen Schicksals der Altartafel in gebührender Weise.

S. 78, Z. 30. das alawaser Marienbild zu unser frauen, das Michael Angelo von Rohm gemacht hat. Campe druckt: „Alabaser". Es ist dies die lebensgrosse Madonna von weissem Marmor, deren Ausführung in die Jahre 1501—6 gesetzt werden muss. Man ist übrigens noch nicht ganz einig, ob sie wirklich Michel Angelo's Hand zugeschrieben werden darf; denn die schriftlichen Nachrichten über dieses Werk sind nicht ohne Widersprüche und der Augenschein nicht förderlich, dieselben rasch zu lösen. Indess sprechen zu Gunsten der Echtheit so manche Umstände: sowol Condivi wie Vasari erwähnen ein Madonnenbild, welches flandrische Kaufleute, die Moscheroni, bei Michel Angelo bestellt hatten. Am 4. August 1506 gibt ihm ein wegekundiger Freund, Balducci aus Rom, die Mittel an, wie das offenbar jetzt vollendete Werk am besten nach Flandern gesendet werden könnte und zwar an die Adresse der Erben des Giovanni und Alessandro Moscheroni u. Comp. in Brügge. Weitere, gewiss schwer ins Gewicht fallende Thatsachen sind, dass in der Liebfrauenkirche in Brügge am Ende des rechten Seitenschiffes sich die 1521 also schon von Dürer in der Frauenkirche gesehene und oben erwähnte Marmorgruppe befindet und — was wohl zu berücksichtigen ist — in deren Nähe Pierre Moskeron begraben liegt, der nach der Grabschrift Licentié és droit und greffier der Stadt war und 1571 starb. Wollte man auch angesichts solcher Thatsachen dem Werke, welches Condivi irrthümlich eine Erzarbeit und Vasari gar ein Bronzemedaillon nennt, die Echtheit absprechen, so ist doch über jeden Zweifel erhaben, dass sie auf Entwürfen des Meisters beruht. Das Britische Museum und die Privatsammlung Vaughan in England sind nämlich im Besitze der ersten Skizzen und Studien Michel Angelo's zu dieser Madonna. So müsste denn — um einen Ausweg einzuschlagen — die brügger Madonna als eine Gesellenarbeit, wol in Michel Angelo's „bottega" nach seinen Skizzen, aber nicht ausschliesslich von seiner Hand gearbeitet, zu betrachten sein. Dafür scheint, wie Anton Springer ausführt, auch der jüngst aufgefundene, im Kensingtonmuseum aufbewahrte Marmorkopf zu sprechen, von welchem angenommen wurde, er zeige den

Typus der Madonna von Brügge und sei von Michel Angelo eigenhändig gearbeitet worden, um den Gesellen bei dem Werke als Muster und Anhaltspunkt zu dienen. Man kann dem freilich den Ausspruch Baccio Bandinelli's entgegenhalten, der sagt: Michel Angelo habe keine Gesellen in seiner Werkstatt geduldet; aber der Charakter Bandinelli's ist genugsam bekannt, um diese Bemerkung im richtigen Lichte erscheinen zu lassen. Wilhelm Lübke ist in der Frage der Urheberschaft der brügger Madonna allerdings anderer Meinung, er glaubt in diesem Werke Michel Angelo ganz auf der Höhe seiner Selbständigkeit erblicken zu dürfen und kann sich mit dem Gedanken, es sei eine Arbeit der „bottega", nicht befreunden. Die Ansicht, dass die Ausführung dieser Madonna von Schülern Michel Angelo's unter seiner Aufsicht besorgt wurde, dürfte nach dem oben Dargelegten trotzdem am Ende doch am meisten Beachtung verdienen. Anton Springer, „Raffael und Michel Angelo". Zweite Auflage 1883, I, 30. Hermann Grimm, „Leben Michel Angelo's", S. 159. W. Lübke, „Geschichte der Plastik", 1880, II, 828.

S. 78, Z. 31. in viel kirchen. Brügge war allerdings an solchen sehr reich.

S. 78, Z. 32. ein überschwahl ist Ueberfluss, Ueberschwang.

S. 78, Z. 33. Johannes und der andern ding. Damit meint Dürer jedenfalls Jan van Eyck. In Maaseyck, einem Städtchen an der Maas bei Mastricht geboren, finden wir ihn vom October 1422 bis zum September 1424 im Haag als Maler und Diener des Herzogs Johann von Baiern. Nach dessen Tod kam Jan am 19. Mai 1425 in gleicher Stellung in den Dienst des Herzogs Philipp des Guten von Burgund. Bis 1428 lebte Jan in Lille und ward, ein ‚Günstling seines Herrn, zu diplomatischen Sendungen verwendet und 1428 vom Herzog nach Portugal gesendet, um dort die Braut Philipp's, Isabella, zu malen. Zurückgekehrt, verlegte er 1429 seinen Wohnsitz nach Gent, zog 1432 nach Brügge, wo er ein Haus erwarb und daselbst am 9. Juli 1440 starb. Vermuthlich sah Dürer von ihm in der Kathedrale St.-Donatian die Madonna des Kanonikus Georg van der Paele, das grösste unter allen selbständigen Bildern Jan's. Maria mit dem Kinde thront unter einem schönen Baldachin, links steht St.-Donatian, rechts der heilige Georg, vor welchem der Stifter kniet. In der nämlichen Kathedrale sah Dürer gewiss auch das Martyrium des heiligen Hippolyt von Dierik Bouts. Im Johannisspital zu Brügge mag er die zwei Flügelaltäre von

Hans Memling gesehen haben. Das grössere Triptychon ist der Johannisaltar, gestiftet von zwei Brüdern und zwei Schwestern des Hospitals. Die Mitteltafel ist ein Madonnenbild. Das kleine Triptychon, ebenfalls die Stiftung eines Bruders, enthält in der Mitte die Anbetung der heiligen drei Könige. Von Memling's Hand befindet sich im Johannishospital u. a. auch der Ursulaschrein, ein weltberühmtes Werk. Es ist ein Reliquienkasten in Gestalt einer gothischen Kapelle, worauf in 16 Feldern die Legende der heiligen Ursula sowie mehrere dazu passende Einzelgruppen und Figuren abgebildet sind.

S. 78, Z. 34. mahlercapeln. Die Gilde der Maler, Sattler und Glaser besass nämlich ihre eigene Kapelle in der Nordsandstrasse. Der Bau derselben ward am 19. April 1450 begonnen und als sie vollendet war, wurde sie dem Schutze der Heiligen Lukas und Aloysius empfohlen. Ihre Gemälde scheinen im Laufe der Zeit an allen Orten Liebhaber gefunden zu haben; denn 1769 besass sie nur noch ein Gemälde Jan van Eyck's, und zwar das Brustbild seiner Frau, welches gegenwärtig im Museum der brügger Akademie aufbewahrt wird. Thausing, a. a. O. Pinchart, a. a. O. W. H. J. Weale, „Catalogue du musée de l'académie de Bruges", 1861.

S. 79, Z. 1. auf die stuben. Die vereinigten Gilden der Goldschmiede, Maler und Kaufleute besassen wol ihr eigenes Haus, wie auch die zu Antwerpen in dem Besitze solcher waren.

S. 79, Z. 5. Mostaert. Hauer schreibt: „Must haran", deutet aber durch Unterstreichen der Buchstaben an, dass er seiner Sache nicht sicher war. Die offenbare Richtigstellung des verschriebenen Wortes stammt von Murr.

S. 79, Z. 6. beleiten ist begleiten.

S. 79, Z. 8. fischküfel ist Kufe. Murr machte im Manuscripte aus dem Hauer'schen küfel „kübel".

S. 79, Z. 10. am erigtag, Dienstag, den 9. April. Campe druckt: Erchtag.

S. 79, Z. 10. Jan Profoss. Hier wird es offenbar, dass Jan Prost gemeint ist; denn das Hauer'sche Profoss soll doch zweifelsohne „Prevost" heissen. Ein „Jan Ploos" wurde von Dürer niemals erwähnt: es ist dieser Name lediglich eine Combination Murr's, die sich zum öftern im Manuscripte in wenig bescheidener Weise bemerkbar macht. So ist auch diesmal das Hauer'sche „Profoss" von ihm keck durchstrichen und das „Plooss" seiner Erfindung darübergeschrieben. Eine spätere Laune liess Murr diesen Namen wieder streichen, bis Dr. Böhmer ihn wiederum reactivirte und damit seine Berechtigung darthat. Campe hält sich an die „Correctoren" des Tagebuchs und druckt: Jan Plooss. Ein „Prouvost de Mons" erscheint 1517 im Hofstaate des Kaisers Karl V. als Kammerherr und ein „Maistre Jehan Prevost" 1521 in der „Petite Chapelle". M. Gachard, a. a. O.

S. 79, Z. 12. Orscheln ist Ursel.

S. 79, Z. 14. und hett 4 stüber. Campe druckt: und hab.

S. 79, Z. 16. der dechant von den mahlern. Das höchste Ehrenamt in der Gilde bekleidete der Dechant, welchem gewöhnlich ein Unterdechant beigegeben war. „De deken van een gild" ist der Obermeister, der Oberälteste, der Zunftmeister.

S. 79. Z. 16. die fordersten mit in die mahlerey: die anderen Amtleute, die übrigen Vorstandsmitglieder der Malergilde.

S. 79, Z. 19. Am mittwoch, der 10. April.

S. 79, Z. 19. S. Johannesthurn ist der Thurm der Kirche St.-Bavon, welche gemeiniglich St.-Johannis Baptistae-Kirche genannt wurde.

S. 79, Z. 21. des Johannes taffel. Es ist darunter das weltberühmte Meisterwerk, der „Genter Altar" der Gebrüder van Eyck zu verstehen. Die Ausführung dieses Werkes wurde dem etwa um 1366 in Maaseyck geborenen Hubert van Eyck durch den genter Patricier Jodocus Vydt, Herrn von Pamele, übertragen. Die Gattin desselben, Elisabeth, entstammte dem Patriciergeschlechte der Burlut. Beide stifteten eine Grabkapelle in der damals St.-Jans, jetzt St.-Bavon genannten Kathedrale in Gent. Es ist noch nicht aufgeklärt, in welchem Jahr Vydt das für diese Kapelle bestimmte Werk bestellte; mit voller Bestimmtheit wissen wir nur, dass Hubert dasselbe begann, aber im Jahre 1426 in Gent starb, mitten herausgerissen aus der Arbeit, welche nun seinem jüngern Bruder Jan van Eyck zufiel. Dieser arbeitete noch volle sechs Jahre, also bis 1432, an dem Altarschreine. Aus dieser Thatsache möchte man zunächst schliessen, dass Hubert nicht weit über den Anfang gekommen sei. Indess muss diese Ansicht durch den Umstand, dass Jan gerade in diesen Jahren am herzoglichen Hofe fortwährend beschäftigt war, aus ihren Bahnen gedrängt werden. Hubert ist, und das wird wol die natürlichste Auslegung sein, als der geistige Urheber des Werkes zu betrachten, der, wie

Eisenmann sehr richtig bemerkt, das Ganze nicht nur im Gedanken, sondern auch in der Zeichnung, wenigstens in den grossen Zügen, wenn wir so sagen wollen, im Carton entworfen haben mag. Das grossartige Werk theilt sich in eine untere und in eine obere Hälfte. Die untere besteht aus fünf Theilen: einem Mittel- und vier Seitenstücken; die obere aus sieben besondern Tafeln. Gent hat von dem Altar nur das Mittelbild der untern und die drei Mitteltafeln der obern Reihe behalten, von dem übrigen, was die aufzuschlagenden Flügel des Altarschreins bildete, befinden sich die beiden äussern Tafeln des Obertheils im Museum zu Brüssel und die sechs andern in jenem zu Berlin. Den Grundgedanken der grossartigen Composition bildet die Lehre des Christenthums: die Austilgung der Sünde und die Versöhnung des Menschengeschlechts mit Gott durch die Opferung des unschuldigen Gotteslammes. Die älteste Erwähnung des genter Altars ist die im Reisetagebuche Dürer's. Aber gerade Maria und Gott Vater, welche Dürer als besonders gut gemalt erwähnt, sind von Hubert zweifelsohne eigenhändig durchgeführt. Dass der nürnberger Meister Hubert van Eyck nicht kennt, darf uns nicht im geringsten verwundern. Denn räthselhafterweise wurde sein Andenken und die Werthschätzung seiner höhern Begabung durch den Namen seines Bruders gar bald verdrängt. Und als Dürer die Niederlande bereiste, war die Hubert's rühmend gedenkende Inschrift des Altars gewiss auch schon unter trüb gewordenem Firniss und Schmuz verschwunden. Charakteristisch für den damaligen Geschmack Dürer's ist seine rühmende Erwähnung der Eva des genter Altarschreins. Die Gleichstellung dieser Figur mit den Hauptgestalten der obern Reihe ist jedenfalls überraschend. O. Eisenmann, „Die Brüder van Eyck" in Dohme's „Kunst und Künstler".

S. 79, Z. 24. **die löben und conterfeyt einen mit den stefft.** Diese Zeichnung ist uns erhalten und befindet sich auf der k. k. Hofbibliothek in Wien. Sie trägt oben rechts von Dürer's Hand die Worte: „zw gent". Thausing, a. a. O.

S. 79, Z. 25. **auff der brucken, do man die leuth köpfft, die zwey ehrenbilder.** In Gent führte die Brücke, welche über die Leye führt, den Namen: Enthauptungsbrücke. Auf dieser nun befanden sich zwei Standbilder aus dem Jahre 1371, welche die Inschrift trugen:

     Ae Gandt le en Fant fraepe sae pere se Tacte desuu
     Maies se Heppe rompe, si Grace de Dieu. MCCCLXXI.

Die Geschichte wird erzählt in: A. Sanderi, „Flandria illust." (Colon. 1641), I, 149. Misson, „Nieuwe reize", II, 77. „Messag. des Scien." (Gand 1839). Vgl. Verachter, a. a. O., S. 75.

S. 79, Z. 26. ein sun ein Sohn. Im Manuscripte ist das Hauer'sche sun ausgestrichen und durch „Sohn" ergänzt.

S. 79, Z. 27. 4 grosse wasser, die Schelde, Leye (Lys), Lieve und Moere.

S. 79, Z. 33. am pfingstag, Donnerstag, den 11. April.

S. 79, Z. 35. der schwan. Wir haben natürlich hier nicht den Namen eines Dorfes, sondern den eines Wirthshauses, was überdies durch die Worte: „bis zur herberg" angedeutet ist.

S. 80, Z. 6. in der dritten wochen nach ostern. Im Jahre 1521 fiel Ostern auf den 31. März; die dritte Woche nach Ostern (Jubilate) ist daher vom 21.—27. April.

S. 80, Z. 7. stiss mich ein heiss fieber an. Hauer hatte ursprünglich geschrieben: ein friss stüber. Diesen augenscheinlichen Unsinn strich eine Hand unsers Jahrhunderts und stellte den Dürer'schen Text theilweise richtig, indem sie statt stüber fieber setzte. Die Enträthselung des „friss" gelang Campe: er setzte dafür „heiss" ein, nachdem er sich wahrscheinlich gesagt hatte, dass „frisch" hier nicht am Platze sein könne. Aus dem nämlichen Grunde behielten auch wir „heiss" bei.

S. 80, Z. 11. der münch, Mönch.

S. 80, Z. 13. harass, ein Wollen- und Seidenzeug. Vgl. Anm. für S. 56, Z. 23.

S. 80, Z. 13. schwiger. Die Schwiegermutter Dürer's war Anna Freyin, die Tochter des Patriciers Wilhelm Rumel und der Kunigunde Hallerin. Sie starb am 29. September 1521 und wurde auf dem St. Johanniskirchhof begraben. Ihr Gemahl, Hans Frey, gehörte zu einer zwar nicht rathsfähigen, aber durchaus als ehrbar geachteten Familie, die Handel getrieben hatte und Liegenschaften besass. Im Jahre 1496 wurde er Genannter des grösseren Rathes und starb 1523. Er wurde in der „Freyen Begräbnuss" auf dem St. Johanniskirchhof bestattet. Seine Tochter Agnes war an Dürer verheirathet, Katharine die jüngere, hatte sich mit Martin Zinner vermählt, den sie überlebte. Lochner, „Personennamen etc.", S. 12.

S. 80, Z. 15. apotecker. Campe druckt, abweichend von der Hauer'schen Schreibart, „Apotheker".

S. 80, Z. 15. aber steht hier in der Bedeutung von abermals, wiederum. Im Manuscripte kommt es ziemlich häufig vor und steht fast regelmässig in diesem Sinne; nur einigemal ist es adversative Conjunction.

S. 80, Z. 20. meister Joachim mit dem stefft conterfet. Höchst wahrscheinlich ist nach dieser, heute scheinbar verlorenen Zeichnung der Kupferstich angefertigt, welchen Bartsch (Nr. 108) irrthümlich als ein Werk Dürer's bezeichnet. Karl van Mander nennt ihn ausdrücklich eine Arbeit Cornelius Cort's, in neuerer Zeit glaubt man aber den Stich als von Egidius Sadeler herrührend betrachten zu dürfen. Im Museum zu Weimar befindet sich ein anderes mit Naturkreide ausgeführtes Porträt Patinir's von Dürer aus dem Jahre 1521: der flämische Maler ist fast in Lebensgrösse dargestellt, sein Haupt ist drei Viertel nach rechts gewendet, der Körper ist ziemlich von der Seite aufgenommen. Die Kopfbedeckung besteht in einem breiten Klappenhute. Patinir erscheint auf diesem vortrefflichen Bilde als ein hagerer Mann von schmächtiger Constitution und wenig lebensfrischem Aussehen.

S. 81, Z. 8. die zehrung genummen. Campe druckt: „zu zehrung".

S. 81, Z. 9. am sondag vor der creuzwochen, der 5. Mai.

S. 81, Z. 10. maister Joachim auf sein hochzeit geladen. Es war dies die zweite Vermählung Joachim de Patinir's. In erster Ehe hatte er sich mit Franziska Buyst vermählt, am 5. Mai 1521 heirathete er in zweiter Ehe Johanna Noyts, welche ihm zu den zwei Töchtern erster Ehe noch eine dritte schenkte. Siehe Anm. für S. 54, Z. 1.

S. 81, Z. 11. darauf, auf der Hochzeit nämlich.

S. 81, Z. 14. Am sontag nach unsers herrn auffarthtag, 12. Mai.

S. 81, Z. 16. statthaft, vermögend, wohlhabend, angesehen.

S. 81, Z. 19. piret ist Baret.

S. 81, Z. 20. Paul Geiger. Hauer schreibt Pall Geger. Campe hat vielleicht nicht Unrecht, wenn er daraus einen „Paul Jeger" macht, uns scheint es indess, als ob eine geringe Auslassung Hauer's hier vorliege; nach unserer Ansicht ist es Paul Geiger, das Mitglied einer angesehenen nürnberger Kaufmannsfamilie. Vielleicht ist er ein Sohn Hans Geiger's, welcher 1506 Genannter wurde und 1529 starb. Roth, „Geschichte des nürnbergischen Handels" (Leipzig 1800), I, 325.

S. 81, Z. 24. hülzen, hölzern.

S. 81, Z. 24. Ich hab dem apothecker. Campe druckt statt ich „Ach".

S. 81, Z. 25. Ich hab 2 bücher das ein geschenckt, das ander u. s. w. Bei Campe: Ich hab 2 Bücher das eine das ander geben.

S. 81, Z. 31. ein herzogangesicht das Bildniss eines Herzogs (Friedrich's II.?).

S. 81, Z. 32. Lorenz Sterck. Campe druckt: Stark.

S. 81, Z. 35. der hat mir für seins nun seins geben. Diese Worte hat Campe weggelassen. Wahrscheinlich haben wir diesen Satz so zu verstehen: der Wirth Planckfelt war schon früher einmal von Dürer porträtirt, und diese Zeichnung war sein Eigenthum geworden. Nun malte ihn Dürer gar in Oelfarben, vielleicht auf eigenen Wunsch und gegen Abzug von der Rechnung des Wirthes. Dürer aber erbat sich jetzt das erste Porträt, welches er Jobst Planckfelt geschenkt hatte — eine Bitte, welche der biedere Wirth seinem grossen Gaste gewiss gern erfüllte.

S. 82, Z. 1. **Und sein weib.....auff ein neues gemacht, auch von den öhlfarben conterfet.** Campe druckt: Und sein Weib hab ich auch auf ein Neues von Oehlfarben conterfet.

S. 82, Z. 3. **am freytag vor pfingsten, den 17. Mai.**

S. 82, Z. 4. **mähr.** Murr hat im Manuscripte über mähr „Kunde" geschrieben. Campe hat sich diese Interpretation zu eigen gemacht.

S. 82, Z. 4. **das man Martin Luther so verrätherlich gefangen hett.** Bekanntlich war dieser „Ueberfall" bei der Rückreise Luther's von Worms eine sehr wohlbedachte, zweckmässige Massregel, welche Kurfürst Friedrich der Weise von Sachsen über den geächteten Luther verhängt hatte, den er nun ein Jahr lang auf der Wartburg als einen „Junker Georg" verborgen hielt. Die Nachricht, dass Luther gefangen und verschwunden sei, erregte in ganz Deutschland eine grosse Bewegung, die in Dürer einen kräftigen Widerhall fand. Wir vermuthen, dass Pirkheimer, der vielleicht auch während dieser Reise Dürer's mit ihm in Briefwechsel stand, seinem Freunde Mittheilung von der Aufhebung Luther's in zweifelsohne nicht wenig erregtem Tone machte. Die Menge der Anhänger und Verehrer Luther's dachte ja zuerst nicht anders, als dass hinterlistige Widersacher ihn weggeräumt haben.

S. 82, Z. 10. **nachfolger des und des wahren christlichen glaubens.** Hauer hat offenbar hier ein Wort ausgelassen, etwa „Herrn". Die Worte: „und des" sind, um des ungestörten Zusammenhanges willen, von späterer Hand gestrichen. Auch für Campe existirten die beiden Worte nicht.

S. 82, Z. 21. **doch die menschen.** Hauer schreibt, wol aus Versehen, **durch.**

S. 82, Z. 28. **keinem andern schwigeln** (die Schwiegel): keinem andern Flötentone, Lockrufe.

S. 83, Z. 3. **under den römischen stuhl.** Hauer hat geschrieben: „und den" u. s. w. Diesen offenbaren Schreibfehler verbesserte Campe in den „Reliquien", indem er zu „und" die Silbe „er" fügte — eine Verbesserung, die wir beizubehalten keinen Anstand nehmen. Schon Murr hatte gefühlt, dass hier ein Irrthum Hauer's obwalte; denn er liess „und" weg und setzte statt „den" der römische Stuhl.

S. 83, Z. 6. Ihm $X\overline{\rho\mu}$ sind Abbreviaturen für Jesum Christum.

S. 83, Z. 9. dinnen ist dienen.

S. 83, Z. 10. in 140 jahrn gelebt. Wie schon Thausing gefunden hat, kann Dürer hier nur den englischen Kirchenreformator John Wiclef im Auge gehabt haben, der 1324 geboren, am 31. December 1384 starb.

S. 83, Z. 21. verrätherlich. Hauer hatte — verehrlich geschrieben. Die Richtigstellung im Manuscripte stammt von der collationirenden Hand.

S. 83, Z. 26. apocalypsis, 21. Kapitel der Offenbarung Johannis.

S. 83, Z. 26. eg†m ist eine Abkürzung von Evangelium. Die von uns beibehaltene Schreibweise Hauer's ist im Manuscripte ergänzt; Campe hat das Wort unverkürzt wiedergegeben.

S. 83, Z. 29. furth, vorführt, vorträgt.

S. 83, Z. 32. opinionen sind fromme Meinungen der Kirche, im Gegensatze zu den gebotenen Glaubenssätzen.

S. 83, Z. 34. hinfürt hinfort, fortan.

S. 84, Z. 2. bitten und. Die Worte sind zwar im Manuscripte durchstrichen, wir können indess für deren Weglassung keinen Grund finden. Campe hat ebenso wie Murr die fraglichen Worte nicht in seine Ausgabe aufgenommen.

S. 84, Z. 4. O Erasme Roderadame. Dürer war sehr irrig daran, wenn er in Erasmus einen solchen Vertheidiger der Lehre Luther's gefunden zu haben glaubte; denn eben die Achterklärung und die heftige Wuth überhaupt gegen Luthern machte Erasmus für seine eigene Ruhe immer ängstlicher und besorgter. Gerade jetzt zog er sich immer mehr zurück, wollte überall keinen Antheil mehr an der Sache nehmen und schien auch so manches, was er bisher zum Lobe Luther's gesagt, bereuen zu wollen. Man sieht aus alledem, dass Dürer in einen Unwürdigen sein Vertrauen setzte.

S. 84, Z. 8. männiken ist Männchen.

S. 84, Z. 9. tügest ist taugest, kraft hast.

S. 84, Z. 10. eglio ist eine Abkürzung von Evangelio. Campe hat das Wort wiederum unverkürzt gegeben.

S. 84, Z. 11. der hellen porten: der höllen Pforten. Im Manuscripte ist das Hauer'sche e in hellen von anderer Hand in ö umgeändert.

S. 84, Z. 12. nit mügen, nichts vermögen, nicht wirksam sein.

S. 84, Z. 15. ehe ist eher.

S. 84, Z. 16. durch Chum clarificirt ist durch Christum glorificirt.

S. 84, Z. 18. mit gerechtigkeit die u. s. w. Die collationirende Hand hat sich hier wiederum ein wesentliches Verdienst erworben: Hauer hatte nämlich an Stelle von mit „die" gesetzt und dann das richtige „die" ausgelassen.

S. 84, Z. 21. fellen ist fällen. Hauer hatte ursprünglich „stellen" geschrieben; die collationirende Hand nahm die Verbesserung vor.

S. 84, Z. 27. unschuldigen blütter steht für: das Blut der Unschuldigen.

S. 84, Z. 28. münchen sind Mönche.

S. 84, Z. 28. Apocal. Apocalypsis, die Lösung des fünften Siegels, Kapitel 6, Vers 9—11.

S. 84, Z. 34. canonico. Hätte die collationirende Hand hier nicht der Hauer'schen Schreibweise wiederum Verbesserung angedeihen lassen, so würden wir heute statt von dem reichen Canonico von dem „Convonick" „mit Dürer" reden, denn so hatte Hauer geschrieben.

S. 85, Z. 1. im pfingstfeyertagen, Sonntag, der 19. Mai.

S. 85, Z. 3. 4 Christophel auff grau papir verhöcht. Moriz Thausing vermuthet, dass diese Zeichnungen, welche offenbar auf Wunsch Patinir's angefertigt wurden, als Vorlagen zur Staffirung von Landschaften des niederländischen Meisters Verwendung finden sollten. Bemerkenswerth ist jedenfalls, dass auch die beiden kleinen Kupferstiche Dürer's (Bartsch 51 u. 52, Heller 708 u. 715), welche den heiligen Christoph darstellen, wie er den Heiland auf seinen Schultern tragend, den Fluss durchwatet, die Jahreszahl 1521 führen. Dieser Umstand könnte die Vermuthung nahe legen, die Kupferstiche seien aus den für Patinir gemachten Studien entstanden, wenn wir nicht in einer Federzeichnung der Sammlung von M. J. Gigoux aus dem Jahre 1517, den heiligen Christoph mit dem Kinde darstellend, den Entwurf zu dem Kupferstiche (Bartsch 51) erblicken wollten.

S. 85, Z. 4. am lezten pfingstfeuertag Dienstag, der 21. Mai.

S. 85, Z. 8. den doctor. Hauer hatte „medico" geschrieben; doch ist um deswillen nicht anzunehmen, dass auch so Dürer geschrieben hatte, weil die collationirende Hand „medico" durchstrichen und doctor darüber gesetzt hat.

S. 85, Z. 10. **degenhefft gerissen, den Griff am Schwerte gezeichnet.**

S. 85, Z. 10. **alabaser häfelein** ist ein Alabaster-Häfelein.

S. 85, Z. 13. **maister Gerhart, illuminist,** Gerhard Horebout von Gent, stammte aus einer schon 1414 in Gent nachweisbaren Künstlerfamilie. Wahrscheinlich um 1475 geboren, kommt er von 1510—19 in den städtischen Rechnungen von Gent, aber nur mit unbedeutenden Malerarbeiten, vor. Dagegen führte er viele und bedeutende Arbeiten für Margaretha von Oesterreich, Statthalterin der Niederlande, aus und empfing 1516 und 1521 verschiedene Zahlungen für Gemälde, wie für illuminirte Livres d'heures in ihrem Auftrag. Das Gebetbuch Karl's V., welches unter den Cimelien der k. k. Hofbibliothek in Wien aufbewahrt wird, ist von Gerhard Horebout gefertigt, als er sich im Dienste Margarethens befand. Später, nach 1521, ging er nach England, wo er als besoldeter Hofmaler mit Arbeiten für Heinrich VIII. beschäftigt wurde, in dessen Diensten er 1540 starb. In der Bibliothek San-Marco in Venedig befindet sich eine mit Miniaturen ungewöhnlich prächtig ausgestattete Handschrift, als deren Hauptmeister Gerhard Horebout von Gent anzuerkennen ist. Dieser kostbare Codex erfreut sich als Brevier des Cardinals Domenico Grimani schon seit Jahrhunderten einer besondern Berühmtheit. Und in der That kann er als das bedeutendste und vollkommenste Denkmal, das niederländische Kunst in dieser Art hervorgebracht, bezeichnet werden. Gerhard Horebout's Frau, Margaretha, eine geborene Svanders, starb im Jahre 1529. Ihr Grabstein befand sich in der Kirche zu Fulham bei London.

S. 85, Z. 13. **hat ein töchterlein die haist Susanna.** Susanna Horebout war so ausnehmend tüchtig zumal in der Ausführung kleinerer Arbeiten, dass Heinrich VIII. sie an seinen Hof nach London zog, wo sie sich viele Jahre aufhielt und hochgeehrt und begütert gestorben ist. Sie war, wie aus der Inschrift auf dem Grabsteine ihrer Mutter hervorgeht, mit dem königl. Schatzmeister John Parker verheirathet. „Descrittione di M. Ludovico Guicciardini, Patritio Fiorentino, de tutti i Paesi bassi" (Anversa 1567), S. 98. Fiorillo, „Geschichte der zeichnenden Künste in Grossbritannien", S. 199.

S. 85, Z. 17. an der heyligen treyfaltigkeit, Sonntag, der 26. Mai.

S. 85, Z. 20. Jan, goldtschmiedt von Prüssel. Bei dem nicht seltenen Vorkommen des Vornamens Jan in der Gilde ist es einigermassen erschwert, die Persönlichkeit des von Dürer gemeinten Trägers dieses Namens festzustellen. Doch liefert Pinchart in seinen „Recherches sur la vie des graveurs de médailles des Pays-Bas" zur Ermittelung desselben das erwünschte Material; wie Moriz Thausing meint, ist es wahrscheinlich der Goldschmied und Siegelstecher Jan van den Perre, dessen Existenz sich von 1515—51 nachweisen lässt. Er wurde nach dem Tode Lievin van Lathem's zum Hofgoldschmiede Karl's V. ernannt.

S. 85, Z. 24. 3 Philippsgulden. Hier fehlt „geben". Campe hat es in seinen „Reliquien" hinzugefügt.

S. 85, Z. 24. von öhlfarben gemahlt hab. Campe druckt: „gemacht hab".

S. 85, Z. 25. die Adam und Eva. Murr hat zwar im Manuscripte „die" gestrichen, indess scheint es uns nicht unwahrscheinlich, dass so auch Dürer geschrieben hatte.

S. 85, Z. 25. Franz. Joseph Heller glaubt in seinem nicht erschienenen ersten Bande: „Das Leben und die Werke Albrecht Dürer's", in diesem Maler Franz einen Schüler Dürer's erblicken zu dürfen und bedauert gleichzeitig, keine nähern Nachrichten über ihn zu besitzen. Thausing hingegen vermuthet, dass wir es mit Franz Sanders, einem Maler von Mecheln, zu thun haben.

S. 85, Z. 27. geschnieten. Hauer hatte „geschrieben" irrthümlich gelesen.

S. 85, Z. 28. Mehr hab ich ihm gestochnen ein ganzen truck. Hier ist „geben" zu ergänzen. Murr machte im Manuscripte aus dem hab ein „gab" und deutete durch Zahlen folgende Wortstellung an: gab ich ihm ein ganzen gestochnen truck. Campe druckt: mehr hab ich ihm geben ein ganzen gestochen truck.

S. 85, Z. 32. 3 aufführung und 2 ölberg, Ausführungen zur Kreuzigung; Christus betet am Oelberge. Campe druckt: Ausführung.

S. 85, Z. 35. zwo, zwei.

S. 86, Z. 6. Ich hab 2 ℔ für kehrbürsten u. s. w. u. s. w. bis: Ich hab 4 stüber zum trinkgelt geben ist eine auf den Rand geschriebene Einschaltung der collationirenden Feder.

S. 86, Z. 8. an unsers herrn leichnamstag, 30. Mai.
S. 86, Z. 12. Aber hab ich. Campe setzt: „Ich hab aber", woraus unzweideutig hervorgeht, dass er das „aber" nicht in seiner eigentlichen Bedeutung als „abermals", sondern als Conjunction irrthümlicherweise auffasste.
S. 86, Z. 17. umb 14 eln. Bei Campe: für 14 eln.
S. 86, Z. 23. am mittwoch nach corpus Christi, der 5. Juni.
S. 86, Z. 24. Schlauerdorff ist Schlaudersdorf. Campe druckt: Schlaudersdorff.
S. 86, Z. 27. antworten, übergeben, überantworten.
S. 86, Z. 29. am achten tag nach corpus $\overline{X\varrho\boldsymbol{u}}$, 7. Juni.
S. 86, Z. 30. mit meinen. Im Manuscripte hat Murr nach mit „den" eingefügt. Campe: mit den meinen.
S. 86, Z. 33. maister Heinrich, mahler. Wie A. Pinchart nachweist, war der Wirth zum „Goldenen Haupt" in Mecheln in der That auch Maler. Als Heinrich Keldermann kommt er 1505—17 in den Urkunden vor.
S. 87, Z. 1. Popenreuther, der bekannte Kanonengiesser und Geschützmeister Karl's V. Wie urkundlich nachgewiesen werden kann, war Hans Poppenreuter zu Köln geboren, stand in Mecheln in Diensten seines Kaisers und starb als angesehener und wohlhabender Mann 1534. Eigenthümlich und auffallend ist, dass er in Urkunden auch Hans von Nürnberg genannt wird. Wir müssen es dahingestellt sein lassen, ob er diesen Beinamen in Beziehung auf seine Abstammung, oder aus einem andern Grunde erhielt, so viel aber ist gewiss: bereits sein Vater Ulrich lebte zu Mecheln als Gussmeister Philipp's des Schönen. Thausing, a. a. O. Pinchart, a. a. O.
S. 87, Z. 3. mein kayser. Jedenfalls ein von Dürer selbstgemaltes Bildniss: entweder Maximilian I. oder Karl V. darstellend. Wahrscheinlich ist es, dass es ein Porträt Maximilian's war, denn Dürer hätte sicher erwähnt, wenn ihm die Ehre zutheil geworden wäre, den neuen Herrscher porträtiren zu dürfen. Und dann kann man mit Bestimmtheit behaupten, dass Dürer nicht in der Lage gewesen wäre, das Bild Karl's der Erzherzogin zum Geschenk anzubieten. Wir vermuthen, dass es das nämliche, nach einer Kohlenzeichnung (gegenwärtig in der Albertina) gemalte Oelbildniss Maximilian's aus dem Jahre 1519 war, welches heute in der kaiserlichen Galerie zu

Wien aufbewahrt wird. Mit diesem Bilde gedachte Dürer der Tochter des Kaisers wol am allerersten zu Herzen zu reden und musste sich in seinen Erwartungen so bitter getäuscht sehen.

S. 87, Z. 5. **den freydag, 7. Juni.**

S. 87, Z. 6. **bey 40 klainer täfelein von öhlfarben.** Die Erzherzogin besass allerdings Werke grosser Meister in bedeutender Anzahl, so von Roger van der Weyden, Hans Memling, Franz Sanders, Dierik Bouts, Jean Fouquet, Jeronimus van Aeken genannt Bosch und noch andern. Léon de Laborde, „Inventaire des Tableaux etc. de Marg. d'Autriche" (Paris 1850).

S. 87, Z. 9. **Johannes Mabuse** — nicht, wie gewöhnlich angenommen wird, van Eyck. Springer bemerkt ganz richtig, dass von diesem zu Jacob Walch doch ein zu grosser Sprung wäre, dagegen ist die Nebeneinanderstellung der beiden Hofmaler, die auch Geldenhauer als die „Zeuxis et Apelles nostrae aetatis" zusammen nennt, sehr natürlich. Springer, „Zeitschrift für bildende Kunst", XII, 38. Siehe Anmerk. für S. 70, Z. 8.

S. 87, Z. 9. **Jakob Walch** ist der Maler und Kupferstecher Jacopo de Barbari. In Venedig geboren und nicht vor 1500 ganz von seiner Vaterstadt fortgezogen, lebte er längere Zeit in Nürnberg, trat sodann in die Dienste des Grafen Philipp, des natürlichen Sohnes Herzog Philipp's von Burgund, und starb spätestens 1515 als Hofmaler der Erzherzogin Margaretha in Brüssel, in deren Diensten er sich seit 1510 befand. Der Norden war ihm zur zweiten Heimat geworden, und fast alle frühern Schriftsteller zählen ihn unter dem Namen Jakob Walch, d. i. der Welsche, der Italiener, zu den Nürnbergern. In der Kupferstichkunde wird er „der Meister mit dem Caduceus" genannt, weil er auf seinen Werken häufig einen Mercurstab anbringt. In seinen Gemälden begegnen wir einem italienisch-deutschen Mischstil. Die Hauptstärke Jacopo's liegt unstreitig im Kupferstich; denn hier erkennen wir so recht, dass er als ein wichtiger Vermittler zwischen der italienischen Renaissanceempfindung und der deutschen Kunst zu betrachten ist. Dürer empfing von Jacopo Anregungen im formensuchenden Sinne, aber auch Barbari hat von Dürer viel gelernt, ohne jedoch seiner Selbständigkeit zu viel zu vergeben. Eine Stelle in einem Schreiben Dürer's aus Venedig an seinen Freund Pirkheimer hat zweifelsohne auf Jacopo de Barbari Bezug. Es heisst nämlich: „auch las Ich ewch wissen, daz vill pesser Moler hy sind wi der dawsen Meister Jacob ist, aber Anthoni Kolb schwer ein eyt es lebte kein pessrer Moler awff erden den Jacob." E. Kolloff stellt die Identität Jacopo de Barbari's und Jakob Walch's in Abrede, indess steht die Begründung seiner Behauptung nur auf schwachen Füssen. Allerdings sind keine sicher beglaubigten Werke unter dem Namen Walch, die für die Identitätsfrage vor allem von Wichtigkeit wären, vorhanden, doch hat Professor A. Springer in Lützow's „Zeitschrift für bildende Kunst" auf die Möglichkeit aufmerksam gemacht, dass unter den Stichen des Meisters W einige dem Barbari angehören, auf welchen der Buchstabe W dann Walch zu bedeuten hätte. Harzen, „Archiv für zeichnende Künste", 1855, S. 210. Grimm, „Ueber Künstler und Kunstwerke", II, 141. A. Springer, „Meister W" in „Zeitschrift für bildende Kunst", XII, 1. Thausing, „Dürer", S. 216—241. Ephrussi, „Notes Biographiques sur Jacopo de Barbary". E. Kolloff in Meyer's „Allgemeines Künstler-Lexikon" (1878), II, 706—716. Woltmann und Woermann, „Geschichte der Malerei", S. 347.

S. 87, Z. 10. ihrem mahler zugesagt. Der Hofmaler Margarethens, welchem sie das Skizzenbüchlein Jacopo de Barbari's bereits versprochen hatte, war Bernhard van Orley. Ueber diesen Maler siehe unsere Anmerk. für S. 59, Z. 14 u. Z. 26.

S. 87, Z. 11. liberej ist Büchersammlung. Eine gewählte, reichhaltige Bibliothek muss für die kunstsinnige Margaretha geradezu ein Bedürfniss gewesen sein. Die Zeit, in welcher sie lebte, kannte noch keine öffentlichen Bibliotheken. Margaretha kaufte daher Bücher und Manuscripte und wurde bei der Auswahl derselben durch den gereiften Geschmack und das hohe Verständniss des Molinet und des Jean Lemaire, zweier bekannter Dichter, vortheilhaft unterstützt. Die Aufsicht über die kostbare Bibliothek war Etienne Lullier, dem Kammerdiener der Erzherzogin, anvertraut. Ueber ihn siehe unsere Anm. für S. 65, Z. 10. Léon de Laborde hat zwar die Veröffentlichung des Katalogs der Bibliothek, welcher im Inventar des Besitzes der Erzherzogin von Blatt 18 bis Blatt 45 reichte, in Aussicht gestellt, ich weiss indess nicht, ob er dieses Versprechen erfüllte.

S. 87, Z. 14. mit dem conterfet. Hier ist wol „stefft" zu ergänzen.

S. 87, Z. 16. am sambstag, 8. Juni.

S. 87, Z. 17. thruhe, kiste.

S. 87, Z. 17. nach dem achten corpus $\overline{X\rho u}$. Hauer hatte „alten" geschrieben. Die Correctur stammt ansichtlich von der collationirenden Hand.

S. 87, Z. 19. zu den Augustinern. Es sind dies die sächsischen Augustiner, welche 1513 nach Antwerpen kamen und sich im St.-Andreasviertel eine Niederlassung gründeten, deren erste Einrichtung 1514 Staupitz übernahm. Noch heute wird diese Strasse Augustinerstrasse genannt. Die Augustinermönche wurden im Jahre 1523 als Anhänger und Verbreiter der Lehre Luther's aus Antwerpen ausgetrieben, nachdem man sie ein Jahr zuvor schon gefangen genommen hatte; seit dem Auftreten Luther's bildeten sie in der That den Hauptherd der Bewegung. Pinchart, a. a. O. Verachter, a. a. O.

S. 87, Z. 20. maister Jacob, jedenfalls der Arzt.

S. 87, Z. 21. und ihm geschenckt. Campe druckt statt ihm: ein.

S. 87, Z. 26. maister Lucas, Lucas von Leyden, mit seinem vollen Namen Lucas Jacobsz, wurde Ende Mai oder Anfang Juni des Jahres 1494 in Leyden geboren. Sein Vater Hugo, der selbst ein tüchtiger Maler war, ertheilte ihm den ersten Unterricht. Später trat Lucas in die Werkstatt des Cornelis Engelbrechtsen ein. Etwa um 1515 heirathete er ein Mädchen aus der Familie Boschhuizen, welche ihm eine ansehnliche Mitgift zuführte. Es ist anzunehmen, dass die günstigen Vermögensverhältnisse den Plan, die kleine Provinzialstadt Leyden mit einem verkehrsreichern Orte zu vertauschen, zur Reife brachten. Denn im Jahre 1521 liess er sich in dem blühenden Antwerpen, dem Mittelpunkt des niederländischen Handels, nieder und wurde als „Lucas de Hollandere scildere", d. h. Maler, in die Gilde des heiligen Lucas aufgenommen. Vermuthlich blieb er aber nur kurze Zeit in Antwerpen. Im Jahre 1527 trat Lucas eine grössere Reise in die südlichen Niederlande an, an welcher auch Jan Gossart, genannt van Mabuse, und andere Maler theilnahmen. Von dieser Reise kehrte Lucas krank zurück und starb im Jahre 1533, im 39. Jahre seines Lebens. Am bedeutendsten war Lucas im Kupferstich: hier rang er mit Dürer um die Palme, wenn auch von einer Concurrenz im eigentlichen Sinne nicht die Rede sein kann. Lucas fertigte auch Zeichnungen für den Holzschnitt an. Adolf Rosenberg, „Lucas von Leyden" in Dohme's „Kunst und Künstler", 15 und 16, S. 3—22.

S. 87, Z. 27. von Leyden. Hauer hatte — Leipzig geschrieben! Die Verbesserung im Manuscripte besorgte die collationirende Feder.

S. 87, Z. 30. Lucas von Leyden mit dem stefft conterfet. Diese Zeichnung befindet sich heute in dem Museum Wicar in Lille. Sie zählt unstreitig zu den vorzüglichsten Arbeiten Dürer's. Ein anderes Bildniss Leyden's von A. Dürer, aus dem Jahre 1521, besitzt die „Collection du comte de Warwick" in London. „Bulletin des commissions royales d'art et d'archéologie" (Bruxelles 1877). „Gazette des Beaux-Arts", 2e période, XV, 81.

S. 88, Z. 2. Art Braun. So schreibt Hauer. Es ist uns, durchaus nicht einleuchtend, dass wir es hier mit dem Arzte Braun, wie Campe meint, zu thun haben. Art ist Aert oder Arnold.

S. 88, Z. 5. Die drey ring, die ich getauschet hab an kunst. Hauer hatte geschrieben: „die ich gestochen hab". Murr strich im Manuscripte „die" aus und setzte „was" dafür ein. Campe acceptirte Murr's angebliche Verbesserung für die „Reliquien". Wir fanden für gerathen, das Hauer'sche „gestochen" in getauschet umzuwandeln und glauben so diesen Satz richtiggestellt zu haben.

S. 88, Z. 11. dodten, Pathenkind, nämlich Hieronymus Imhof.

S. 88, Z. 12. umb ein rothes piret. Das bei Campe eingefügte „geben" findet sich nicht bei Hauer.

S. 88, Z. 15. zu dem Augustinern. Campe druckt: „bei den" u. s. w.

S. 88, Z. 17. pörster sind Borstenpinsel. Im Manuscripte ist pörster mit „Pinsel" überschrieben.

S. 88, Z. 18. Anthonj Haunolt. Möglicherweise ein Mitglied der schlesischen Adelsfamilie von Haunold, welche 1711 mit Hans Siegmund von Haunold ausgestorben ist. Die Stammtafel dieser Familie (J. Ch. Kundmann, „Silesii in nummis" [Breslau und Leipzig 1738], Taf. XV) weist allerdings keinen Anton Haunold auf. Es müsste denn sein, dass Dürer ihn mit dem 1546 verstorbenen Andreas Haunold verwechselt habe. Unwahrscheinlich ist, dass wir es mit einem Gliede der Familie Hannolt zu thun haben, welche sich gegen Ende des 16. Jahrhunderts vorzüglich in Nürnberg niedergelassen hatte und von dort aus ihre Handelsgeschäfte betrieb. (Joh. Ferd. Roth, „Geschichte des nürnbergischen Handels" [Leipzig 1800]). Dagegen vermuthen wir vielleicht nicht mit Unrecht, dass Dürer's Haunolt der

Familie Honold angehörte, welche zu den angesehensten Patricierfamilien Augsburgs zählte. Ulrich Honold hatte von seiner zweiten Frau, Anna, einer geborenen Vöhlin, vier Söhne, Hans, Anton, Ulrich und Peter. Anton vermählte sich mit Veronica Walterin, welche ihn mit zwei Söhnen, Ulrich und Anton, beschenkte. Dieser letztgenannte Anton ist wol der von Dürer bezeichnete. Er hatte zwei Söhne, Anton und Dominicus. Ueber ihn finden wir keine weitere Notiz. Dagegen wissen wir von seinem Sohne Anton, dass er in fremde Dienste trat und am Hofe des Herzogs Johann Friedrich von Sachsen wohlgelitten war. Anton's Bruder, Dominicus, ward in Augsburg Geschlechter, wo er nach Einführung der neuen Regimentsordnung in den Rath kam. Im Jahre 1554 legte er aber seine Stelle nieder und begab sich auf seine Güter in Kaufbeuren, wo er 1574 gestorben ist. Paul von Stetten, „Geschichte der adeligen Geschlechter in der freyen Reichs-Stadt Augsburg" (1762), S. 161. Ein „le grant Anthoine" befand sich 1521 im Dienste Karl's V. als Hauptmann. M. Gachard, „Coll. des voyages des souverains des Pays-bas" (1874), II, 517.

S. 88, Z. 23. calamar ist Schreibzeug.

S. 88, Z. 24. darein zu schlagen: dahinein (in die Truhe) zu packen.

S. 88, Z. 25. Ich hab 6 stüber. Campe druckt: „und 6 stüber".

S. 88, Z. 26. und einen. Also 7 stüber. Campe hat die beiden Worte weggelassen.

S. 88, Z. 26. geben. Fehlt ebenfalls bei Campe.

S. 88, Z. 28. losch ist lösche, lösch, eine Art kostbaren Leders, besonders rothes Leder, Saffian.

S. 88, Z. 30. eine schilltkrottpuckeln, der Rücken einer Schildkröte.

S. 88, Z. 35. des Grünhanssen ding, irgendeine Arbeit von Hans Baldung Grün. Siehe Anmerk. für S. 77, Z. 18.

S. 89, Z. 8. ein beuerlein, ein Vogelbauer, Käfig.

S. 89, Z. 12. maister Art, glassmahler. Wahrscheinlich Arnold Ortkens oder Van Ort. Im Jahre 1513 wurde er in die Gilde als Meister aufgenommen und zog sich bis zum Jahre 1528 eine Reihe von Schülern heran. In Antwerpen zählte er zu den hervorragendsten Glasmalern seiner Zeit. Ludwig Guicciardini nennt ihn „Art von Hort" und berichtet von ihm, dass er aus Nymwegen sei, Bürger zu Antwerpen geworden wäre, sich italienische Meister zu Vorbildern genommen habe und der Erfindung der Kunst, auf Krystall zu schmelzen und zu färben, sich rühmen könne. Ein Glasmaler, Arnao aus Flandern, vielleicht unser Arnold von Nymwegen, malte die 90 Fenster für den Dom in Sevilla nach Gemälden von Rafael, Michel Angelo, Dürer u. a., und soll für jedes Fenster 1000 Ducaten erhalten haben. Pinchart, a. a. O. Bucher, „Geschichte der technischen Künste", S. 87.

S. 89, Z. 13. maister Jahn ist Jean Mone. Siehe Anmerk. für S. 75, Z. 1.

S. 89, Z. 15. stübig ist Packfass.

S. 89, Z. 16. ein schnütten taschen, eine Tasche von geschnittenem Leder, vielleicht aber auch von Tuch oder Leinwand.

S. 89, Z. 18. gefängnus Babiloniae. Eine Schrift Martin Luther's mit dem Titel: „Von der Babylonischen gefengknuss der Kirchen, Doctor Martin Luthers." Ohne Ort und Jahreszahl (1520). 17½ Bogen, 4°, mit Titelholzschnitt. Auf der ersten Seite des letzten Blattes befindet sich ein Holzschnitt (die zwei Hunde). Vesenmeyer, „Literargeschichte der Briefsamml. von Luther" (Berlin 1821), S. 139. Weller, „Repertorium typographicum".

S. 89, Z. 18. ihm (Cornelius Grapheus) geschenckt meine 3 grosse bücher. Schon am 1. Februar 1521 hatte Dürer dem Grapheus ein Exemplar der kleinen Holzschnittpassion verehrt, welches den Vermerk hatte: „Albertvs Dvrer pictor opt. max. C. Grapheo dono dedit, propria ipsius manv. VII. die febr. an. DDD.XXI." Dasselbe befand sich später in der Bibliothek des bekannten Biographen der Aldus und Etienne Ant. Aug. Renouard. „Catalogue de la Bibliothèque d'un amateur, avec notes bibliographiques, critiques et littéraires" (Paris 1819), I, 20.

S. 89, Z. 21. ein aussgestrichen calacut, geglätteten Calico.

S. 89, Z. 30. plahen ist blahe, grobes Leintuch. Campe druckt: Plachen, ebenso Thausing.

S. 89, Z. 31. küterintuch, (kotze, kütze) grobes Tuch.

S. 89, Z. 31. kappe, mantelartiges Kleid, das mit einer Kapuze zugleich den Kopf bedeckte und von Männern und Frauen besonders auf Reisen getragen wurde. Vgl. Lexer, „Mittelhochdeutsches Wörterbuch".

S. 90, Z. 1. poras ist Borax.

S. 90, Z. 2. in meinen machen, Arbeiten.

S. 90, Z. 6. S. Peter und Pauljtag, 29. Juni.

S. 90, Z. 8. maister Hainrichen. Es ist gar nicht so unwahrscheinlich, dass wir darunter Henri met de Bles zu verstehen haben. War er doch mit Joachim de Patinir eng befreundet, der zu denen zählte, mit welchen Dürer in Antwerpen so lebhaften geselligen Verkehr hatte.

S. 90, Z. 9. schmeckenkirzlein sind Räucherkerzchen. Hauer hatte ursprünglich „kränzlein" geschrieben. Die Richtigstellung nahm die collationirende Hand vor.

S. 90, Z. 10. kappen. Hier konnte es sich Murr nicht versagen, im Manuscript über kappen „mantel" zu schreiben. Siehe Anmerk. für S. 89, Z. 31.

S. 90, Z. 13. soll ein persohn und ein puben verzehren, beköstigen, mit Kost und Trunk versehen.

S. 90, Z. 18. mein conterfetten kaiser, das Bildniss Maximilian's I., welches die Erzherzogin Margaretha verschmäht hatte. Vgl. Anmerk. für S. 87, Z. 3.

S. 90, Z. 19. aidem ist Eidam.

S. 90, Z. 20. an unser frauen abend, als sie über das gebürg gehet, 1. Juli.

S. 90, Z. 23. antworten, übergeben, darbringen (praesentare.)

S. 90, Z. 29. den ladern ist den Aufladern.

S. 90, Z. 30. tiriax ist Theriak, Thierheil, Gegengift, besonders gegen Thiergift.

S. 91, Z. 1. An unser frauen heimsuchung, 2. Juli.

S. 91, Z. 2. könig von Dennenmarck. Christian II., geboren zu Nyborg am 2. Juli 1481, vermählte er sich 1515 mit der Infantin Isabella, einer Enkelin Kaiser Maximilian's, der jüngsten Tochter Philipp's von Burgund, Königs von Castilien und der spanischen Johanna. Man nannte sie im Norden Elisabeth. Nach dem stockholmer Blutbade begab sich König Christian zu seinem Schwager, dem Kaiser Karl V., nach Brüssel, wo dem Flüchtling, wie unwillkommen sein Erscheinen dem Schwager auch sein mochte, doch ein festlicher Empfang zutheil wurde. Er verkehrte viel mit dem gefeierten Erasmus von Rotterdam. Dürer genoss übrigens nicht allein die Ehre, den König porträtiren zu dürfen, denn Pinchard bringt eine Rechnung bei über ein Bild des Königs von Dänemark, welches von Gerhart Horebout von Gent im Auftrage Margarethens von Oesterreich 1521, also während des Königs Aufenthalt in den Niederlanden, gemalt wurde, wofür der Künstler sechs Philippsgulden erhielt. Wahrscheinlich ist dieses das gegenwärtig in der Sammlung der Royal Society of Antiquaries in London befindliche Porträt, welches indess kein ausgezeichnetes Werk des Meisters zu nennen ist. Harzen, a. a. O., S. 19.

S. 91, Z. 6. **Leohnhardt Tucher**, aus einem uralten, rathsfähigen Geschlechte, zu Nürnberg geboren am 13. Februar 1487, kam er im Jahre 1529 in den Rath, wurde 1531 alter Bürgermeister, 1532 Septemvir, 1536 zweiter Losungsherr und Reichsschultheiss. Er starb im Jahre 1568, am 13. März. Mit seiner Gemahlin, Magdalena Stromerin von Reichenbach, hatte er sich am 26. Januar 1512 vermählt. Dieselbe starb 1521. Zum zweiten male verehelichte er sich mit Katharina Nüzlin am 7. October 1522. Sie segnete das Zeitliche 1550 am 13. December. Aus erster Ehe waren 4, aus zweiter 15 Kinder entsprossen. Biedermann, Tab. CCCCXCIX.

S. 91, Z. 6. **befohlen**, anempfohlen, zur Besorgung anvertraut.

S. 91, Z. 7. **auffgeben**, übergeben.

S. 91, Z. 11. **limonien und capra.** Limonien, eine citronenartige Frucht; capra, Kapern.

S. 91, Z. 12. **am andern tag**, 3. Juli.

S. 91, Z. 13. **geschefft**, Befehl, Anordnung, Auftrag.

S. 91, Z. 15. **die besten stuck aus mein ganzen truck.** Um die Abdrücke kennen zu lernen, welche Dürer so bezeichnet, begab sich Hausmann nach Copenhagen und fand, dass, obgleich archivarische Nachrichten darüber fehlen, diese Abdrücke sich von den übrigen des Dürer-Werkes der Copenhager Sammlung mit höchster Wahrscheinlichkeit unterscheiden lassen. Die Zahl der einzelnen Blätter stimmt mit den verschiedenen Anführungen Dürer's im Tagebuch überein, wo er sowol bei Verkäufen, als bei Geschenken 8 Stück der ganzen, 8 Stück der halben und 8 viertel bögen erwähnt, bei letzteren besonders anführt: „die besten aus den viertelbogen, der sind 8 stücklein." (S. S. 57, Z. 19.) Zu den Geschenken mag auch die kleine Kupferpassion gehört haben; denn das Copenhager Exemplar zeichnet sich durch ausserordentliche Schönheit aus. Folgende 24 Blätter glaubte Hausmann nach wiederholter sorgfältiger Vergleichung als Geschenke

Dürer's an den König bezeichnen zu dürfen: 1) Adam und Eva, St. Eustachium, St. Hieronymus im Geheuss, Herculem, Melancholj, Nemesis, ein Reuther, das Wappen mit dem Todtenkopf („ganze stuck"). 2) Das Kreuz, die Veronica, die zwei neuen Marien, die Jungfrau mit der Meerkatze, St. Chrysostomus, den Spaziergang, das Wappen mit dem Hahn („halb bögen"). 3) Maria mit der Sternenkrone, Maria mit kurzem Haar, St. Georg zu Fuss, St. Georg zu Pferde, St. Sebastian am Baum, St. Sebastian an der Säule, die Gerechtigkeit, die Dame zu Pferde („viertel bögen"). Hausmann, im „Archiv für zeichnende Künste", V. Jahrg., S. 165.

S. 91, Z. 19. ein mannlich schön man war, ein stattlicher schöner Mann wäre.

S. 91, Z. 22. ehrlich, festlich, ehrenvoll.

S. 91, Z. 24. am andern dag, 4. Juli. Vgl. M. Gachard, a. a. O. „Itinéraire de Charles-Quint", S. 30.

S. 91, Z. 28. am sontag vor Margaretha, 7. Juli.

S. 91, Z. 30. kunigin von Spanien. Da Dürer unmöglich damit die Mutter Karl's V., Johanna die Wahnsinnige, gemeint haben kann und Karl V. 1521 noch nicht vermählt war, lässt sich mit Bestimmtheit behaupten, dass Dürer mit diesem Titel die Schwester des Karl V. Eleonore, die Königin von Portugal bezeichnet. Sie war das erstgeborne Kind des habsburgischen Erzherzogs Philipp des Schönen und der spanischen Prinzessin Johanna (Juana la loca.) Eleonore war die dritte Gemahlin des Königs Emanuel, des Grossen, von Portugal, dessen Regierungsperiode sich zur glücklichsten des Landes gestaltete. Emanuel, geboren am 31. Mai 1469, starb am 13. Dez. 1521. Aus politischen Gründen, nämlich zur Besiegelung eines Bündnisses mit Franz I. von Frankreich, dessen Gemahlin Claudia 1524 verstorben war, drang Karl V. auf die Vermählung des französischen Königs mit der verwitweten Eleonore, welche wirklich bald nach der am 3. August 1529 erfolgten Einigung der beiden Potentaten geschlossen wurde. Franz starb am 3. März 1547, im Alter von 53 Jahren. Eleonore folgte ihm 11 Jahre später, im Februar 1558. Kaiser Karl V. hing mit besonderer Liebe an seiner Schwester Eleonore. Sie befand sich öfters — auch in den Niederlanden — in seiner Gesellschaft und begleitete ihn 1556 mit ihrer Schwester Maria nach Spanien. Ihr Tod steigerte nicht wenig die melancholische Stimmung des Kaisers, welche sich seiner gegen das Ende seiner Tage zu bemächtigt hatte. „Sie war um fünf Vierteljahre älter als ich", sagte er bei der Nachricht von ihrem Hingang, „und ehe diese Zeit verflossen ist, werde ich wahrscheinlich bei ihr sein." Diese Weissagung sollte in Erfüllung gehen.

S. 91, Z. 34. Bartholomae. Thausing vermuthet, dass dieser Malerlehrling Bartholomäus von Conincxloo war, welcher 1541 auf dem Schlosse Beaumont in Diensten des Herzogs von Arschot arbeitete.

S. 91, Z. 35. Ich hab jj stüber. Campe druckt 11 stüber.

S. 92, Z. 2. Item hab.... geben. Dieser Satz ist wiederum ein auf den Rand geschriebener Nachtrag der collationirenden Feder.

S. 92, Z. 2. scheurlein (scheuer, schauer), sind kleine Becher.

S. 92, Z. 5. ein welsch kunststuck. Das hier bei Campe befindliche „geben" fehlt im Manuscript.

S. 92, Z. 5. item..... kunststuck. Wiederum eine Einschaltung der collationirenden Hand.

S. 92, Z. 13. für fuhr halben, der Fuhr halber.

S. 92, Z. 13. überkommen, bekommen, gewinnen, erhalten.

S. 92, Z. 15. am freytag, 12. Juli.

S. 92, Z. 17. einig ist einzig.

S. 92, Z. 17. Darnach fuhren wir verzehrten 13 stüber. Ein auf dem Rand befindlicher Nachtrag der collationirenden Hand.

S. 92, Z. 20. Tina ist Thienen.

S. 92, Z. 21. am S. Margarethentag, Samstag, 13. Juli.

S. 92, Z. 23. S. Geträuen ist St.-Truyen.

S. 92, Z. 25. Hungern ist Tongeren.

S. 92, Z. 27. Triche ist Mastricht.

S. 92, Z. 28. plancke, der Blank, eine Münze, sechs holländische Pfennige; auf einen Blank gehen 2 Stüber.

S. 92, Z. 29. am sontag, 14. Juli.

S. 92, Z. 29. Ach ist Aachen.

S. 92, Z. 32. ihre ist irre.

S. 92, Z. 33. Am montag, 15. Juli.

S. 92, Z. 33. Gülch ist Jülich.

S. 92, Z. 34. Perckan ist Bergheim.

S. 93, Z. 1. ein frauenmantel. (Siehe S. 55, Z. 33.)

S. 93, Z. 25. peginenmantel. Der Beguinenorden war in den Niederlanden sehr ausgebreitet. Dürer sah Beguinen bei dem feierlichen

Umzuge in Antwerpen am Sonntag nach Mariä Himmelfahrt. (Siehe S. 55, Z. 31—34.) Auch könnte er solche in Mecheln gesehen haben, wo sich ein grossartiges Beguinenkloster befand, in dem, wie Guicciardini mittheilt, gewöhnlich 1000—1400 Frauen waren. Vielleicht gehörte auch die „Nonne", welche Dürer in Cöln porträtirte (S. S. 66, Z. 26), diesem Orden an. Es wäre die Bezeichnung „Nonne" dann freilich ein Versehen Dürer's; übrigens pflegte man in Cöln die Beguinen Cellitae oder Cellistissae zu nennen. Von den Nonnen unterschieden sich die Beguinen sehr wesentlich dadurch, dass sie sowol ledig als auch als Witwen in den Orden eintreten konnten, ohne deshalb auf eine sich allenfalls ergebende Gelegenheit, sich zu verehelichen, verzichten zu müssen. Die Kleidung der Beguinen bestand in einem Mantel, wie ihn die Zeichnungen Dürer's aufweisen, meistens von asch- oder dunkelgrauer Farbe und einem weissen Schleier. Vgl. Hellmann, „Die Geschichte der belgischen Beghinen etc." (Berlin 1843).

Verzeichniss

der in der Einleitung erwähnten Personen.

Arundel, Graf von 19. 20.
Böhmer, Joh. Fried. 30.
Boisserée, Sulp. 43.
Bombelli, Tomasin 7.
Brunn, M. Lukas 22.
Campe, Friedrich 34. 40. 41.
Derschau, Hans Albrecht von 20. 29. 30. 31. 32. 35. 36. 41.
Dibdin, Th. Fr. 20.
Dürerin, Agnes 1. 3. 4. 5. 6. 7.
Ebner, die 28. 29. 35.
— Hans 28.
Eck 12.
Eye, A. von 11. 13. 14. 43. 44.
Fernandez, Rodrigo 7.
Fugger, die 7.
Geiger, Ludwig 42.
Georg von Limburg 4.
Geuder 3.
Gronov 19.
Gross von Trockau 43. 44.
Grün, Hans Baldung 4.
Guicciardini 8.
Haller von Hallerstein, Chr. Joach. 20.
Halm, Carl von 33.
Hauer, Johann 6. 18. 22 fg. 31. 35. 37. 38. 43. 44.
— Rupprecht 22.
Heideloff 44.
Heller, Joseph 4. 19. 29. 30. 31. 32. 39. 40. 41.
Hochheimer, Peter 22.
Imhoff, die von 18. 19. 20. 27. 28. 35.
— Anna 19.
— Anna Sibylla Jakobina 20.

Imhoff, Hans II. 18.
— Hans III. 19. 27.
— Hans Hieronymus 19. 27.
— Wilibald 18. 19.
Karl V., Kaiser 2. 9. 11.
Kaufmann, Leopold 6. 13.
Kinkel, Gottfried 13. 14. 33. 34.
Lochner, G. W. K. 21.
Luther, Martin 12.
Margaretha, Erzherzogin 11.
Massys, Quentin 7.
Maximilian I., Kaiser 2.
Murr, Christoph Gottlieb 4. 21. 28. 32. 35. 36. 38. 39.
Nagler 28.
Patinir (Patenier), Joachim 7.
Pirkheimer, Wilibald 3. 6. 7. 12. 18. 19. 20. 21. 35.
— Felicitas 18.
Richter, Georg 19.
Roth, Joh. Ferd. 20. 29.
Rudolf II, Kaiser 19.
Sandrart, Joachim 3. 5. 31.
Schäufelein, Hans 4.
Schmidmer, J. L. 31.
Schorn, Ludwig 43.
Spengler, Lazarus 12.
Strauch, Georg 24.
Susanna, die Magd Dürer's 4. 6.
Thausing, Moriz 12. 13. 14. 16. 20. 30. 33. 41. 42. 43.
Tölken, E. H. 41.
Trost, Johann 24.
Tscherte, Johann 6. 7.
Walther, G. C. 28. 29. 40.

Personen-Verzeichniss.

(Angabe der Seiten- und Zeilenzahlen mit Hinweis auf die Anmerkungen. — Die Namen derjenigen Personen, welche Dürer auf der Reise porträtirte, sind mit einem * versehen.)

Aegidius, kaiserl. Thürhüter 57, 1, 5.
— Petrus, Greffier 75, 21 (mit Anm.).
Albrecht, Kurfürst von Mainz 50, 27 (mit Anm.).
Alexander, der Goldschmied 53, 35 (mit Anm.). 54, 8. 81, 16.
*Anton, Diener des Königs von Dänemark 91, 4, 25.
*Arnemuiden, Wirth zu 71, 3.
Arnold, Meister 68, 1 (mit Anm.). 89, 12 (mit Anm.).

*Banisis, Jakob de 57, 32 (mit Anm.). 58, 7. 59, 24. 60, 33. 61, 8, 23.
Barbari, Jacopo de 87, 9 (mit Anm.), 10.
Benedict, Lukas, Bildschnitzer 47, 14 (mit Anm.).
Bles, Henri met de (Civetta) 90, 8.
*Bologna, Vincidor 62, 31 (mit Anm.). 63, 21, 25. 80, 32. 92, 5.
*Bombelli, Gerhard 54, 12. 69, 17. 72, 18, 22. 74, 30. 75, 31. 90, 15. 91, 8.
*— Thomas 54, 10 (mit Anm.), 13, 15, 25. 55, 5. 56, 22. 57, 26. 59, 34. 60, 21. 63, 19. 68, 20. 69, 16, 19. 72, 29. 73, 10. 74, 5, 26. 76, 25. 81, 23. 85, 9. 86, 10, 21, 29. 89, 2, 7, 11, 28. 90, 26, 27, 30.
*— sein Sohn 73, 29.

Bombelli, sein Schwiegersohn 90, 19.
*— Jutta 55, 3 (mit Anm.). 64, 33. 69, 17. 73, 29. 90, 26.
*— Vincenz 54, 12, 22.
Bonisiis, Jean Marie (?, 63, 6 (mit Anm.).
*Brandan, der portugiesische Factor 53, 9 (mit Anm.), 22. 54, 17. 56, 25. 57, 13. 60, 6 (mit Anm.). 62, 3. 63, 11. 68, 26. 72, 1, 28. 74, 10, 12, 26. 75, 27.
*Braun, Aert (Arnold) 88, 2 (mit Anm.), 19, 21.
*— sein Weib 88, 3, 19.
*Breslau, Bernhard von (siehe Bernhard von Castell).
Brugsal, Alexander von 53, 35 (mit Anm.). 54, 8. 81, 16.
Buonarotti, Michel Angelo 78, 30 (mit Anmerk.).
Busleyden, Aegidius de 59, 20 (mit Anm.).

*Capelle, Stephan 69, 8 (mit Anm.).
*Castell, Bernhard von 71, 17. 74, 28 (mit Anm.). 77, 20 (mit Anm.).
*Christian II., König von Dänemark 91, 2 (mit Anm.), 5, 13, 14, 18, 29, 32. 92, 1.
*Claus, der Schwiegersohn Plankfelt's 71, 15.

Coler, Christoph 75, 1 (mit Anm.).
Colerin, Margaretha 75, 14 (mit Anm.).
Conincxloo, Bartholomäus 91, 34 (mit Anm.). 92, 10.

*Danzig, Lukas von 78, 3.
Dener, Hans 61, 33.
Doghens, Henrik 61, 7 (mit Anm.). 69, 17. 89, 20.
— sein Sohn 89, 4.
Dürerin, Agnes 47, 2. 52, 9, 10, 22. 54, 25. 55, 7. 56, 22. 57, 12, 23. 60, 10, 11, 14, 25, 29. 61, 15, 32. 62, 12, 15, 16. 63, 25. 68, 16, 18, 22, 35. 69, 24 (mit Anm.). 71, 28. 73, 18. 74, 16. 77, 31. 80, 14. 86, 16, 32. 89, 14.
Dürer, Niklas, gen. Unger, 51, 4 (mit Anm.), 9. 66, 34.
— seine Tochter 66, 2, 31, 32. 67, 2.
— sein Weib 66, 22, 32.
— sein Knecht 67, 1, 5.

*Ebner, Hans 59, 35 (mit Anm.). 63, 28, 31. 64, 14, 15, 21. 65, 33. 66, 23.
Eleonore, Königin, Schwester Karl's V. 91, 30 (mit Anm.).
*Enden, Peter von 64, 23.
*— sein Schwager 64, 28.
Erasmus, der Secretär 58, 7 (mit Anm.). 59, 23. 61, 1.
*— von Rotterdam 54, 19 (mit Anm.). 59, 22, 27 (mit Anm.). 75, 21. 84, 4 (mit Anm.), 19.
Eyck, Jan van 78, 33 (mit Anm.). 79, 21 (mit Anm.).

Farnpübler, Veit 49, 34 (mit Anm.).
*Federmacher 67, 22.
Fehle, Hans 86, 20.
*Fernandez, Roderigo 56, 27 (mit Anm.). 57, 22, 23. 60, 7. 61, 23. 68, 27. 69, 15. 73, 11, 31. 75, 15, 34. 76, 17, 28. 77, 31, 34. 80, 18. 84, 33. 89, 5, 30.

Fischer, Sebald 53, 23.
*Förherwerger (Fernberger [?]) 66, 20 (mit Anm.).
*Francisco, der Factor 72, 27 (mit Anm.). 73, 25. 74, 8, 10.
Frans, Peter, der Stadtzimmermann 52, 35 (mit Anm.). 74, 13. 76, 7, 34. 89, 9, 29. 90, 32, 34.
Franz, Maler 85, 25 (mit Anm.).
Freyin, Anna 80, 13 (mit Anm.).
Friedrich, der Diener des Hirschvogel 71, 4. 75, 21.
— der Knecht Plankfelt's 89, 3.
— Pfalzgraf bei Rhein 60, 30 (mit Anm.). 66, 14.
Fugger, die 56, 19. 60, 27. 61, 30. 62, 7. 74, 1.
— Hieronymus 51, 7 (mit Anm.).

Gabriel, Johann 64, 2.
Geiger, Paul 81, 20 (mit Anm.).
Gelern, Rüdiger von 75, 10. 77, 18.
Georg von Limburg, Bischof von Bamberg 47, 8 (mit Anm.), 22. 50, 32. 57, 34.
Geuder, Hans 60, 2 (mit Anm.).
Gilbert 76, 31.
Gillgen 57, 1, 5.
*Glasere, Marc de, Goldschmied 61, 5 (mit Anm.). 78, 22. 81, 18, 26.
Goes, Hugo van der 59, 7 (mit Anm.). 78, 29 (mit Anm.).
Goldschmied, Leonhard 50, 4.
— Peter, 49, 32.
Gossart, Jan de Mabuse 70, 8 (mit Anm.). 87, 9 (mit Anm.).
*Gottschalkin, deren Schwester 66, 8.
*Grapheus, Cornelius 76, 35 (mit Anm.). 89, 17.
*Groland, Christoph 64, 22 (mit Anm.).
— Leonhard 65, 31 (mit Anm.).
— Nicolaus 66, 24 (mit Anm.).
Grosserpeck, Jan 51, 8, 11.
Grün, Hans Baldung 77, 18 (mit Anm.), 88, 35.

*Haller, Niclas 66, 15 (mit Anm.).
— Wolf 61, 30 (mit Anm.).
Hänslein, Stalljunge 65, 12.
*Has, Jan de 69, 28.
* — sein Weib 69, 28.
* — seine zwei Töchter 69, 28.
* — sein Schwiegersohn 71, 19.
Hauenhut, Wilhelm 60, 31.
*Haunolt, Anton 88, 18 (mit Anm.), 28, 33.
Heinrich II., Kaiser 64, 25 (mit Anm.).
— Meister 90, 8 (mit Anm.).
Heller, Jacob 49, 21 (mit Anm.).
Hessler, Andreas und Jacob 76, 12.
Hirschvogel, die 71, 4 (mit Anm.). 75, 20.
*Hochstetter, Ambrosius 77, 29 (mit Anm.). 81, 21.
Holzschuher, Hieronymus 77, 13 (mit Anm.).
Hönning, Glasmaler 61, 7 (mit Anm.). 69, 17. 89, 20.
— sein Sohn 89, 4.
Horebout, Gerhard, Maler 85, 13 (mit Anm.).
— Susanna, Malerin 85, 14 (mit Anm.).
*Horebouts, Adrian, Pensionär 52, 31 (mit Anm.). 63, 14 (mit Anm.), 16. 76, 3. 77, 15 (mit Anm.).
Hugo, Meister 71, 3. 76, 23.
*Hungersberg, Felix, kaiserl. Hauptmann 53, 32 (mit Anm.). 54, 1. 61, 19. 62, 15. 69, 11 (mit Anm.), 12, 18.

Imhof, Alexander 53, 23 (mit Anm.). 71, 4. 90, 19.
— Hans 76, 14 (mit Anm.). 80, 29. 86, 27.
— Hieronymus, Dürer's Pathenkind 77, 10 (mit Anm.). 88, 11.
— Sebastian 69, 33 (mit Anm.).
Imhofin, Felicitas 77, 4 (mit Anm.).
Immerseele, Jan von, Markgraf 57, 33 (mit Anm.).

Jacob, der Arzt 73, 6. 80, 14, 17, 30, 31. 81, 7, 13, 27. 85, 5. 87, 20, 34. 90, 33.

Jacob, Schwiegersohn Thomas Bombelli's 69, 17. 90, 19.
Jacobssone, Dierick, Maler 61, 12 (mit Anm.). 73, 22. 81, 15.
Jobst (Meisters), Bruder 50, 6.
— der Schneider 92, 7.
Johann, der Knecht von Plankfelt's Schwager 68, 12.
Johannsen zu Steinheim 49, 14.

Karl V., Kaiser 53, 16 (mit Anm.). 57, 1. 58, 4, 14, 35. 62, 19. 65, 6. 66, 10, 29. 78, 24. 82, 5. 91, 21, 23, 30.
— der Grosse, Kaiser 64, 11.
*Katharina, die Mohrin Roderigo's 77, 34 (mit Anm.).
Keldermann, Heinrich, Maler 86, 33 (mit Anm.).
*Kerpen 71, 20 (mit Anm.).
*Köpfingerin, deren Schwester 64, 35.
*Kötzler, Georg 70, 15 (mit Anm.). 71, 17.
Krackau, Andreas von 86, 4.
Kramerin 77, 11 (mit Anm.).
*Kratzer, Nicolaus, Astronom 54, 34 (mit Anm.).

*Lamparter, Doctors Sohn 58, 12.
Leonhard, Goldschmied 50, 4.
Lewenter, Caspar 72, 32.
*Leyden, Lukas von, Maler 87, 26 (mit Anm.), 30. 89, 22.
*Lieber, Hans, ulmer Patricier 78, 5 (mit Anm.). 80, 3.
Liere, Arnold van, Bürgermeister Antwerpens 52, 12 (mit Anm.).
Lochener, Stephan, Maler 66, 6 (mit Anm.).
Lochingerin 77, 12 (mit Anm.).
Löffelholtzin von Colberg 77, 5 (mit Anm.).
Loffen, Doctor 73, 26.
Lombard, Augustin 54, 23 (mit Anm.).
Lopez, Thomas 74, 22 (mit Anm.).
*Lübeck, Jacob von, Maler 61, 14 (mit Anm.), 34. 62, 16.

Lukas, der Heilige 59, 5 (mit Anm.).
*Lullier, Stephan 65, 10 (mit Anm.). 87, 15.
Luther, Martin 65, 27, 28. 82, 4 (mit Anm.). 83, 20, 28, 34.

Mabuse, Jan von 70, 8 (mit Anm.). 87, 9 (mit Anm.).
Margaretha von Oesterreich 57, 3 (mit Anm.). 28. 58, 34. 59, 1, 2, 17, 26. 61, 16. 63, 3. 65, 11. 74, 21. 86, 30. 87, 3, 6, 9. 90, 5. 91, 23, 30.
*Marnix, Jan de, Schatzmeister 59, 3 (mit Anm.). 59, 18.
Massys, Quentin 53, 7 (mit Anm.).
Mathes 65, 9.
Maximilian I., Kaiser 57, 3. 63, 3. 87, 3 (mit Anm.). 90, 18.
Meteneye, Jean de, Obersthofmeister des Kaisers 59, 19 (mit Anm.).
Metz, Kunz von Schlaudersdorf 86, 24.
*Meyt, Konrad, Bildhauer 57, 2 (mit Anm.), 27, 28. 58, 10. 84, 35. 85, 18. 87, 13, 15.
*— seine Frau 58, 13.
Meyting, Utz Hanolt 63, 33. 72, 32.
Michel Angelo, Buonarotti 78, 30 (mit Anm.).
*Mone, Jean, Bildhauer 75, 1 (mit Anm.). 89, 13.
Mostaert, Jakob und Peter 79, 5 (mit Anm.).
Muffel, Jacob 77, 9 (mit Anm.).

Nassau, Heinrich, Graf von 58, 32 (mit Anm.). 59, 6, 11,
*Nepotis, Floris, Organist 74, 21 (mit Anm.).
Neukirchen, Frau von 60, 4.
Niclas, der Knecht Th. Bombelli's 60, 17. 63, 20.
*Nonne, die 66, 26.
Nützel, Caspar 77, 8 (mit Anm.).
— seine Frau 77, 4 (mit Anm.).

*Opitius 54, 24 (mit Anm.).
*Orley, Bernhard von 59, 14 (mit Anm.), 26 (mit Anm.). 87, 10.
Ort, Arnold van 68, 1 (mit Anm.). 89, 12 (mit Anm.).

*Patinir, Joachim de 54, 1 (mit Anm.), 5, 6. 77, 16. 80, 20 (mit Anm.). 81, 10 (mit Anm.). 85, 3 (mit Anm.). 88, 35.
— sein Knecht 54, 2, 5, 7.
*Perre, Jan de 85, 20 (mit Anm.), 22, 26. 92, 3, 9, 12.
*— sein Weib 85, 21. 92, 9.
— sein Bube 92, 3.
— sein Knecht 92, 12.
Peter, Goldschmied 49, 32.
*Pfaffroth, Hans 55, 3 (mit Anm.).
*Pfinzing, Martin 64, 24 (mit Anm.).
Pirkheimer, Wilibald 77, 6 (mit Anm.).
*Plankfelt, Jobst, Wirth 52, 7 (mit Anm.). 53, 11, 14, 30. 57, 7, 9. 60, 16, 19. 68, 15, 25. 69, 18. 71, 26. 72, 6. 73, 5, 16, 28. 81, 34. 89, 2, 33. 90, 6, 28.
*— sein Weib 69, 18. 73, 16. 82, 1. 89, 2. 90, 28.
Poppenreuter, Hans 87, 1 (mit Anm.), 12.
*Prévost, Proost, Jan, Maler 62, 4 (mit Anm.). 78, 6 (mit Anm.), 20. 79, 10 (mit Anm.).
Puz, Peter, der Mönch 89, 19.

Raphael 62, 29 (mit Anm.). 63, 23.
*Ravensburger, Lazarus 69, 13. 71, 29. 72, 8, 9, 30. 75, 17.
Rebart, Doctor 48, 5 (mit Anm.).
*Rehlinger, Jacob 60, 28 (mit Anm.). 86, 28. 90, 14.
*Rogendorf, Wilhelm und Wolf 60, 22 (mit Anm.). 61, 35. 62, 1, 17. 63, 17. 72, 21, 24, 31.

Santi, Raphael 62, 29 (mit Anm.). 63, 23.
Schäufelein, Hans, Maler 75, 7 (mit Anm.).

*Schlaudersbach, Georg 61, 28 (mit Anm.). 64, 14.
*Schnabhan 71, 14.
Schwarz, Hans 62, 6 (mit Anm.).
*Sebastian's, Procurators Tochter 72, 18. 74, 34.
*Soilir, Niclas 71, 22.
*Sopalis, Nicolaus 68, 13 (mit Anm.).
Spanien, Königin von, siehe Eleonore.
Spengler, Georg 77, 12 (mit Anm.).
— Lazarus 77, 12 (mit Anm.).
Spenglerin, Juliana und Ursula 77, 5 (mit Anm.).
Staber, Hans 80, 26 (mit Anm.).
Staiber, Lorenz 53, 9 (mit Anm.). 66, 12 (mit Anm.), 34. 73, 28.
*Stecher, Bernhard 52, 8 (mit Anm.). 72, 17, 31. 87, 22, 28. 88, 29. 89, 1.
*— sein Weib 87, 22.
*— seine Nichte 88, 31.
— deren Mann 88, 31.
Stephan Lochener, Maler 66, 6 (mit Anm.).
*Sterk, Lorenz, Rentmeister 54, 13 (mit Anm.). 59, 26, 29. 72, 29. 74, 24. 75, 35. 76, 8. 81, 32.
Stosser 51, 33.
Sträubin, Barbara 77, 4 (mit Anm.).
*Sturm, Caspar 64, 28 (mit Anm.).
Susanna, die Magd Dürer's 52, 22. 54, 25. 57, 12. 60, 9 (mit Anm.). 68, 18. 76, 28. 77, 22. 81, 34.

Tierik, Jacob 75, 4 (mit Anm.).
*Topler, Paulus 64, 24 (mit Anm.).
Tucher, Leonhard 91, 6 (mit Anm.).
Türk, Jan 75, 4 (mit Anm.).

Varnbüler, Veit 49, 34 (mit Anm.).
Vicarius 91, 9.
*Vincidor, Thomas, Maler 62, 31 (mit Anm.). 63, 21. 80, 32. 92, 5.
Vitruvius 64, 2 (mit Anm.).

Werve, Gerhard van de, Amtmann, 74, 19 (mit Anm.).
Weyden, Roger van der, Maler 58, 4 (mit Anm.). 78, 24 (mit Anm.), 28 (mit Anm.).
Wicliffe, John 83, 10 (mit Anm.).
Winkel, Johann von den 61, 25.
Wolf, Hans, Maler 47, 14 (mit Anm.).
Wolfgang, Peter 54, 4. 66, 35.

Ymmerzeele, Jan von, Markgraf von Ryen 57, 33 (mit Anm.).

Ziegler, Niclaus, Kanzler 63, 10 (mit Anm.). 92, 12.
— dessen Linhard 66, 4.

Verzeichniss

der im Tagebuche erwähnten Ortsnamen und der von Dürer angeführten Kunstwerke.

Aachen 64, 5—65, 16. 92, 29.
  Monolithen Spoliensäulen aus Ravenna 64, 9 (mit Anm.).
  Unser Frauenkirche 64, 27.
Altenburg 92, 31.
Andernach 50, 32—35.
Angerort 67, 13.
Antwerpen 52, 6—57, 24. 60, 6—64, 4. 68, 10—69, 23. 71, 26—78, 6. 80, 1—86, 29. 87, 16—91, 12.
  Bürgermeisterhaus 52, 12 (mit Anm.).
  Fuggerhaus 56, 19 (mit Anm.).
  Pfarrkirche St.-Michael 54, 31 (mit Anm.). 56, 33.
  Thurm 54, 31. 75, 23 (mit Anm.).
  Unser Frauenkirche 54, 26 (mit Anm.).
Arnemuiden 70, 2.
Aschaffenburg 49, 10.

Baarle 68, 5.
Bacharach 50, 14.
Baiersdorf 47, 4.
Bamberg 47, 8—17.
Bergen op Zoom 69, 22—32.
Bergheim 92, 34.
Beveren 78, 7.
Bommel 67, 31.
Bonn 51, 1.
Boppart 50, 22.
Branthoek 52, 1.
Brügge 78, 18—79, 9.
  Kaiserhaus 78, 24 (mit Anm.).
  Roger van der Weyden: Reisealtar Karl's V. 78, 24 (mit Anm.).
  Gemälde grosser alter Meister 78, 25 (mit Anm.).
  Roger van der Weyden 78, 28 (mit Anm.).
  Hugo van der Goes 78, 29 (m. Anm.).
  Michel Angelo: Madonna 78, 30 (mit Anm.).
  Johannes van Eyck: die Madonna mit St.-Donatian u. s. w. 78, 33 (mit Anm.).
  Malerkapelle 78, 34.
Brüssel 57, 30—59, 33.
  Roger van der Weyden: die 4 gemalten Darstellungen 58, 3 (mit Anm.).
  Königshaus 58, 4 (mit Anm.).
  Goldene Kammer 58, 3.
  Rathhaus 58, 9.
  Haus des Grafen Heinrich VIII. von Nassau 58, 32 (mit Anm.). 59, 6—14 (mit Anm.).
  St.-Lukas Altartafel 59, 5 (mit Anm.).
  Hugo van der Goes: die sieben Sacramente 59, 7 (mit Anm.).
Büsdorf 51, 17,

Caub 50, 16.
Caudenborn 78, 11.
Cöln 51, 2—16. 65, 23—67, 9. 92, 35.

Die Tafel Meister Stephan's 66, 6 (mit Anm.).
Ursulakirche 66, 18.

Dettelbach 48, 11.
Duisburg 67, 12.
Düren 65, 20 (mit Anm.).
   St.-Annakirche 65, 21.
Düsseldorf 67, 11.

Ecloo 78, 15.
Ehrenfels 50, 10.
Eibelstadt 48, 17.
Elfeld 50, 8.
Eltmann 47, 17.
Emmerich 67, 17.
Engers 50, 30.
Erlabrunn 48, 19.
Erlangen 47, 4.
Ertvelde 78, 13.
Euerheim 48, 1.

Forchheim 47, 6.
Frankfurt 47, 13. 49, 17—25.
Frei-Aldenhoven 51, 20.
Frelenberg 51, 22.
Freudenberg 49, 4.
Frickenhausen 48, 15.

Gangelt 51, 22.
Gemünden 48, 23.
Gent 79, 13—34.
   Johannes van Eyck: Genter Altarwerk 79, 21 (mit Anm.).
   Ehrenbilder 79, 25 (mit Anm.).
   St.-Johannisthurm 79, 19.
Goes 70, 1.
Gülpen 64, 7.

Harscht 68, 8.
Hassfurt 47, 20.
Heerewaarden 67, 29.
Heidenfeld 48, 33.
Heidingsfeld 48, 17.
Herzogenbusch 67, 33—68, 2.
   Johanniskirche 67, 35.

Höchst 49, 26.
Hofstätten 48, 25.
Homburg 48, 34.
Hoogstraten 68, 7.

Jülich 65, 16. 92, 33.

Kaiserswerth 67, 12.
Kalve 78, 12.
Karlstadt 48, 21.
Kesselstadt 49, 16.
Kitzingen 48, 12.
Klingenberg 49, 8.
Kortgene (Gunge?) 70, 5.

Lahnstein 50, 25.
Leewe 51, 30.
Leonhardskirchen 68, 8.
Linz 50, 35.
Lohr 48, 26.
Löwen 92, 18.

Maastricht 64, 7. 92, 27.
Mainberg 48, 2.
Mainz 49, 22, 26, 28—50, 7.
Maldegem 78, 17.
Marktbreit 48, 14.
Mecheln 57, 26, 29. 59, 35—60, 5. 86, 30—87, 16.
   Palast der Erzherzogin: Kunstcabinet 87, 6 (mit Anm.).
Merten 51, 30.
Middelburg 70, 7, 32—71, 1.
   Jan de Mabuse: Kreuzabnahme 70, 8 (mit Anm.).
   Prämonstratenserabtei: Stuhlwerk 70, 34.
   Emporkirche 70, 35.
   Pfarrkirche 70, 35.
   Rathhaus 70, 33.
Miltenberg 49, 5.

Neuss 67, 9.
Neustadt 48, 28.
Nürnberg 47, 2.
Nymwegen 67, 18—19.

Obernburg 49, 9.
Ochsenfurt 48, 15.
Oosterwyck 68, 4.
Op ten Kruys 52, 4.
Orsay 67, 14.

Prait, siehe Marktbreit.
Prozelten 49, 2.

Rees 67, 16.
Retzbach 48, 20.
Rheinberg 67, 14.
Rödingen 51, 18.
Rothenfels 48, 30.
Rüdesheim 50, 9.
Ruhrort 67, 13.

St.-Ecarig 48, 33.
St.-Goar 50, 19.
St.-Paul 78, 11.
St.-Truyen 92, 23.
Schwarzach 48, 9.
Schweinfurt 48, 4.
Seligenstadt 49, 12.
Sittard 51, 25.
Stein 67, 10.
Steinheim 49, 12.
Stockhem 51, 26.
Sulzfeld 48, 13.
Süsterseel 51, 23.

Theres 47, 23.
Thienen 92, 20.
Thomas 67, 17.
Tiel 67, 19.
Tielborg 68, 4.
Tongeren 92, 25.
Triefenstein 48, 33.

Unter-Euerheim 48, 1.
Ursel 79, 12.
Uylenburg 52, 2.

Veere 70, 10. 71, 8.
Vilvorde 57, 29.
Volkach 48, 8.
Vracene 78, 8.

Wertheim 49, 1.
Wesel 67, 16.
West-Meerbeck 51, 34.
Wolfersdyk 70, 5.
Wörth 49, 9.
Würzburg 48, 18.

Zeeland 69, 33. 70, 6.
Zeil 47, 19.
Zellingen 48, 21.
Zierikzee 69, 1. 71, 8.
Zons 67, 9.

Druck von F. A. Brockhaus in Leipzig.

www.ingramcontent.com/pod-product-compliance
Lightning Source LLC
Chambersburg PA
CBHW020410230426
43664CB00009B/1245

* 9 7 8 3 9 5 7 0 0 0 9 8 9 *